GLÜCKSZAUBER

Matthias Mala

Glückszauber

Durch Weiße Magie auf der Sonnenseite des Lebens

Ansata

FSC
Mix
Produktgruppe aus vorbildlich bewirtschafteten Wäldern und anderen kontrollierten Herkünften
Zert.-Nr. SGS-COC-1940
www.fsc.org

Verlagsgruppe Random House
FSC-DEU-0100
Das für dieses Buch verwendete
FSC-zertifizierte Papier *Munken Premium* liefert
Arctic Paper Munkedals AB, Schweden.

Ansata Verlag
Ansata ist ein Verlag der Verlagsgruppe Random House GmbH

ISBN 978-3-7787-7325-3

1. Auflage 2007

Illustrationen: Matthias Mala
Einbandgestaltung: SWSP Design, München, unter
Verwendung eines Fotos von © Erik Dreyer / Getty Images
Layout und Herstellung: Gabriele Kutscha
Gesetzt aus der 10,5/14,15 Punkt Sabon bei
Christine Roithner Verlagsservice, Breitenaich
Druck und Bindung: GGP Media GmbH, Pößneck

INHALTSVERZEICHNIS

WEGE ZUM GLÜCK

Viele Wege führen nach Rom, aber nur ein Weg führt Sie zum Glück: Es ist Ihre Bereitschaft, das Glück empfangen zu wollen. Wer Glück haben möchte, sollte sich ihm deshalb zuwenden und sich gleichzeitig von ihm überraschen lassen. Glückhaben fußt auf dem dauerhaften Werben ums Glück, gleich dem Werben um eine Braut. In ebenso bunter Weise möchte auch das Glück umschwärmt werden, sprich: Sie müssen es sich durch unterschiedliche Rituale, Beschwörungen und Liebesgaben geneigt machen. Diese Annäherung an das Glück ist metaphysisch, weil sphärenübergreifende Sympathien und Strömungen angesprochen und in Fluss gebracht werden. Sprechen Sie Ihr Glück in solch zauberhafter Manier an, widmen Sie sich einer uralten Domäne der weißen Magie, dem Glückszauber. Dass dieser Weg viele Farben, Formen und Facetten besitzt, entspricht dem Wesen der Magie, die sich je nach Stimmung wandelt, um die Harmonie bei der Begegnung mit der höheren Sphäre zu gewährleisten.

Begeben Sie sich nun mit einem ersten Schritt auf diesen Weg und machen Sie sich somit auf Ihre Reise zum Glück.

Das Glück testen und locken

Glück ist zwar bekanntermaßen flüchtig und doch zeigt es sich andererseits ebenso gerne anhänglich. Denn weil das Glück die Glücklichen mag, verwöhnt es am liebsten den glücklichen Menschen mit seiner Anwesenheit. Der erste Glückszauber überhaupt ist deshalb, selbst in einer glücklichen Stimmung zu sein. Blicken wir nämlich miesepetrig in die Welt, schrecken wir das Glück ab, noch ehe es uns verwöhnen konnte. Doch wie erlangen wir jene glückliche Grundstimmung, die sich als kleine stille Seligkeit bemerkbar macht, die uns selbst in bitteren Momenten noch ein wenig erheitert und uns ein inneres Lächeln erlaubt? Es hängt sicher mit davon ab, was wir uns von unserem Glück erwarten. Erwarten wir uns nämlich zu viel vom Glück, werden wir vermehrt unglücklich sein. Ist unser Anspruch dagegen bescheidener, werden wir uns eher vom Glück verwöhnt fühlen. Spüren wir aber die Begegnung mit dem Glück, werden wir ihm gegenüber offener und ihm folglich auch öfter begegnen. Wir entwickeln hierdurch einen Sinn für das Glück und vermögen es hierdurch einzuladen, uns zu beglücken. Demnach gibt es eine grundsätzliche Glückserwartung, die das Glück begünstigt oder abhält.

Diese Glückserwartung ist ein passives Glückspotenzial, das man als **Glücksgut** bezeichnen kann. Glücksgut ist demnach Ihre ganz persönliche glückliche Grundstimmung, die sich an der Qualität Ihres Glücksgefühls misst. Es spiegelt Ihr persönliches Glücklichsein wider. Gleichzeitig ist Glücksgut auch Ihre Begabung, das Glück zu locken oder es sich herbeilächeln zu können. Es zeigt also auch eine Farbe Ihres Gemüts. Je freundlicher sie ist, desto mehr verfügen Sie über dieses Gut und desto näher rückt Ihnen das Glück.

Wie es mit Ihrer ganz persönlichen Glückserwartung respektive Ihrem Glücksgut bestellt ist, ob Sie das Glück eher verwöhnen wird oder ob es Sie lieber meidet, können Sie mit nachfolgendem Test erkunden.

TEST: *Ist mir das Glück hold?*

Beantworten Sie die zwölf Fragen, indem Sie die auf Sie am ehesten zutreffende Möglichkeit ankreuzen.

1. *Sie erfahren, dass ein Freund in der Lotterie einen größeren Betrag gewonnen hat. Was denken Sie sich dabei?*
A. Warum geschieht mir das nicht auch einmal?
B. Wenn ich gespielt hätte, hätte ich sicher nicht gewonnen.
C. Das ist aber schön für ihn.

2. *Sie träumen sich manchmal wie Robinson auf eine einsame Insel?*
A. Manchmal, aber ich möchte bald gerettet werden.
B. Nur, wenn ich dort wirklich niemandem begegnen werde.
C. Nur, wenn die Insel nicht ganz so einsam ist.

3. *Auf einer Bergwanderung stehen Sie unverhofft vor einem schmalen Grat, der Sie vom Gipfel trennt. Was machen Sie?*
A. Ich warte auf einen erfahrenen Wanderer, der mir vorangeht.
B. Ich riskiere nichts und breche die Tour ab.
C. Ich wage mich allein über den Grat.

4. *Wie verhalten Sie sich, wenn Sie sich mit Freunden in einer munteren Runde treffen?*
A. Ich unterhalte sie mit immer neuen Einfällen.
B. Ich stehe lieber am Rande und beobachte das Geschehen.
C. Ich freue mich, unter ihnen zu sein, und feiere mit ihnen.

5. *Ein guter Freund von Ihnen ist schwer erkrankt. Was werden Sie tun?*
A. Ich werde fragen, was ich für ihn tun kann.
B. Was soll ich schon tun können, außer abzuwarten und auf die Ärzte zu vertrauen?
C. Ich werde für seine Gesundheit beten.

6. *Wie sehen Sie sich, wenn Sie einmal achtzig Jahre alt sein werden?*
A. Ich werde sicher meinen Hobbys nachgehen.
B. Ich kann nur hoffen, dass dann meine Rente noch reicht.
C. Ich werde mit meiner Familie und meinen Freunden in Eintracht leben.

7. *Sie gehen mit einem Bekannten durch die Fußgängerzone und sehen einen Cent auf dem Pflaster liegen. Was machen Sie?*
A. Ich hebe ihn auf und stecke ihn ein.
B. Ich lasse ihn liegen.
C. Ich hebe ihn auf und spucke ihn dreimal an, ehe ich ihn in meinen Geldbeutel fallen lasse.

8. *Sie kaufen ein Los bei einer Straßentombola und gewinnen ein Päckchen Buntstifte. Wie verhalten Sie sich?*
A. Ich denke mir, das nächste Mal gewinne ich vielleicht etwas Brauchbares.
B. Ich ärgere mich, dass ich ein Los gekauft habe.
C. Ich freue mich über den kleinen Gewinn.

9. *Sie müssen ein Vorhaben abbrechen, weil Sie sich zu viel vorgenommen haben.*
A. Ich nehme mir vor, das nächste Mal die Übersicht zu behalten.

B. Ich zwinge mich, die Sache irgendwie über die Bühne zu bringen.
C. Das kann eigentlich nicht geschehen, weil ich meine Kräfte gut einteile.

10. *Sie begegnen einem alten Bekannten, der sich ungewöhnlich freut, Sie zu treffen. Was denken Sie sich?*
A. Muss der aber einsam sein, dass er sich so freut.
B. Sei vorsichtig, der will bestimmt etwas von dir.
C. Das ist aber schön, dass ich ihm in so guter Erinnerung geblieben bin.

11. *Sie sehen fern und stellen nach kurzer Zeit fest, dass Sie der Film, den Sie sich ausgesucht haben, nicht sonderlich interessiert. Was machen Sie?*
A. Ich schalte auf ein anderes Programm um.
B. Ich sehe mir den Film zu Ende an, vielleicht wird er noch interessant.
C. Ich schalte den Fernseher aus und tue etwas anderes.

12. *Glauben Sie, dass andere Sie um Ihr Leben beneiden könnten?*
A. Eigentlich nicht, mein Leben ist nicht anders als das ihre.
B. Nein, das müssten schöne Dummköpfe sein.
C. Beneiden vielleicht nicht, aber abschauen könnten sie sich was.

Testauswertung

Für jede Antwort der Kategorie A erhalten Sie 2 Punkte. Für jede Antwort der Kategorie B notieren Sie sich 1 Punkt. Für jede Antwort der Gruppe C schreiben Sie sich 3 Punkte gut.

Errechnen Sie Ihre Gesamtpunktzahl und finden Sie Ihre Antwort.

12 bis 15 Punkte: Sie fühlen sich öfter unglücklich und erwarten wenig vom Glück. Das Leben scheint Ihnen mehr Mühe und Last als Freude, und Sie fühlen sich vom Schicksal verfolgt.
16 bis 21 Punkte: Sie misstrauen Ihrem Glück und fühlen sich von ihm benachteiligt. Haben Sie mal wider Erwarten dennoch Glück, halten Sie dies eher für einen beunruhigenden Zufall als für einen Segen.
22 bis 27 Punkte: Eigentlich sind Sie mit sich ganz zufrieden. Nur vom Glück könnten Sie noch eine dickere Scheibe abhaben. Doch Sie rechnen nicht wirklich damit, dass es Sie treffen könnte, weshalb Sie sich lieber auf sich selbst verlassen.
28 bis 33 Punkte: Sie führen ein recht glückliches Leben. Auch wenn Sie das Glück mal nicht verwöhnt, bleiben Sie im Grunde Ihres Herzens mit sich und der Welt im Reinen. Sie teilen Ihr Glück deshalb gerne mit anderen.
34 bis 36 Punkte: Sie sind ein echtes Glückskind. Selbst aus Niederlagen ziehen Sie wie der Hans im Glück noch das Beste heraus. Deshalb wird Sie das Glück auch nie wirklich verlassen. Wer an Ihrer Seite weilt, wird darum gleichfalls vom Glück verwöhnt werden.

RITUAL: *Das Glück einladen*

Der Test zeigte Ihnen, wie ausgeprägt Ihre ganz persönliche Glückserwartung ist und wie stark Sie deshalb das Glück berührt beziehungsweise Sie sich von ihm berührt fühlen. Haben Sie nur wenige Punkte gesammelt, wird Ihnen dieses Ritual helfen, sich dem Glück gegenüber zu öffnen. Haben Sie eine hohe Punktzahl erzielt, dürfen Sie sich auf eine intensive Begegnung mit Ihrem Glück freuen.

Nehmen wir die Volksweisheit, dass jeder seines Glückes Schmied ist, wörtlich, dann ist unser Glück stets warm, und es liegt allein an uns, es zu formen. Dieser Kunst können wir uns freilich nur dann widmen, wenn sich das Glück auch in unsere Hände begibt. Wir müssen also unsere Hände für das Glück offen halten und es dazu noch einladen. Kleiden Sie beide Forderungen in ein Ritual, vollziehen Sie einen kräftigen Glückszauber, der Ihre innere Bereitschaft, das Glück zu empfangen, festigt und erhöht. Hierdurch gewinnen Sie Zuversicht. Dies ist ein erster Baustein für das Glück. Schließlich gilt:

**Berechtigte Zuversicht wirkt
wie ein Versprechen vom Glück!**

Wollen Sie das Glück einladen, dann zünden Sie eine Kerze an und halten Sie mit beiden Händen eine Blume vor sich. Die Art der Blume spielt keine Rolle, sie sollte jedoch duften und Ihnen gefallen. Betrachten Sie ihre Blüte und atmen Sie ihren Duft. Lassen Sie sich auf die Schönheit der Blume ein, werden Sie wie von selbst lächeln wollen. Geben Sie diesem Lächeln nach, wird es zu einem Lächeln aus Ihrem Herzen werden. Versuchen Sie jedoch dabei nicht, bewusst aus Ihrem Herzen heraus lächeln zu wollen. Lassen Sie vielmehr das erste flüchtige Lächeln in Ihr Herz gleiten. Erwidert Ihr Herz dieses Lächeln wie von selbst, wissen Sie auch, wie die Kommunikation mit Ihrem Glück gelingen wird. Es wird eine stille, passive Zwiesprache sein, zu der Sie wie auf einer sanften Woge gleiten und sich dabei vollkommen behaglich fühlen werden.

Blicken Sie nun in die Kerze, werden Sie im Glanz der Flamme die Farben der Blume in Ihrer Hand aufscheinen sehen. Dies ist die Erwiderung des Glücks auf Ihren stillen Anruf. Legen Sie nun die Blume vor sich, und halten Sie Ihre geöffneten Hände dem Schein entgegen. Sprechen Sie dazu folgenden Zauberspruch:

Glücksduft, der mich umgibt,
Glücksschein, der mich erhellt,
Ich atme deine süße Luft,
Ich lade deine Schönheit ein.

Dein Glanz ist es, der mich erquickt.
derweil dein Duft sich mir gesellt.
Ja, du bist bei mir, du bist mit mir,
Ja, du bist mein Glück.

Bleiben Sie mit geöffneten Händen stehen, und beobachten Sie, wie der Blütenschein um die Kerzenflamme sich ausdehnt und auf Ihre Handflächen überfließt. Gleichzeitig werden Sie spüren, wie aus Ihren Handflächen eine Kraft aufsteigt und in einem leichten Bogen zwischen Ihren Händen pulsiert. Dies ist die Kraft des auf Sie einwirkenden Glücks. Sie treten somit nicht nur sichtbar, sondern auch handfest spürbar mit Ihrem Glück in Verbindung.

Allmählich wird der überfließende Schein nachlassen. Dafür wird die Kraft, die zwischen Ihren Händen schwingt, noch etwas zunehmen. Konzentrieren Sie sich auf sie mit Ihrem Dritten Auge, können Sie sie als bläulichen Nebel förmlich sehen. Führen Sie nun Ihre Hände langsam zusammen, wird sich die Kraft verdichten. Atmen Sie sie nun ein und legen Sie gleichzeitig Ihre Hände ineinander. Beim Einatmen werden Sie den Blütenduft ganz intensiv wahrnehmen; gleichzeitig werden Sie das Gefühl haben, dass Ihre ineinandergelegten Hände von der Kraft des Glücks zusammengehalten werden. Ein Lächeln aus Ihrem Herzen wird Ihre Lippen umspielen. Nehmen Sie es zum Anstoß, um noch ein Weilchen über das Geschehen dieses Rituals zu meditieren.

Beenden Sie das Ritual schließlich, indem Sie Ihre Hände lösen und die Kerze ausblasen. Stellen Sie die Blume in eine Vase. Sie wird Sie noch eine Zeit lang an die Schönheit dieses Glückszaubers erinnern und ihn hierdurch verstärken. Das eingeladene Glück aber wird Ihnen nahe sein; sind Sie aufmerksam, werden Sie es an seinem Duft wie an seinem Schein erkennen.

Das Glück ist eine Dreifaltigkeit

Dass das Glück eine Himmelsmacht ist, ist den meisten Menschen geläufig. Schließlich empfinden wir Glück häufig auch als Gnade oder Geschenk. Auch halten wir es für launisch genug, dass es sich scheinbar grundlos aussucht, wem es sich zuneigt und wen es verlässt. Folgerichtig ist auch das Glück, wie alle großen himmlischen Erscheinungen, von dreifacher Art. Jedenfalls kennen wir drei Arten von Glück, die in anderen Sprachen auch eigens benannt werden.

Sprechen wir vom Glück, meinen wir einmal Glückhaben, was wir auch mit **Fortüne** bezeichnen. Damit bezeichnen wir vor allem das materielle Glück, so etwa das glückliche Händchen, mit dem wir das große Los ziehen oder die richtigen Partner für gute Geschäfte finden. Auch das Liebesglück zählen wir dazu, denn wer den zu ihm passenden Partner an seiner Seite hat, muss auch eine gute Portion Glück gehabt haben. Zum Glückhaben zählt auch das Glück, wenn uns unser Schutzengel in einer gefährlichen Situation gerade noch rechtzeitig zur Seite steht.

Eine zweite Art des Glückes umschreiben wir auch mit **Freude.** Es sind die Glücksmomente, die wir erleben, wenn wir uns unbeschwert und glücklich fühlen. Sind wir verliebt oder vergnügen wir uns auf einem harmonischen Fest oder finden wir uns in einer schönen Landschaft wieder, haben wir das Glück der Freude. Es sind meist Ausbrüche aus der Alltäglichkeit, mit denen uns das Glück verzaubert. Es kann aber ebenso die Freude über eine gelungene Arbeit sein, die uns glücklich macht. Viele von uns finden ihr Glück vermehrt in der Arbeit und weniger in ihrer Freizeit.

Die dritte Ausformung von Glück lässt sich mit **Glückseligkeit** umschreiben. Damit meinen wir einen anhaltend glücklichen Gemütszustand. Wir leben voll Freude und Wonne, ohne dass es einen konkreten Anlass gibt, der uns über den Alltag hinaushöbe.

Wir sind ganz einfach von Herzen glücklich. Dies ist ein Zustand, bei dem unser Glücksgut aus uns heraus wirkt und wir mit unserer Welt in Harmonie schwingen. Einen dauerhaften Zustand von Glückseligkeit empfinden wir als eine überirdische Dimension, weshalb er von vielen auch als ein spirituelles Geschehen verstanden wird. Vielen Heiligen und Mystikern wird deshalb auch ein Leben in Glückseligkeit oder Verzückung nachgesagt.

Im Englischen nennt man diese drei Formen des Glücks *luck*, *pleasure* und *happiness*. Wobei das Wort »luck« die gleiche Wurzel besitzt wie unser Wort für Glück. Man nimmt an, dass es vom altniederfränkischen »gilukki« beziehungsweise »lukan« herrührt, was für schließen, bestimmen und festsetzen gebraucht wurde. Dies weist darauf hin, dass Glück als Schicksalsmacht aufgefasst wurde, der man sich wie jedem anderen Geschick nicht entziehen konnte. Diese Auffassung gilt bis heute, und so glauben auch wir, dass, wer vom Glück begünstigt wird, von den Göttern geliebt werden muss. Folgerichtig gilt damals wie heute als ein Schlüssel zum Glück, ein gottgefälliges Leben zu führen, damit man sich die Gottesliebe erhält. Dies lässt sich auch am volkstümlichen Glückszauber ablesen, der vielfach Züge eines Versöhnungsrituals besitzt. Geht es doch bei vielen Glückszaubern im Wesentlichen darum, Harmonie mit den Göttern und Dämonen zu stiften. Dieses Anliegen ist zum Beispiel in den christlichen Wallfahrten und Heiligenverehrungen heute noch lebendig. Hier verknüpfen wir zum Beispiel das Gebet für eine gute Ernte oder den Segen für Haus und Hof mit Buße und der Bitte um Sündenvergebung. Das Glück wird quasi mit dem Göttlichen verhandelt, wobei die Aussöhnung mit dem Heiligen als Voraussetzung für die Glücksgewährung gilt. Materielle Sicherheit und Absolution sind demnach zwei Grundbedürfnisse, durch die wir uns glücklich schätzen und in der Folge auch Glücksgut ansammeln.

Von diesen glücklichen Voraussetzungen trug die moderne Psychologie noch etliche mehr zusammen. In jüngster Zeit forscht sie zunehmend über die seelischen und neuronalen Glücksfaktoren, sprich über unser Glücksgut. Hierbei versucht die Psychologie im Grunde nichts anderes als das, was wir Menschen seit der Antike tun, nämlich das Glück zu locken, indem wir es beschwören und zu halten versuchen. In der psychologischen Praxis heißt das, über das Glück zu reden, es im Rollenspiel zu ergründen und es dank legaler Drogen in unserem Gemüt zu verankern – was durchaus ein zwiespältiger Glückszauber ist, denn pharmazeutisch bewirkte Glücksgefühle führen in ihren Nachwirkungen häufig zu Depressionen und Abhängigkeiten, womit die ersehnte »Glückspille« zur Büchse der Pandora wird. In gewisser Weise ist deshalb die psychologische Praxis wenig anderes als Glückszauber im neuen Gewand.

Fortuna, die Göttin fürs Glück

Fortuna symbolisiert das irdische Glück

Im alten Rom huldigte man der Glücksgöttin Fortuna, die ihrerseits Namensgeberin für Glück und Glückhaben bei den lateinischstämmigen Sprachen wurde. Im griechischen Pantheon entsprach ihr die Göttin Tyche. Fortuna zählte zu den Parzen. Diese waren göttliche Wesen, die einem Menschen mit seiner Geburt auch sein Schicksal zulosten, ihm seine Portion an Glück und

Unglück mitgaben und daraus seinen Schicksalsfaden spannen. Hierin ähneln die Parzen den nordischen Nornen, die ebenfalls bei der Geburt eines Kindes anwesend waren, um ihm Glück und Unglück zuzuteilen. Wobei die Nornen mal von göttlicher Herkunft waren, mal von den Alben und Zwergen herstammten. Infolgedessen gab es gute und böse Nornen. Allein die guten Nornen verteilten das Glück unter die Menschen. Die Nornen waren aber keine Spinnerinnen des Schicksals. Insofern war mit ihnen eher über ein günstiges Schicksal zu verhandeln als mit den Parzen, die die einmal zugeteilte Portion Geschick unerbittlich zum Schicksalsfaden spannen. Damit erklärt sich auch ihr anderer Name »Fata«. In dieser Rolle waren sie die Stifterinnen des Fatums, des unabwendbaren Schicksals.

Hier aber beginnt Fortunas besondere Rolle. Sie war nicht nur Schicksalsspinnerin, vielmehr sah man in ihr auch die Fruchtbringerin, die Einfluss auf das Gedeihen irdischen Guts besaß. So in die Nähe einer Erdgöttin gerückt gab man ihr ein Füllhorn in die Hand, aus dem die Früchte purzelten.

Gleichzeitig stellte man sie auf eine Kugel, auf der sie naturgemäß einen schlechten Stand hatte. Damit war das Glück perfekt gekennzeichnet: Fülle und Unbeständigkeit. Fortuna vereinigte beides in sich. Verstand man es, sie günstig zu stimmen, schenkte sie entgegen der ursprünglichen Absicht der Parzen doch mehr Glück, als einem ursprünglich zugeteilt war. Fortuna versprach also einen Ausweg aus der fatalistischen Notwendigkeit göttlichen Geschicks.

Man errichtete ihr Tempel, opferte ihr und lernte sehr rasch, dass das Glück und somit Fortuna recht unterschiedliche Gestalten besaß. Dementsprechend wurde sie in vielgestaltiger Form verehrt. Für das römische Staatswohl gab es eine »Fortuna publica« und für das private Glück die private Fortuna. So opferten etwa Familien ihrer Fortuna oder einzelne Personen einer persönlichen Fortuna; selbst für Grundstücke wurden Fortunastatuen aufgestellt und verehrt.

Ein Opfer an Fortuna war niemals Selbstzweck, sondern eine vorweg gegebene Gegenleistung für erwartetes Glück. Dass diese Opfer nicht vergeblich waren, kann man daraus schließen, dass der Kult der Fortuna bis zum Ende des Römischen Reiches lebendig blieb. Das Opfer an die Göttin war somit ganz klar ein lohnender Einsatz. Bei manchem in diesem Buch beschriebenen Glückszauber werden Sie diesen Aspekt wiedererkennen. Auch in vielen kleinen Alltagsbräuchen lebt dieser Opferbrauch fort. So werfen wir beispielsweise **Münzen** in Quellen und Brunnen, um uns unseres Glücks zu versichern oder um glückliche Heim- oder Wiederkehr zu bitten. Oder wir klopfen auf unseren Geldbeutel, wenn wir einen **Kuckuck** hören, damit sich sein Inhalt ebenso leichthin und glücklich wie der Kuckuck vermehren möchte.

Eine christliche Alternative zur antiken Fortuna stellt der **Heilige Eligius** dar, der bei Geldnot gerne angerufen wird. Eligius, der spätere Bischof von Tours und Noyon, war bis 639 Münzmeister unter den Königen Chlothar II. und Dagobert I. am Merowinger Hof. Sein Patronat für Menschen in Geldnot gründet darauf, dass er als Münzmeister das Münzgold auf wundersame Weise vermehrte und an die Armen verteilte.

Geld allein macht nicht glücklich

Dass Geld allein nicht glücklich macht, ist eine Volksweisheit, die dennoch in sich das Glück des Geldes behauptet. Fragt man indes glückliche Lottomillionäre, ob sie mit dem Gewinn auch ihr Glück gewonnen hätten, antworten die meisten, dass sie zwar keineswegs glücklicher, aber dafür erheblich beruhigter geworden seien. Das gewonnene Geld nahm ihnen also die Sorgen materieller Not, versetzte sie jedoch nicht in einen anhaltenden Glückszustand. Auch erfährt man bei Umfragen, wo auf der

Welt die Menschen am glücklichsten sind, immer wieder, dass es gerade nicht die wohlhabenden Länder sind, wo sich die Menschen mehrheitlich wirklich glücklich fühlen. Jedenfalls scheint das Glück, so die jüngsten Ergebnisse, die Menschen in ärmeren Ländern wie Venezuela, Kolumbien oder Costa Rica eher zu verwöhnen. Dies zeigt, Glück und Glücksempfinden ist eher eine Sache des Herzens als des Geldbeutels. Danach ist Glücksgut auch kein materielles Gut, das wir horten können, sondern eine geistige und seelische Einstellung.

Gleichwohl ist für jeden Menschen in materieller Not das erste Glück: Nahrung, Kleidung, Wohnstatt. Hat sich dieses Glück erst eingestellt, liegt es meist an jedem selbst, wie er sein weiteres Glück schmiedet. Dabei ist der von Herzen Zufriedene dem Rastlosen überlegen, der sein weiteres Glück in der Jagd nach Geld und Gut sucht. Der Zufriedene pflegt sein Glücksgut und lässt es sich entfalten, der Rastlose dagegen setzt auf ein kommendes Glück und nicht auf sein Gut, das ihm dem möglichen Glück gegenüber stets als zu bescheiden erscheint. Bei ihm kann sich das Glücksgut nicht entfalten, folglich wird er sich eher unglücklich fühlen. So erkannte die Schauspielerin Ingrid Bergman (1915–1982) richtig: *»Die meisten Menschen sind unglücklich, weil sie, wenn sie glücklich sind, noch glücklicher werden wollen.«* Ein erster Zauber, sein Glück zu pflegen, ist daher, seine Gier zu drosseln.

Wer sein Glück zu schätzen weiß, macht es zu einem Schatz. Dieser Schatz wird sich vermehren, indem man ihn bewahrt und sich an ihm erfreut.

Gewiss kennt Gier auch Momente der Erfüllung. Doch die nähren sie lediglich, worauf sich die Gier noch potenziert. Dies führt am Ende gar zur Anhedonie, wie Psychologen eine anhaltende und krankhafte Freud- und Lustlosigkeit bezeichnen. Sie vermuten als Auslöser allerdings nicht die Gier als vielmehr den Überdruss; was bedeuten würde, dass ein Zuviel an materiellem Glück uns zum Unglück werden könnte. Dies mag man nach manchen Erzählungen über Lottomillionäre auch glauben, die sich wie Hans im Glück verhielten und in der Tat erst wieder richtig froh wurden, als sie auch den letzten Rest ihres gewonnenen Goldbatzens verloren hatten.

RITUAL: *Entlassen Sie die Verneiner*

Ein Verneiner ist die Gier! Sie verneint das gegenwärtige Glück, weil es noch mehr davon haben möchte. Aber auch Unzufriedenheit mit sich, die Hader- und die Grübelsucht, die mit den Alltagssorgen einhergeht, zehren von unserem Glücksgut und machen uns dem Glück gegenüber stumpf. Wie wir unsere Gier nach Glück, die uns ins Unglück führt, drosseln beziehungsweise verlieren können, ist so simpel, dass es schon wieder schwer ist.

Laufen Sie Ihrem Glück auch davon, indem Sie es in leiser Gier vermehren wollen, sollten Sie sich Zeit für dieses kleine Ritual nehmen. Doch selbst, wenn Sie sich mit Ihrem Glück glücklich bescheiden, kann Sie dieses Ritual noch etwas lehren, nämlich, wie Sie Ihrem Glück Raum verschaffen, indem Sie Ihr Gemüt ein wenig entrümpeln. Denn allzu oft hegen wir mit Verdruss, Unmut und Übellaunigkeit Glücksfresser, die uns gegenüber unserem Glück blind machen.

Machen Sie sich deshalb diese verborgenen Kräfte, die Sie Ihrem Glück entfremden wollen, sichtbar. Dazu müssen Sie die Gier in sich anschauen. Doch versuchen Sie dies nicht direkt. Der indirekte Weg ist hier der deutlichere. Schauen Sie sich deshalb die Gier im Allgemeinen an. Nehmen Sie einen Zeichenblock und Farbstifte, setzen Sie sich hin und zeichnen Sie die Gier in ihrer ganzen Hässlichkeit. Zeichnen Sie, wie Sie sich diesen

Glücksfresser vorstellen. Zeichnen Sie zügig aus Ihrem Bauch heraus. Achten Sie nicht auf Proportionen oder Perspektiven, sondern lassen Sie das Bild aus Ihrer Hand fließen. Zeichnen Sie nicht nur ein Bild, zeichnen Sie vielmehr so lange, bis Sie das Gefühl der Gier verlassen hat und Ihre Hand müde wird. Zeichnen Sie in gleicher Weise auch andere Ihr Glück beschränkende Gefühle. Und können Sie einschränkende Gefühle nicht richtig orten oder benennen, so zeichnen Sie Ihre Unzufriedenheit auf, stellen Sie diese graugelbe Qualle, diesen giftigen Dorn, diesen bösen Drachen, der Ihnen das Glück vergällt, dar. Mit dem bildlichen Entstehen rücken Sie ihm näher und haben ihm schließlich mit der dritten, vierten Zeichnung ein deutliches Gesicht gegeben. Daraufhin kennen Sie Ihren persönlichen Glücksfresser und können ihm einen Namen geben.

Sehen Sie sich die Bilder an. Das sind die Gefühle, die Sie umstellen und Ihrem Glück den Raum nehmen. Zerreißen Sie nun die Zeichnungen und verbrennen Sie sie. Geben Sie diese das Glück verneinenden Gefühle frei. Sie werden sich danach leichter und beschwingter fühlen und somit auch eine erste Ahnung von Ihrem kommenden Glück haben. Und falls sich der Verneiner, Ihr Glücksfresser, wieder regt, denken Sie nur daran, wie Sie seine hässliche Visage zerrissen und verbrannt haben. Dann wissen Sie, dass er machtlos ist, und Sie zeichnen ihn mit leichter Hand auf ein Stück Papier, um ihn erneut in Rauch aufgehen zu lassen.

Zufriedenheit ist das Fundament des Glücks

Haben Sie schon mal in einer Lottoannahmestelle den Leuten zugehört, wie sie ihren Tippschein abgaben? Da wird das Glück häufig mit ein paar Worten ermuntert, sein Füllhorn diesmal ein wenig über einen selbst zu leeren. Auch spekuliert man gerne noch ein wenig, was man sich vom Glück erwartet. Doch beschlossen wird ein solches Schwätzchen meist mit der Feststellung, dass Gesundheit doch das höchste Glück im Leben sei. Wie hoch wir dieses Glück schätzen, können wir auch daran ablesen, das bei Glückwünschen fast immer Gesundheit vor Glück gewünscht wird: »Gesundheit und Glück«, so lautet die Glücksformel.

Wir wissen also sehr wohl, was wir zum Glück brauchen. Gleichwohl kennt jeder von uns auch chronisch kranke Menschen, die ein inneres Glück ausstrahlen, das geradezu ansteckend wirkt. Jedenfalls fällt in ihrer Gegenwart so manche Verkrustung von uns ab, und wir empfinden ihr Glück mit als unser Glück. Krankheit schließt Glücklichsein also nicht aus. Ja, wir erkennen, dass Krankheit an sich kein Unglück ist, sondern dass eher die Haltung zur Krankheit und zu sich zum Unglück werden kann. Allerdings bemerken wir in der Begegnung mit Kranken oft, dass wir das Glück, selbst gesund zu sein, allzu leicht vergessen.

Und wieder stellen wir fest, dass unsere hohen Glückserwartungen uns nicht glücklich machen. Dafür vermittelt uns in solchen Augenblicken die Einsicht, uns mit dem, was wir haben, bescheiden zu wollen, ein Glücksgefühl. Wir verstehen, dass wir Beglückte sind, und spüren, wie die positive Kraft unseres Glücksgutes uns befriedet. Hierdurch erhaschen wir mit spürbarer innerer Zufriedenheit einen Zipfel vom Glück.

Zufriedenheit entsteht also nicht dadurch, dass wir uns mögliches Unglück vorstellen, sondern weil wir uns in unserem Hier und Jetzt ganz annehmen. Somit ist Zufriedenheit auch die mentale Einstellung, mit der wir unser Glücksgut anheben und mehren und den Raum für glückliche Umstände öffnen. Wir geben unserem Glück hierdurch eine reale Chance, denn innere Zufriedenheit ist die schönste Einladung an das Glück! Folglich kann man sagen:

Nicht ein großes Glücksgefühl, sondern Zufriedenheit formt das Glück. Pflegen wir unsere Zufriedenheit, pflegen wir auch unser Glück.

Die Umstände, durch die sich Zufriedenheit einstellt, sind allerdings weniger magischer als praktischer Natur. Eine Beschäftigung, in der wir aufgehen, die uns Freude macht und uns fordert, ist eine der viel genannten Voraussetzungen. Durch sie schaffen wir uns positive Ziele, die uns erreichbar scheinen und deren Erfüllung wir sichtbar messen können. Wir vertreiben den Verdruss der Langeweile und vertrauen einer Entwicklung, an deren Ende wir mit Anerkennung rechnen dürfen.

Neben einer erfüllten Beschäftigung sind es vor allem soziale Werte, die uns Zufriedenheit spenden. So streben wir neben der Anerkennung durch Arbeit nach Anerkennung unserer Person durch andere, suchen Freundschaft, Zuspruch und Achtung in unserem Umkreis. Erhalten wir dies, stärkt das unser Selbstwertgefühl und erlaubt uns Zuversicht. Im Wissen um unser Glücksgut sehen wir ohne Arg über den Tag hinaus in der sicheren Erwartung, weitere glückliche Verstärker aus unserer Mitwelt zu erhalten. Folglich sind die genannten Werte auch Glücksfaktoren. Sie werden durch eine weitere Eigenschaft noch verstärkt, nämlich den Glauben an sich und an eine höhere Macht.

Glaube ist eine Zaubermacht für sich, er versetzt Berge, spendet Trost und heilt seelische Wunden und körperliche Gebrechen. Wer religiös lebt, weiß um die heilsame Kraft des Gebetes. Für ihn ist es kein Wunder, wenn er dank seiner Gebete Heilung und Linderung materieller Not erfährt. Offensichtlich werden die Gebete der Gläubigen vor den Heilswünschen der Ungläubigen erhört. Es ist übrigens eine soziologisch bewiesene Tatsache, dass religiöse Menschen die glücklicheren sind; sie besitzen mehr Glücksgut als andere. Haben Sie darum den Mut zu beten. Gehen Sie in eine Kirche, und danken Sie dem Schöpfer, dass er Sie an seiner Gnade teilhaben lässt. Ein solches Gebet ist der älteste Glückszauber überhaupt. Beten Sie ehrlichen Herzens, dürfen Sie vom Glück der Zufriedenheit kosten. Falls Ihnen kein passendes Gebet einfällt, beten Sie diese Zeilen nach:

Lieber Gott, ich danke Dir, dass Du mich auf meinem Weg begleitest; dass Du mir nahe bist und mich tröstend wiegst.
Ich danke Dir, dass Du mich beschützt und zum Guten leitest.
Ich danke Dir, dass Du mir vergibst, wenn ich mit Dir hadere und daran zweifle, ob du mich liebst.
Lieber Gott, ich bin ein schwacher Mensch, doch mit Dir wird mir kein Übel widerfahren. Die Geborgenheit in Dir ist mein Glück. Dieses Heil will ich mir bewahren.
Lieber Gott, stärke meine Zuversicht, auf dass ich darauf vertraue, dereinst einzugehen in dein holdes Licht, so wie ich heute deinen Segen schaue.
Ich danke Dir dafür. Amen.

Dieses Gebet ist keine ausgesprochene Bitte nach Glück, vielmehr ist es ein Dankgebet für unser Hiersein und unser Gottvertrauen. Es ist im Grunde ein Teilen mit der Höheren Macht. Sie geben ihr etwas für die Ihnen zuteil werdende Gnade zurück, indem Sie sich bei ihr bedanken. Sie spüren den Effekt dieses Dankes durch den Frieden, der Sie erfasst. Sie werden ruhig, kommen zu sich und empfinden sich als Teil eines großen Ganzen. Dieses Gefühl ist Glück und das Wissen, dass Sie in Kommunikation mit der Höheren Macht stehen.

Glückliche Hinweise zur Zufriedenheit

- **Geben bringt Glück und Segen.** Sie haben etwas mit Ihrer Höheren Macht geteilt. Dieses himmlische Glücksgefühl, das Sie dabei erlebten, findet seine irdische Entsprechung, wenn

Sie etwas auf Erden teilen. Deswegen gilt im Volkszauber die milde Gabe an einen Armen als eine Voraussetzung, um das Glück zu locken. Geben Sie einem Bettler, so ist sein »Vergelt's Gott« ein Segen, der Sie wohl stimmen wird.

Geben Sie darum Armen, was Sie entbehren können. Spenden Sie regelmäßig. Teilen Sie mit Ihren Freunden Ihr Geschick, indem Sie ihnen mit Rat und Tat zur Seite stehen, oder erfüllen Sie ihnen einen lang gehegten Wunsch. Geben Sie vor allem, ohne aufzurechnen. Denn knauserige Ausgewogenheit lässt in der Waagschale keinen Platz für das Glück. Solches Geben ist vielmehr ein Handel, bei dem Geben und Nehmen gemessen wird und am Ende ein Gewinn herausspringen soll. Hier aber fehlt die Leichtigkeit und Liebe, durch die sich eine innere Zufriedenheit überhaupt erst einstellt, wenn wir geben und helfen konnten. Die innere Zufriedenheit aber ist es, die sich zum spürbaren Glücksgut wandelt, sobald wir vorbehaltlos gegeben haben.

Vor allem anderen aber stiften Sie Glück, sobald Sie Ihre Freude und Ihr Glück mit anderen teilen. Hierdurch rücken Sie sich gar selbst dem himmlischen Glück ein wenig näher, schließlich bemerkte schon Cicero: *»Die Menschen kommen durch nichts den Göttern näher, als wenn sie Menschen glücklich machen.«*

- **Glück ist Ansichtssache.** Zufriedenheit als Basis für unser Glücksempfinden ist insbesondere davon abhängig, wie wir die Welt wahrnehmen und uns in ihr sehen. Sagen wir uns jeden Morgen: »Die Welt ist schön!«, und sehen wir in unseren Mitmenschen liebe Freunde, erweitern wir das Fundament unseres Glücks. Denn wie man in den Wald ruft, so schallt es zurück. Zeigen wir uns herzlich und freundlich, antwortet man uns ebenso. Unter solchen Umständen fällt es uns leicht, positive Gedanken zu entwickeln. Dann haben wir auch die Kraft, den Zauber positiver Gedankenmacht anzuwenden, indem wir mit gläubiger Zuversicht daran denken, dass sich

dieser oder jener Mangel, der uns bedrückt, alsbald beheben wird.
Mit dieser Einstellung werden Sie einen erfüllbaren Wunsch nicht als Forderung an das Schicksal betrachten. Vielmehr werden Sie sich in froher Erwartung die Erfüllung dieses Wunsches vorstellen. Es ist eine heitere Gewissheit, die Sie so in die Zukunft blicken lässt. Mit dieser Stimmung nehmen Sie das Glück der Wunscherfüllung vorweg. So vorbereitet wird sich das Glück selbst nicht lange zieren, den Raum zu betreten, den Sie ihm bereithalten.
Wichtig ist, dass Sie sich hierbei erfüllbare Wünsche vorstellen. Das kann der Wunsch nach einer kleinen Anschaffung, einer Begegnung oder einem Vergnügen sein, über dessen Verwirklichung Sie sich besonders freuen würden. Greifen Sie indes über den Horizont hinaus, sind Sie dabei, Ihrem Glück davonzueilen. Was dann geschieht, hat Bertolt Brecht in der Dreigroschenoper treffend formuliert: *»Renn nur nach dem Glück, doch renne nicht zu sehr, denn alle rennen nach dem Glück, das Glück rennt hinterher.«*

RITUAL: *Ein Opfer für das stille Glück*

Das stille Glück ist der Schein Ihres Glücksgutes, sprich: die Ausstrahlung der in Ihrem Herzen und Gemüt verankerten Zuversicht. Dieses Glücksgut kommuniziert mit dem himmlischen Glück. Dies ist jene Sphäre, in der die guten Kräfte für Sie zusammenwirken. Opfern Sie Ihrem stillen Glück, geben Sie folglich auch ein Opfer für die himmlische Quelle Ihres Glückes. Sie teilen Ihr Glück mit dem Glück. Was kann es Schöneres und Edleres geben! So schmückt Sie bereits die Absicht, dieses Ritual durchzuführen.

Werden Sie sich Ihrer inneren Freude bewusst, lächeln Sie über das Ihnen innewohnende Glück, schließen Sie die Augen und sinnen Sie diesem Gefühl nach. Sagen Sie dreimal fest und laut zu sich: »Ich bin glücklich! Ich danke meinem Glück für dieses Glück!« Bleiben Sie mit geschlossenen Augen entspannt sitzen und lassen Sie den Eindruck dieser Worte auf sich wirken. Sie werden dabei, wenn Sie ein wenig in sich gehen, Farben, Muster, Formen und Blüten sehen. Durch sie zeigt sich symbolisch die Gestalt Ihres stillen Glücks. Sobald die Sicht nachlässt, beenden Sie diese Betrachtung.

Sie wissen nun, wie sich Ihnen Ihr Glück am liebsten zeigt. Schmücken Sie nun nach diesen Eindrücken eine kleine Porzellanschale. Wählen Sie Blüten und Bänder, die die gesehenen Farben und Muster wiedergeben. Legen Sie schmückende Gegenstände dazu, die Ihrer Sicht entsprechen. Bauen Sie diesen kleinen Opferplatz in einem Fenster auf, sodass ihn Sonne und Mond bescheinen können.

Geben Sie in das Porzellanschälchen einen Teelöffel Honig. Er ist das Opfer an Ihr Glück. Sprechen Sie Ihren Dank an Ihr Glück erneut dreimal hintereinander laut aus: »Ich bin glücklich! Ich danke meinem Glück für dieses Glück!« Räuchern Sie danach in dem Raum, in dem Ihr kleiner Glücksaltar steht, und denken Sie dabei noch eine Weile über Ihr mögliches Glück nach. Bedenken Sie Ihre Wünsche und korrigieren Sie sie, falls sie zu weit ins Kraut schießen und zu phantastisch werden. Denn Sie wissen mittlerweile, dass sich das Glück lieber an das Machbare hält. Gießen Sie abschließend etwas heißen Tee in die Schale, verrühren Sie den Honig und trinken Sie diesen Glückstee.

Dieses Glücksopfer sollten Sie wenigstens einmal im Monat wiederholen. Belassen Sie den Glücksaltar im Fenster, können Sie einen Wunsch, der Ihnen glücklich erfüllt werden soll, auf einen Zettel schreiben und dazulegen. Das zuvor gnädig gestimmte Glück wird sich daraufhin seiner annehmen.

Wahres Glück ist ein himmlisches Gefühl

Haben sich materielles Glück und inneres Glück eingestellt, fehlt als krönender Stein auf der Glückspyramide noch das Gefühl der Glückseligkeit. Zu diesem vollkommenen Glücksgefühl gibt es verschiedene Vorstellungen, wann und wie es sich erfüllen könnte. In einem jedoch ist man sich einig: Glückseligkeit hat nichts mit dem materiellen Glück gemein. Dagegen hat es mit einem Gefühl von Allverbundenheit zu tun. Man fühlt sich erfüllt und mit seiner Welt verbunden, die Zeit scheint aufgehoben zu sein und es gibt, egal wie es um einen stehen mag, keine Sorgen mehr.

Empfinden wir solcherart Glückseligkeit, sind wir mit dem Augenblick eins und fühlen: So, wie es ist, ist alles gut, schön und richtig. Dieses Gefühl geht weit über das Gefühl des inneren Glücks, das durch unsere Zufriedenheit genährt wird, hinaus. Wir glauben, dass uns für Augenblicke der Himmel umfasst.

✲ **Verfasste Glückseligkeit.** Obwohl himmlisch, scheint uns dieses Glück demnach erreichbar. Folglich wissen wir um Strategien, die zu ihm führen sollen. Eine davon besteht darin, dass man es zu einem greifbaren Ziel und Menschenrecht erhebt, auf dass man ihm mit Gottes und der Menschen Hilfe näherrückt. So geschehen in der amerikanischen Unabhängigkeitserklärung, die am 4. Juli 1776 vom Kongress angenommen wurde. Einen Tag später war die deutsche Übersetzung im »Pennsylvanischen Staatsboten« zu lesen, darin hieß es im zweiten Absatz der Präambel:
»*Wir halten diese Wahrheiten für ausgemacht, dass alle Menschen gleich erschaffen worden, dass sie von ihrem Schöpfer mit gewissen unveräußerlichen Rechten begabt worden, worunter sind Leben, Freiheit und das Streben nach Glückseligkeit.*«

Nicht die Glückseligkeit selbst, sondern das Streben nach ihr erlangte hierdurch Verfassungsrang. Dies lässt vermuten, dass die Verfasser der Unabhängigkeitserklärung eine gute Ahnung von ihrem Ziel gehabt haben. Denn Glückseligkeit ist nichts Bleibendes, sondern etwas, das uns immer wieder entrinnt und dem wir immer wieder erneut nachstreben. Deswegen sind brauchbare Strategien zur Glückseligkeit nicht von der Hand zu weisen. Ebenso mag einem bei dem Stellenwert des Glücksstrebens die Volksweisheit einleuchten, nach der das Gegenteil des Glücks nicht Unglück, sondern Langeweile heißt.

Stufen zum Glück. In der Tat gibt es Stufen zum höchsten Glück, wie sie auch in diesem Abschnitt bereits beschrieben wurden. Die psychologische Glücksforschung entwickelte hierzu gar einen Katalog an Eigenschaften und Verhaltensweisen, die besonders glücklichen Menschen zu eigen wären. Demnach gelten folgende Wesenszüge als besonders glücksfördernd:

Eigenliebe, Empfindungsstärke, Achtsamkeit, Gemeinsinn, Höflichkeit, Mitgefühl, einlenken zu können, Geduld, Gelassenheit, Fähigkeit zur Entspannung, Wertebewusstsein, Ehrlichkeit, Urteilskraft, Glaubenskraft, seinen Lebenssinn gefunden zu haben, sein Schicksal annehmen zu können, sich seiner Möglichkeiten bewusst zu sein, sich bescheiden zu können, kreative Fertigkeiten, schlechten Menschen auszuweichen, verzeihen zu können, Verständnis haben, Vergesslichkeit dem Schlechten gegenüber.

Es sind Eigenschaften, die man zum Teil unter dem Stichwort »soziale Kompetenz« zusammenfasst und hierfür gar einen Intelligenzfaktor entwickelte, wobei festzustellen ist, dass sich das Glück gerechter Weise über Kluge wie Einfältige gleichermaßen verteilt. Auch sind diese Eigenschaften dem Volksmund nie verborgen geblieben, was in zahlreichen Redensarten seinen Ausdruck findet. So zum Beispiel:

Das Glück ist auch in der kleinsten Kate daheim.
Glücklich ist, wer vergisst.
Gute Freunde zu haben, ist wie ein Topf voll Glück.
Wer verzeiht, lädt das Glück zu sich.
Das Glück wohnt in der Seele.
Ein vermessener Mensch macht sich selbst nur Unglück.
Ein Streithahn richtet nur Unglück an.
Erinnern Sie sich dieser Fertigkeiten, müssen Sie kein großes Ritual inszenieren, um das Glück zu laden. Die schlichte Aufmerksamkeit sich selbst und Ihrer Mitwelt gegenüber genügt bereits, um einen wirksamen Glückszauber zu stiften. Lehnen Sie sich beispielsweise in einer Situation, in der Sie vor Wut explodieren könnten, zurück, und beobachten Sie Ihren Zorn und den Anlass, werden Sie womöglich zur Ruhe kommend eine glückliche Wendung des Problems finden. Wenn nicht, haben Sie in jedem Fall den möglichen Verdruss reduziert, da Sie keinen weiteren Stein zur Last dazupackten.

Geliebte Glückseligkeit. Als höchstes Glück gilt gemeinhin die Liebe, wird doch bekanntlich jede wahre Liebe im Himmel gestiftet. Zu lieben und geliebt zu werden, ist unser schönstes Streben. Die Liebe zu einem Partner ist seelisches Glück, das uns tatsächlich dem Himmel näher bringt. Sie ist ebenso ein phantastischer Zauber, dem wir erliegen und ihn zugleich stiften. Verliebten Menschen gelingen oft Dinge, an denen sie unter alltäglichen Bedingungen gescheitert wären. Weil wir frisch verliebt mit Leib und Seele glücklich sind und dieses Glück auch ausstrahlen, stiften wir zugleich ein Glück, das uns entgegenschwingt. Es ist das geteilte Glück der Dankbarkeit, weil wir Licht und Freude schenken.

Hat die Liebe Bestand, glänzt das Glück unvermindert. Das Himmelhochjauchzende verliert sich zwar, doch es bleibt ein kräftiger goldener Batzen Glücksgut, der uns häufiger in die Glückseligkeit hebt. Die Liebe zu seinem Partner zu bewahren und sie sich nicht nur warmzuhalten, sondern sie immer wieder neu zu stiften und zu beleben, ist demnach auch eine Art von Glückszauber.

- **Flow, Glück im Hier und Jetzt.** Da für Psychologen Liebe eher einem Verwirrtheitszustand gleicht, entdeckte man eine andere Art der Beschreibung von Glückseligkeit. Es war der amerikanische Psychologe Mihaly Czikszentmihalyi, der hierfür den Begriff »Flow« prägte. Er meint damit, ganz nach dem Motto *»glücklich ist, wer vergisst«* einen Zustand der Selbstvergessenheit, bei dem wir das Gefühl haben zu schweben, beziehungsweise dass die Dimensionen Zeit und Raum ineinanderfließen und sich aufheben. Es ist das Gefühl der Allverbundenheit, die wir zum Beispiel bei einer Tätigkeit erfahren, bei der wir uns mit Geist, Verstand und allen fünf Sinnen von ihr fesseln lassen. Das kann eine schöpferische Tätigkeit sein, wie ein Klavierstück zu spielen, oder eine simple Aufgabe sein, etwa einen Hof zu kehren, oder es ist eine sportliche Aktivität. So berichten zum Beispiel Ausdauersportler von Glücksgefühlen bei höchster Anstrengung, die auf sie wie eine himmlische Belohnung wirken und nach denen sie geradezu süchtig werden könnten. Aber auch bei schlichterem Erleben, etwa einer durchtanzten Nacht oder einer ausgiebigen Trommelsession, kann sich der Flow einstellen.

  Es ist das Gefühl, ganz im und mit dem Hier und Jetzt zu sein, das uns dabei so glücklich stimmt. Das sich mit dem Flow einstellende Glücksgefühl besitzt damit durchaus auch eine transzendente Dimension und ist deshalb dem Meditierenden ebenso wenig fremd wie dem im Gebet Versunkenen. Es ist die Unterbrechung des Alltäglichen, die wir hierbei ebenso wie in der Liebe erfahren. Ja, Glückseligkeit ist offensichtlich auch ein Sturz in eine andere Dimension. Wer sich indes nicht so weit fallen zu lassen wagt, darf sich mit einem Solebad behelfen. Hierbei schwebt man wie ein Fötus in der Fruchtblase in warmem Wasser und wird dazu aus dem Bassin mit meditativer Musik besäuselt. Der Effekt wird oft recht hochtrabend als erleuchtungsgleiches Erleben dargestellt. Ganz so tiefgreifend ist er freilich nicht, aber man fühlt sich dabei wohl und bewahrt sich für längere Zeit ein glückseliges Lächeln.

RITUAL: *Mit dem Glück pulsieren*

Was ist Ihre Lieblingsfarbe? Was ist Ihr Lieblingsduft? Was ist Ihre Lieblingsmusik? Was ist Ihr Lieblingstee? Was ist Ihr Lieblingsstoff? Ziehen Sie sich an einen ruhigen Platz zurück und versammeln Sie die Ihnen liebsten Dinge für alle fünf Sinne vor und um sich. Lassen Sie die Musik erklingen, zünden Sie die Räucherkerze an, stellen Sie Ihre Teetasse auf ein Tuch mit Ihrer Lieblingsfarbe. Sie können nun all das, was Sie gerne um sich haben, zugleich sehen, hören, riechen, schmecken und tasten. Tun Sie dies. Seien Sie dabei achtsam. Damit Sie nicht zu sehr abschweifen, sprechen Sie leise zu sich, auf was Sie gerade achtgeben. »Ich höre die Musik; ich schmecke den Tee; ich rieche den Duft.« Versuchen Sie, sich ganz auf den sinnlichen Eindruck zu konzentrieren. Verhalten Sie sich so, als würden Sie zum ersten Mal diese Farbe vor sich sehen, dieses Tuch betasten. Sprechen Sie dazu hörbar zu sich: »Es ist schön, all die schönen Dinge um mich zu haben.« Widmen Sie erneut reihum jeder Sache Ihre Aufmerksamkeit und benennen und beschreiben Sie sie dazu. Sagen Sie zu sich: »Ich fühle mich wohl in diesem schönen Kreis.«

Versuchen Sie nun, diesen Zauberkreis auch sinnlich zu empfinden. Es ist ein Kreis aus Tönen, Farben, Düften, Geschmack und zarter Berührung. All diese Eindrücke vereinigen sich zu einer Schwingung, die Sie erfasst. Schönheit umgibt Sie. Schwingen Sie mit Ihr. Schließen Sie Ihre Augen, lassen Sie sich von der Harmonie bewegen. Lassen Sie sich von ihr emporheben. Schweben Sie in der Sphäre ihrer Schönheit. Das Gefühl zu schweben wird sich alsbald in ein Empfinden zunehmender Weite wandeln. Sie gewinnen den Eindruck, als dehnten Sie sich über sich hinaus und würden eins mit dieser wundervollen Sphäre. Öffnen Sie wieder die Augen. Die Welt sieht nun ein bisschen anders aus. Sie scheint unmittelbarer als zuvor zu sein. Und in Ihrem äußeren Gesichtsfeld sehen Sie ein leichtes Scheinen. Dies ist Ihr Glückskreis.

Meditieren Sie in ihm. Betrachten Sie den milden Schein des Glücks. Lassen Sie zugleich die Kraft des Himmels durch sich in die Erde fließen. Spüren Sie, wie ein Strom aus der Erde antwortet. Sie werden zum Puls zwischen Himmel und Erde. Ebenso pulsieren Sie in den Raum hinein. Sie sind von himmlischer Kraft umgeben. Sie sehen, wie Ihr Glückskreis mit dieser Kraft pulsiert. Sie schwingt gleichmäßig mit Ihrem Atem. Sie sind im Glück. Erfreuen Sie sich an ihm und genießen Sie es.

Lässt das Glücksempfinden nach, klatschen Sie in Ihre Hände und schlagen danach dreimal mit Ihrer linken Faust auf den Boden. Hierdurch kommen Sie wieder in die Gegenwart. Das empfundene Glück aber werden Sie noch lange mit sich tragen.

Mit dem Glücksorakel das Glück beschwören

Ein Orakel ist seit Urzeiten ein probates Mittel, sein Glück zu erkunden und zu locken. Ja, selbst wenn ein Orakel Schlechtes prophezeite, galt dies oft noch als ein positives Zeichen; schließlich konnte man sich daraufhin vor dem drohenden Unheil wappnen und dem Schlimmsten entgehen.

Bei dem nachstehenden Glücksorakel müssen Sie sich jedoch nicht vor schlimmen Folgen fürchten, denn es sagt Ihnen in jedem Fall glückliche Momente voraus. Es ist ein positiver Zauber, den Sie mit ihm bewirken, indem Sie durch eine glückliche Voraussage Ihr Glücksgut stärken und somit die Basis für eine gute

Stimmung schaffen, auf der Ihnen weiteres Glück zuwachsen kann. Wiederholen Sie darum das Orakel, wann immer Sie meinen, eine extra Portion Glück nötig zu haben, beziehungsweise ihr Glücksgut beleben wollen.

Sie können das Orakel sofort testen, indem Sie sich ohne lange Überlegung eine Zahl zwischen 1 und 12 denken. Diese Zahl soll für heute Ihre Glückszahl sein. Sehen Sie weiter unten unter Ihrer Zahl nach, von welcher Art das Glück ist, das Sie sich für heute zur Seite gezaubert haben. Nützen Sie es, wenn sich eine Gelegenheit dazu ergibt; ansonsten freuen Sie sich darüber, dass Sie dieses Glück haben.

Anleitung für das Orakel: Das Losen des Orakels mittels einer sich gedachten Zahl funktioniert nur wenige Male, da Sie dann die Sprüche kennen und nicht mehr blindlings ziehen werden.

Danach ziehen Sie das Orakel anhand von Losen. Rollen Sie dazu zwölf Lose, die Sie zuvor von 1 bis 12 bezifferten. Die gezogene Losziffer weist Sie dann zum passenden Orakelspruch.

Geben Sie das gezogene Los zu den anderen Losen zurück und verwahren Sie sie, bis Sie das Orakel wieder befragen beziehungsweise Ihr Glücksgut durch eine positive Prophezeiung mehren wollen.

Eins: Das Glück im Großen und Ganzen, jedoch nicht im Speziellen, ist Ihnen beschieden. Das heißt, Sie fühlen sich insgesamt glücklich, auch wenn sie mal kein besonderes Glück haben. Schenken Sie sich ein paar glückliche Stunden, indem Sie sich abseits von Menschen allein in die Natur begeben. So tanken Sie Glücksgut.

Zwei: Das Glück der Zweisamkeit ist Ihnen jetzt günstig. Damit sind nicht nur günstige Konstellationen in Liebesdingen gemeint, sondern auch alles, was Sie unter vier Augen regeln können, wird begünstigt. Insofern ist dieses Los ein gutes Vorzeichen bei Streit, Verabredungen und Pakten. Zudem bringt es Erkenntnisgewinn.

Drei: Das ideale Glück rückt Ihnen hier näher. Es ist das Glück, wenn Sie wunschlos glücklich sind. Also sollten Sie Ihre Wünsche vergessen, um dieses Glück nicht von sich zu weisen. Wagen Sie es, werden Sie sich wahrhaft glücklich schätzen. Was Ihnen dann widerfährt, ist himmlisches Glück.

Vier: Das Glück im Konkreten ist Ihnen gewiss. Haben Sie einen erfüllbaren Wunsch, äußern Sie ihn jetzt. Wollen Sie Lotto spielen, tippen Sie jetzt. Alles Greifbare wird Ihnen nun merklich besser gelingen. Wollen Sie etwas von diesem Glück ansparen, so legen Sie sich jetzt ein Amulett zu.

Fünf: Dies ist das i-Tüpfelchen auf dem Glück. Sie müssen also schon etwas Glücksgut gesammelt haben, um es hierdurch zu mehren. Glückliche Wendungen wenden sich zum noch Besseren. Was Sie jetzt vollenden, wird lange Bestand haben. Denken Sie auch über sich und Ihre Mitwelt nach, und Sie werden nützliche Einsichten gewinnen, die Ihre Stimmung heben.

Sechs: Dies ist das Glück der Makellosen. Es ist ein reines Glück, das Sie ohne Hintergedanken schöpfen sollten. Liebe ist von diesem Glück. Lieben Sie, werden Sie dieses Glück noch tiefer empfinden. Halten Sie darum dieses Glück nicht fest, sondern verschwenden Sie es. Können Sie dies aus freien Stücken, wird Ihnen das Glück treu bleiben.

Sieben: Das Glück, alles zu haben, birgt die Gefahr, dass man darob das Gefühl verliert, Glück zu haben. Werden Sie darum nicht unglücklich in Ihrem Glück. Öffnen Sie Ihre Augen, und sehen Sie hin, wie viel Glück Sie haben. Mit diesem Blick werden Sie Ihrem Glück danken und Ihr Glücksgut mehren.

Acht: Dies ist ein Versprechen vom Glück. Es wird Ihnen treu bleiben, solange Sie ihm den Raum geben, sich zu entfalten. Lassen Sie darum Weile einkehren, damit Ihr Glück wirken kann. Sie werden darauf vom Glück in eine Dimension gehoben werden, von der Sie bislang noch nicht zu träumen wagten. Seien Sie rundum glücklich!

Neun: Gibt es etwas Idealeres als das Ideale? Ihr Glück sagt ja und will es Ihnen zeigen. Erhoffen Sie sich jedoch nicht das große und überirdische Ereignis. Nein, Ihr Glück will Ihnen seine Vollkommenheit im Kleinen zeigen. Eine Überraschung erwartet Sie, deren Glück in Ihnen noch lange nachschwingen wird.

Zehn: Missachten Sie nicht das Einfache. Das Glück erscheint Ihnen diesmal schlicht und gediegen. Es ist ein solides Glück, das wie alles Solide lange Bestand haben wird. Setzen Sie jetzt einen Grundstein, können Sie ein Haus auf ihm bauen. Seien Sie darum sehr achtsam, damit Sie dieses Glück nicht übersehen.

Elf: Schneiden Sie alte Zöpfe ab und wagen Sie einen Neuanfang, das Glück wird ihn begünstigen. Diesmal ist es eine treibende Kraft. Es will in die Zukunft wirken. Lassen Sie sich also von der Zuversicht mitreißen. Sie dürfen dabei durchaus etwas riskieren, denn dieses Glück liebt den Wagemutigen. Sparen Sie nicht am Einsatz.

Zwölf: Haben Sie noch eine Rechnung offen, dürfen Sie jetzt den Schlussstrich ziehen. Das Glück hilft Ihnen dabei, Unfertiges zu vollenden. Es setzt dazu den krönenden Schlussstein, der das gesamte Vorhaben adelt. Dies gilt besonders für persönliche Beziehungen. Denn dieses Glück möchte gerne in einem größeren Kreise wirken.

Geschichte vom Glücksring

Hans war ein guter Mensch. Wo er helfen konnte, half er gern, und wenn er etwas zum Teilen hatte, gab er von Herzen. Eines Abends spazierte Hans durch die Stadt und sah, wie eine Gruppe von Rabauken eine Fremde verspotteten. Er ging daraufhin entschlossen dazwischen und vertrieb die Flegel. Damit die Frau nicht erneut belästigt werden konnte, begleitete er sie durch die Stadt zu ihrer Unterkunft. Dort angekommen bedankte sich die

Frau bei ihm und zog sich einen Silberring vom Zeigefinger, um ihn ihm für seine Hilfe zu schenken.

Hans wollte den Ring nicht annehmen. Doch die Fremde bestand ganz entschieden darauf und sagte zu ihm: »Ich weiß, dass du ein guter Mensch bist, Hans. Deswegen nimm diesen Ring. Es ist ein Glücksring. Ich habe ihn von meiner Großmutter, und die erhielt ihn von einer Fee. Er hatte einst drei Wünsche frei. Zwei davon wurden über die Zeit verbraucht. So ist dem Ring noch ein Wunsch eigen. Willst du dir also einen heiß ersehnten Wunsch erfüllen, so drehe den Ring dreimal an deinem Finger und sprich dazu dreimal deinen Wunsch. Er wird dir darauf erfüllt werden.« Mit diesen Worten steckte sie ihm den Ring an den kleinen Finger seiner linken Hand.

»Woher weißt du, dass ich Hans heiße, und woher weiß ich, dass das stimmt, was du sagst?«, fragte er die Fremde verwirrt.

»Weil auch ich eine Fee bin«, erwiderte sie ihm und verschwand mit diesen Worten im Eingang des Hauses.

Hans blieb noch lange vor dem Haus stehen, um zu sehen, in welchem Fenster ein Licht anging, doch es wurde hinter keiner Scheibe hell. Als ein Mann aus dem Haus trat, fragte er ihn nach der Fremden, aber der kannte sie nicht und hatte sie nie im Haus gesehen.

Alsbald gab es eine erste Gelegenheit, einen Wunsch zu äußern. Es geschah, als er Julia, eine Freundschaft aus Kindertagen, traf. Sowie er sie sah, war Hans wie vom Schlag gerührt und die Flamme der Liebe verzehrte ihn. Er wollte Julia sofort besitzen, ihr sicher sein. An diesem Abend drehte er das erste Mal den Ring am Finger. Einmal nur, und sagte seinen Wunsch. Doch dann hielt er inne. Lieber wollte er um Julia werben, statt sie sich herbeizuwünschen.

Später, als er mit Julia verheiratet war und sie ein schönes Haus in der Stadt sahen, das zum Verkauf stand, drehte er wieder seinen Ring. Zu schön wäre es gewesen, das Haus schnell zu besitzen. Doch auch diesmal sprach er seinen Wunsch nicht aus, sondern setzte alles in Bewegung, um sich die fehlende Summe zu seinem Angesparten zu leihen.

Und so gab es viele Gelegenheiten in seinem Leben, zu denen er den Ring drehte, um sich etwas zu wünschen. Doch nie sprach er dazu einen Wunsch dreimal aus. Diesen einen Wunsch, der ihm freistand, hätte er zwar so manches Mal gerne ausgesprochen; doch dann überlegte er sich stets erneut, ob es klug wäre, ihn so ohne Eifer, das Erwünschte zu erlangen, zu vergeben oder ob es nicht besser sei, darauf zu vertrauen, dass es durch Fügung auf ihn zukäme.

So lebte Hans glücklich und zufrieden, hatte er doch stets einen Wunsch frei. Er erfreute sich an seiner Familie und an seiner Arbeit und seinem Besitz und fand viele Freunde in der Stadt. Als er schließlich hochbetagt starb, meinte sein jüngster Sohn, der den Ring erben sollte: »Lasst dem Vater den Ring. Es muss sein Glücksring gewesen sein, denn er drehte ihn oft, und jedes Mal, wenn er ihn drehte, schien er besonders glücklich gewesen zu sein. Ich denke, er wird diesen Ring auf der langen Reise, die nun vor ihm liegt, gut gebrauchen können.«

GLÜCKSBRINGER UND GLÜCKSZEICHEN

Der Glückszauber ist eine besonders edle Praktik der weißen Magie, weil er zweifelsohne einer guten Sache dient, die das Leben verschönt und Harmonie stiftet. Zudem folgt ein Glückszauber meist einer klaren, leicht verständlichen Symbolsprache, weswegen viele solcher Zauberhandlungen in der Volksmagie zu finden sind und zum volkstümlichen Aberglauben beziehungsweise zum Brauchtum gezählt werden.

Wollen Sie beispielsweise ein vierblättriges Kleeblatt in einer Wiese finden, wissen Sie von vornherein, dass Ihnen dies nur mit recht viel Glück gelingen wird. Finden Sie in der Tat eines, wissen Sie nicht nur, dass Ihnen das Glück hold ist, sondern Sie werden es auch bewahren wollen, indem Sie dieses Glückssymbol zwischen Buchseiten trocken pressen und aufheben. Als ich die Bibliothek meiner Großmutter erbte, fand ich Dutzende **vierblättrige Kleeblätter** in ihren Büchern. Das passte zu ihr, denn sie war eine sehr glückliche Frau, und ich glaube, dass sie nie lange suchen musste, um solch ein Kleeblatt zu finden. Ihre Kleeblattsammlung ging als Glücksbringer auf mich über und ich konnte ihr schon so manchen Glücksfall verdanken. Denn es gibt immer mal eine Sache, die ich gerne besitzen würde, mir aber eigentlich nicht leisten kann. Also suche ich dann nach einer günstigen Gelegenheit. Auf der Suche nach solchen Schnäppchen im Internet hole ich mir gerne das Kästchen mit Omas Kleeblättern und öffne es, damit mich etwas von ihrem Glück umweht. Hier wirkt eine sehr dichte Magie, denn geerbte Amulette gelten gemeinhin als besonders zauberkräftig.

Sehr große Bedeutung im volkstümlichen Glückszauber haben Glücksbringer wie Amulette oder Talismane. Der Unterschied zwischen beiden ist, dass ein Amulett ein standardisierter Glücksbringer ist; beispielsweise ein blaues Glasauge gegen den bösen Blick. Ein Talisman dagegen ist etwas, das als Glückszeichen auf Sie zukommt. Er sucht Sie gewissermaßen. Der Glücksring in der vorangegangenen Geschichte war in diesem Sinne ein Talisman. Sie werden auf den Gegenstand aufmerksam, weil er eine besondere Atmosphäre besitzt oder in einem schicksalhaften Augenblick eine Rolle spielt, in dem Fortuna Ihnen die nötige Portion Glück gewährt. So besitze ich eine Heiligenfigur, die ich in einem Abrisshaus fand und restaurieren ließ. Kaum konnte ich sie mein Eigen nennen, fügten sich etliche verworrene Angelegenheiten zum Guten. Seitdem sehe ich in der Figur einen Glücksbringer und stifte ihr ab und an eine Kerze, damit sie mir hold bleibt. Es handelt sich bei dieser Heiligenfigur übrigens um die **Heilige Corona**, die Patronin der Schatzgräber ist, da sie oft mit einem Geldstück in der Hand dargestellt wird.

Wegen ihrer Eigenart, ganz persönliche Glücksbringer zu sein, treten Talismane bei der folgenden Beschreibung von Glücksbringern in den Hintergrund. Gleichwohl ist ein Talisman ein besonders starkes Glückszeichen. Zudem kann ein Amulett durchaus auch zum Talisman werden, sobald es sich Ihnen mit seiner speziellen Kraft offenbart. Zum Beispiel wandelt sich eine gefundene **Glücksmünze** oft zu einem Talisman, sobald durch sie erkennbar ein Spielgewinn eintrat. Dann werden diese Glücksmünzen gerne vergoldet und als Anhänger an Hals oder Arm getragen.

Astrologische Glücksbringer

Der Tag unserer Geburt ist unser ganz eigener Glückstag. In der Astrologie werden die Geburtsminute und die Gestirnkonstellation bezogen auf den Geburtsort als schicksalsprägende Kraft angesehen. Sie fasst das Schicksal im klassischen Sinne auf, indem sie die Sterne stellvertretend für die Parzen neben die Wiege stellt. Die himmlische Kraft der Sternzeichen wurde seit jeher auch auf andere magisch wirksame Gegenstände gleichnishaft übertragen. Dies hat zur Folge, dass bis heute jedem Sternzeichen eine Reihe von Anmutungen wie Edelsteine, Farben, Zahlen oder Pflanzen, in denen man ihre Schwingung wiederzuerkennen glaubt, zugeordnet werden. Sie sollen demjenigen, der unter dem entsprechenden Sternzeichen geboren wurde, Glück bringen, indem sie negative Energien abwehren und einen positiv gestimmten Raum schaffen, in den das Glück einziehen kann. Diese astralen Anmutungen werden häufig wegen der in ihnen gebundenen Sternenkraft auch als Glück bringende und schützende Amulette verwendet.

Astrale Amulette arrangieren

Ehe die jedem Sternzeichen zugedachten Glücksbringer aufgelistet werden, erfahren Sie mehr über ein sehr altes Glücksritual, das mir vor etlichen Jahren eine begabte Astrologin verriet, die vor allem Größen aus dem Showgeschäft beriet.

Für einen Glückszauber sollten Sie drei der Ihrem Sternzeichen zugewiesenen Gegenstände zusammenbringen, indem Sie sie zu einem Dreieck arrangieren, das von einem Kreis umschlossen ist. Am besten legen Sie sie dazu auf einen Teller. Richten Sie das Dreieck so aus, dass Sie, wenn Sie es betrachten, von der

Basis auf die Spitze blicken. Noch vorteilhafter für Ihr Glück ist es, wenn Sie die Spitze gleichzeitig noch nach Osten ausrichten. Hierdurch fließt Ihnen das frische Glück des jungen Morgens zu. Mit einem solchen astrologischen Glücksdreieck können Sie das Glück in einer ganz konkreten Sache für sich beschwören, etwa um eine schwierige Verhandlung zu Ihren Gunsten zu entscheiden. Denn dieses Dreieck bewirkt, dass sich unabhängig von den Fakten für Ihre Sache eine harmonische Stimmung entfaltet.

Ein Arrangement mit astrologischen Glücksbringern aus Ahornsamen, Tulpe und Glückszahl in Gestalt einer Münze.

Durch ein solches Arrangement können Sie aber auch Ihr Glücksgut anhaltend stabilisieren und aufladen. Hierfür bauen Sie ein solches Dreieck in einem Kreis an Ihrem **Kraftplatz** auf. Ihr Kraftplatz ist der Ort, an den Sie sich gerne zurückziehen, um wieder zu sich zu kommen, um zu meditieren oder um ein weißmagisches Ritual zu begehen. An ihm begegnen Sie auch Ihrem Glück, hier locken Sie es und lassen sich von ihm berühren. Räuchern Sie hin und wieder an diesem Ort, und falls Sie mal einen besondern Wunsch haben, der Ihnen vom Schicksal glücklich erfüllt werden soll, schreiben Sie ihn auf einen reinweißen Zettel. Rollen Sie den Zettel zu einem Los und legen Sie es in den Mittelpunkt Ihres astrologischen Dreiecks. Sie haben dann meist gute Chancen, dass sich das Schicksal für Ihren Wunsch erwärmt.

Bei nachstehend beschriebenen Möglichkeiten, ein magisches Glücksdreieck zu bilden, legen Sie das erstgenannte Element in die Spitze, das zweite in die rechte und das dritte in die linke

Ecke. Bei größeren Dingen, etwa einem Baum, legen Sie ein Symbol für diese Sache aus, also beim Baum ein Blatt oder ein Bild von ihm.

- Für Wünsche an das **irdische Glück** verwenden Sie für Ihr magisches Dreieck am besten das Ihrem Sternzeichen zugewiesene Metall (1), den Baum (2) und den Stein (3). Mit dem irdischen Glück rufen Sie vor allem nach Beistand, um sich materielle Wünsche zu erfüllen, etwa einen Geldgewinn, eine gut bezahlte Tätigkeit oder eine schöne Wohnung.
- Das **herzliche Glück** gilt Ihrem Gemüt und Ihrer Zufriedenheit. Frieden, Freundschaft und freudige Ereignisse fallen ebenso hierunter wie harmonische Tage, an denen Ihnen so manche Schwierigkeit unerwartet gut von der Hand geht. Für dieses Glück arrangieren Sie in Ihrem magischen Dreieck eine Farbe (1), eine Blüte (2) und ein Medaillon mit Ihrem Sternzeichen (3).
- Die Liebe zu einem anderen Menschen ist zweifelsohne ein **himmlisches Glück**. Auch schöpferisches Tun, das Verständnis von Freunden oder die Gabe, verzeihen zu können, zählen zu dieser hohen Kategorie des Glücks, das wir als ein himmlisches Lächeln empfinden. Ein magisches Dreieck für diese Dimension wird aus einer Zahl (1), einer Frucht (2) und einer Blüte (3) gelegt.
- Das **geistige Glück** als Ursache der Glückseligkeit erfahren Sie in Verbindung mit einer Meditation oder Kontemplation. Es ist aber auch die stille Ausstrahlung Ihres Glücksgutes, die in ihm zur höchsten Vollendung gelangt. Sie erleben in ihm Ihr Glücklichsein, weil Sie sich in Gott geborgen fühlen. Die Schwingung dieses geistigen Glückes regen Sie mit einem magischen Dreieck aus immateriellen Elementen an. Aus diesem Grund ziehen Sie mit Ihrer rechten Hand im Uhrzeigersinn einen Kreis um sich. Danach »formen« Sie das Dreieck. Sie beginnen in der Spitze mit der ständigen Wiederholung

Ihrer astralen Silbe (1). Sie ist praktisch ein Mantra, das Sie erst beenden, wenn sich das Dreieck auflöst. Die rechte Ecke formt der Duft (2) einer Räucherkerze und die linke Ecke ist Klang (3). Halten Sie das Dreieck so lange aufrecht, bis die Musik verklungen ist.

Sternzeichen und ihre Glücksbringer

Bei den zugeordneten Glückskarten handelt es sich um Karten der großen Arkana des Tarot.

Widder 21. März – 20. April

Glückstag: Dienstag	Glückszahlen: 1 und 9
Glücksfarbe: Rot	Glückssteine: Granat, Blutstein
Glücksmetall: Eisen	Glücksbaum: Ahorn
Glücksblume: Tulpe	Glücksfrucht: Stachelbeere
Glücksdüfte: Benzoe, Vanille	Glücksklang: spanische Musik
Glückskarte: IV Der Herrscher	Glückssilbe: jui

Stier 21. April–20. Mai

Glückstag: Freitag	Glückszahl: 6
Glücksfarben: Braun, Türkis, Grün	Glückssteine: Rosenquarz, Türkis
Glücksmetalle: Kupfer; Glücksbaum	Glücksbaum: Linde
Glücksblume: Flieder	Glücksfrucht: Erdbeere
Glücksdüfte: Rose, Patchouli	Glücksklang: Volksweisen
Glückskarte: V Der Hierophant	Glückssilbe: tau

Zwillinge 21. Mai–20. Juni

Glückstag: Mittwoch	Glückszahl: 5
Glücksfarben: Silber, Hellgrün	Glückssteine: Achat, Beryll
Glücksmetall: Zinn	Glücksbaum: Pappel
Glücksblume: Edelweiß	Glücksfrucht: Johannisbeere

Glücksdüfte: Jasmin, Zeder	Glücksklang: Musical
Glückskarte: VI Die Liebenden	Glückssilbe: sing

Krebs 21. Juni–22. Juli

Glückstag: Montag	Glückszahlen: 2 und 7
Glücksfarben: Moosgrün, Weiß	Glückssteine: Mondstein, Perle
Glücksmetall: Silber	Glücksbaum: Buche
Glücksblume: Gänseblümchen	Glücksfrucht: Birne
Glücksdüfte: Mastix, Lavendel	Glücksklang: Rossini
Glückskarte: VII Der Wagen	Glückssilbe: saph

Löwe 23. Juli–23. August

Glückstag: Sonntag	Glückszahl: 1
Glücksfarben: Gold, Rotbraun	Glückssteine: Bernstein, Tigerauge
Glücksmetall: Gold	Glücksbaum: Kiefer
Glücksblume: Sonnenblume	Glücksfrucht: Orange
Glücksduft: Weihrauch	Glücksklang: Haydn
Glückskarte: XI (VIII) Die Kraft	Glückssilbe: len

Jungfrau 24. August–23. September

Glückstag: Donnerstag	Glückszahl: 5
Glücksfarben: Königsblau, Weiß	Glückssteine: Lapislazuli, Aquamarin
Glücksmetall: Messing	Glücksbaum: Eberesche
Glücksblume: Aster	Glücksfrucht: Brombeere
Glücksdüfte: Nelke, Bergamotte	Glücksklang: Musica viva
Glückskarte: IX Der Eremit	Glückssilbe: lön

Waage 24. September–23. Oktober

Glückstag: Freitag	Glückszahl: 6
Glücksfarben: Rosa, Purpur	Glückssteine: Rosenquarz, Koralle
Glücksmetall: Bronze	Glücksbaum: Birke
Glücksblume: Apfelblüte	Glücksfrucht: Kirsche
Glücksdüfte: Kirsche, Moschus	Glücksklang: Walzer
Glückskarte: VIII (XI) Gerechtigkeit	Glückssilbe: heim

Skorpion 24. Oktober–22. November

Glückstag: Dienstag
Glücksfarben: Wasserblau, Karfunkelrot
Glücksmetall: Stahl
Glücksblume: Pfingstrose
Glücksdüfte: Drachenblut, Mandel
Glückskarte: XVI Der Turm
Glückszahlen: 9 und 10
Glückssteine: Aquamarin, schwarzer Onyx
Glücksbaum: Eibe
Glücksfrucht: Holunder
Glücksklang: Meditationsmusik
Glückssilbe: lür

Schütze 23. November–21. Dezember

Glückstag: Donnerstag
Glücksfarben: Purpur, Zinn
Glücksmetall: Platin
Glücksblume: Gladiole
Glücksdüfte: Apfel, Iris
Glückskarte: XIV Die Mäßigkeit
Glückszahl: 3
Glückssteine: Chrysolith, Chalzedon
Glücksbaum: Walnuss
Glücksfrucht: Mango
Glücksklang: Choräle
Glückssilbe: feng

Steinbock 22. Dezember–20. Januar

Glückstag: Samstag
Glücksfarben: Braun, Violett
Glücksmetall: Blei
Glücksblume: Enzian
Glücksdüfte: Moschus, Amber
Glückskarte: XXI Die Welt
Glückszahl: 8
Glückssteine: Bergkristall, Malachit
Glücksbaum: Eiche
Glücksfrucht: Walnuss
Glücksklang: Beethoven
Glückssilbe: rom

Wassermann 21. Januar–19. Februar

Glückstag: Samstag
Glücksfarben: Schwarz, Dunkelgrün
Glücksmetall: Aluminium
Glücksblume: Hyazinthe
Glücksdüfte: Zimt, Eukalyptus
Glückskarte: XVII Der Stern
Glückszahlen: 4 und 8
Glückssteine: Zirkon, Granat
Glücksbaum: Esche
Glücksfrucht: Kiwi
Glücksklang: psychedelische Musik
Glückssilbe: tusch

Fische 20. Februar–20. März

Glückstag: Mittwoch	Glückszahlen: 3 und 7
Glücksfarben: Lila, Orange, Grau	Glückssteine: Jade, Amethyst
Glücksmetall: Zink	Glücksbaum: Trauerweide
Glücksblume: Mohn	Glücksfrucht: Melone
Glücksdüfte: Styrax, Magnolie	Glücksklang: Mozart
Glückskarte: XVIII Der Mond	Glückssilbe: wing

Ein Amulett ist geballtes Glücksgut

»Klar glaube ich an die Kraft meines Amuletts, aber noch mehr glaube ich daran, dass sich das Glück nicht auf Kommando einstellt. Mein Amulett schützt mich. Das ist schon Glück genug. Freilich muss man auch einen Blick dafür haben, wann einem das Glück zulächelt.« Diese Erklärung schickt Gabi stets voraus, wenn man sie bittet, ihre Geschichte von ihrem unglaublichen Gewinn zu erzählen, den sie einmal in einer bayerischen Spielbank gemacht hatte.

Gabi war mit ihrer Freundin auf der Rückreise von einem Skiwochenende, als sie in einen Schneesturm kamen und beschlossen, die Fahrt zu unterbrechen, bis das Unwetter wieder nachließ. Sie parkten zufällig nahe der Spielbank im Ort und beschlossen, sich hier die Zeit zu vertreiben. Eine Weile sahen sie dem Treiben an den Spieltischen zu. Dabei fiel Gabi eine Frau auf, die ein Medaillon mit einem prächtig schillernden Opal trug. Ihr Begleiter setzte, während sie dem Spiel zusah. Hin und wieder rieb sie mit ihrer linken Hand versonnen das Medaillon. Jedes Mal, wenn sie das Medaillon so in ihrer Hand wärmte, gewann ihr Begleiter.

Als dieser den Spieltisch verließ, beobachtete die Frau das Spiel noch weiter und berührte wieder ihr Medaillon. Gabi setz-

te darauf fünf Euro auf die 31, ihre Glückszahl, die sich aus der Querschnittssumme ihres Geburtstages bildete, und gewann. Die Frau behielt den Anhänger in der Hand, worauf Gabi ihren Gewinn auf der 31 liegen ließ. Wieder gewann sie, und der Croupier schob ihr über 6.000 Euro in Spielmarken zu. Als sie den Gewinn einstrich, verließ die Frau den Spieltisch. Damit war auch für Gabi das Spiel vorbei.

Als Gabi wieder daheim war, erstand sie mit einem Teil des Gewinnes ein ähnliches Opalmedaillon. Es wurde für sie zum Glücksbringer. Wann immer sie jemandem Glück schicken will, wärmt sie den Opal in ihrer linken Hand.

Amulette in glücklicher Weise nutzen

Ein Amulett ist kein beliebiger Gebrauchsgegenstand, sondern ein mit Zauberkraft geladenes Symbol. Das Symbol selbst besitzt bereits magische Kraft. Die fließt dem Symbol zum einen aus der Sphäre zu, für die es steht. Verwenden Sie beispielsweise ein Herz als Anhänger, beschwören Sie damit die Kraft der Liebe und werden deshalb in Liebesangelegenheiten eher Glück haben. Gleichzeitig übertragen Sie auf das Amulett, weil Sie es sich aneignen, etwas von Ihrer Wunschkraft. Hierdurch stimmt sich das Amulett auf Ihre Schwingung ein und wird somit auch zu einem Symbol Ihres Glücksgutes. Es wird zum Zeichen, an dem das Glück Sie und Ihre Anliegen erkennt und über das es sich Ihnen mitteilt. In dieser Weise bringen Sie sich mit einem Amulett dem Glück näher.

Das Glück reagiert darauf, weil ein solches Amulett auch ein Opfer an das Glück darstellt. Es gehört dem Glück und nicht Ihnen. Sie dürfen das Opfer bewahren. Aus diesem Grund sollten Sie auch ein einmal geweihtes Amulett nicht veräußern. Sie würden damit auch Ihr Glück veräußern. Verschenken dürfen Sie es.

Denn das Glück, das Sie weiterreichen, kommt dreimal auf Sie zurück. Dies ist auch das Besondere an Gabis Glücksbringer in der zuvor erwähnten Geschichte. Er bringt ihr Glück, weil sie damit das Glück für andere beschwört.

Glücksbringer weihen

Durch die Weihe Ihres Amuletts verdichten und versiegeln Sie die Glückskraft in ihm und machen es sich gleichzeitig zu Ihrem persönlichen Glücksbringer. Amulette werden je nach ihrer Verwendung in verschiedener Weise geweiht. Ein Glücksamulett wird der Sonne geweiht, die als der Ursprung allen Glücks gilt.

Warten Sie mit diesem Ritual auf Ihren astralen Glückstag (siehe Seite 48). Arrangieren Sie dann für Ihr Amulett ein astrales Dreieck für das irdische Glück (siehe Seite 45) in dem Fenster Ihrer Wohnung, in das die Sonne am längsten scheint. Nehmen Sie eine Porzellantasse und füllen Sie sie mit etwas Salz. In dieses Salzbett legen Sie das Amulett und bedecken es ganz mit Salz. Salz ist ein starkes magisches Reinigungsmittel, das schlechte Energien aufnimmt und hierdurch magische Gegenstände neutralisiert.

Mit dem Sonnenaufgang stellen Sie die Tasse in die Mitte des Dreiecks und lassen sie dort bis zum Sonnenuntergang stehen. Am Abend nehmen Sie das Amulett aus dem Salz und behauchen es dreimal. Hierdurch machen Sie es sich zu eigen und stimmen es auf die Schwingung Ihres Glücksguts ein. Schlagen Sie das Amulett in ein sauberes weißes Tuch und verwahren Sie es über Nacht in einer Schachtel. Am nächsten Morgen nehmen Sie das Amulett heraus und legen es offen in das astrale Dreieck im magischen Kreis zurück. Dort bleibt es bis zum Abend. In dieser Zeit lädt es sich mit Sonnenkraft auf. Nehmen Sie das Amulett schließlich aus dem Fenster und behauchen Sie es erneut dreimal. Wickeln Sie es wieder in das Tuch und lassen Sie es über Nacht in der Schachtel ruhen.

Am nächsten Morgen halten Sie das Amulett in die aufgehende Sonne und sprechen dreimal »Schütz mein Glück!«. Dazu behauchen Sie es. Abschließend zünden Sie eine Räucherkerze an. Sie besitzen nun mit dem geweihten Amulett einen besonders kräftigen Glücksbringer.

Achten Sie auf Ihre Glücksbringer

Je nach der Bedeutung seiner Symbolik wirkt ein Amulett in verschiedene Ebenen des Glücks hinein. Mal lockt es die Liebe, mal bringt es uns Gesundheit, mal soll es Glück ins Haus tragen oder einen stockenden Geldfluss wieder in Bewegung bringen. Aus diesem Grund sollten Sie sich verschiedene Glücksbringer zulegen und sie von Fall zu Fall mit sich tragen. Durch das Auswechseln eines Amuletts regen Sie Ihr Glücksgut spürbar an und machen sich hierdurch auch für das Glück attraktiv.

Andererseits ist es auch durchaus üblich, mehrere Amulette gleichzeitig an einem Armband zu tragen. In Süddeutschland und Österreich werden sie an Ketten zur Kleidung getragen. Man nennt sie **Charivari**, was so viel wie Durcheinander heißt. Der Mann trägt sein Charivari vor seinem Wams und die Frau als Rockstecker an der Seite. Wobei die Stücke, die zu einem Charivari gehängt werden, oft recht archaisch sind. Zähne oder Klauen eines erlegten Wildes sind zum Beispiel sehr beliebt. Es ist das Jagdglück, das hiermit auf das Glück im Ganzen übertragen wird.

Ein Charivari mit Wildschweinzahn, Hirschgrandeln, Silbermünze, Geierkralle und Penisknochen eines Marders.

Gleichzeitig macht ein Charivari auch sichtbar, was einen Glücksbringer an sich ausmacht. Es ist seine Seltenheit, die es zu einem unmissverständlichen Glückszeichen macht. So sind die Stücke, die an manchen Charivaris hängen, oft seltene Kostbarkeiten, die über Generationen weitergereicht wurden.

Wollen Sie ebenfalls mehrere Amulette gleichzeitig tragen, so achten Sie darauf, dass Sie stets eine ungleiche Anzahl bündeln, denn das Glück scheint das Ungleiche zu suchen, um es durch seine Anwesenheit erst rund zu machen. Jedenfalls galten schon im alten Rom die ungeraden Zahlen als Glückszahlen. Auch sollten Sie die einzelnen Stücke immer wieder mal würdigen, indem Sie sie betrachten und durch Ihre Hände gleiten lassen und dabei über ihre Schwingung nachdenken. Wollen Sie Ihr Glück mal besonders dringend anrufen, behauchen Sie Ihr Amulett dreimal und denken dazu intensiv an Ihren Wunsch. In dieser Weise sprechen Sie Ihr Glück viel präziser an, als Sie es zum Beispiel mit einer allgemeinen Glücksgeste wie Daumendrücken oder Fingerkreuzen je könnten. Der Erfolg in einer solchen Situation wird es Ihnen bestätigen. Übrigens ist die Geste des **Daumendrückens** nicht zu verachten, wenn es um Ihr ganz persönliches Glück geht. Denn durch die damit verbundene Anspannung und gedankliche Konzentration auf das erwünschte Ereignis beleben Sie Ihr Glücksgut in ansehnlicher Weise. Es erhellt Ihre Aura und strahlt über Sie hinaus und öffnet Sie so für eine mögliche Berührung durch das Glück.

Ein Amulett ist nicht immer ein Anhänger, wie Sie dies bei den zuvor beschriebenen astralen Amuletten sehen konnten. Wünschen Sie beispielsweise einem guten Freund für seine Prüfung Glück, legen Sie ein Amulett vor seine Fotografie oder auf einen persönlichen Gegenstand von ihm. Es gibt auch Amulette, die ganz praktische Funktionen haben. So benutze ich ein silbernes Salzfässchen in Gestalt eines Hahnes für mein Frühstücksei. Der simple Akt des Salzens wird damit zu einer symbolträchtigen Glücksgeste, denn alle drei Dinge – Hahn, Salz und Ei – sind für sich bereits Glücksbringer. Dagegen verwahrt einer meiner Bekannten seine Kontoauszüge in einem Jugendstilkästchen auf, das eine Kleeranke ziert. Er meint, er käme seitdem seltener in die Miesen. Und kürzlich sah ich an einem Auto am Heck unter dem Kofferraum ein Amulett aus Kaurimuscheln hängen, das offensichtlich für eine glückliche Heimkehr sorgen sollte. So wie die Muscheln in ihrer heilen Pracht an den Strand gespült wurden, so sollte auch das Fahrzeug wieder heil zurückkehren.

Glücksbringer, die Sie vorübergehend nicht benutzen, schlagen Sie in ein weißes Tuch, ehe Sie sie verwahren. Behauchen Sie Ihr Amulett, sobald Sie es wieder hervorholen, um seine Kraft wieder zu aktivieren.

Amulette, ihre Bedeutung und Glückskraft

Diese Auswahl an Amuletten soll Ihnen helfen, einen passenden Glücksbringer für sich zu finden. Es werden sowohl allgemein übliche als auch besondere Amulette beschrieben. Damit wird die Spannweite der symbolischen Betrachtung umrissen, die bei der Wahl eines Amuletts zur Geltung kommt. Neben diesen Amuletten werden im Verlauf des Buches weitere Glücksbringer für besondere Gelegenheiten vorgestellt.

Ein Glücksbringer bringt Glück …
… weil er uns an das Glück glauben lässt.
… weil durch ihn der Wunsch Gestalt erhält.
… weil dank ihm das Glück uns findet.

- **Vierblättriges Kleeblatt.** Neben seiner Seltenheit wird der Vierklee wegen seiner Form zum Glücksbringer, lässt sich doch aus ihr unschwer ein Kreuz herauslesen. Er ist also von

Natur aus ein gesegnetes Kraut, das seine Blätter in alle vier Winde hält und daher das Glück erahnt, das seinem Zentrum zufließt.

Einen Glücksklee sollten Sie nicht mit bloßer Hand pflücken, sondern mit einem Taschentuch, damit Sie das anhaftende Glück nicht verscheuchen. Auch gilt, dass ein zufällig gefundener Klee dreimal mehr Glück bringt als ein gezielt gesuchter. Ein Vierklee, der vor Sonnenaufgang gepflückt wird, ist ein besonders kräftiger Glücksbringer; ebenso wie ein Kleeblatt, das an Johannis (24. Juni) gefunden wird.

Sollten Sie übrigens mal ein fünf- oder noch mehrblättriges Kleeblatt finden, lassen Sie es stehen. Nur das vierblättrige bringt Glück, weil in ihm das Kreuz ist.

Ein vierblättriges Kleeblatt kann zum Talisman werden, das Ihnen über Dauer Glück beschert. Häufig ist es das Glück, das seinem Fund auf den Fuß folgte, das Ihnen fortan treu bleiben wird. Bemerken Sie dies, sollten Sie das Kleeblatt in Ehren halten. Ein in ein Messbuch gelegter Klee bringt gleichfalls anhaltend Glück.

Kurzfristiger ist das Glück, wenn Sie einen Vierklee mit Bienenwachs beträufeln und in Ihr Portemonnaie stecken. Er soll Ihnen beim Spielen Glück bringen. Doch ist er verbraucht, wenn Sie das Spiel beenden.

Auch ein in einen Schuh gelegter Klee vergeht. So wie er vergeht, kommt das Glück zu ihnen. In dieser Weise wirkt er als eine glückliche Kraft bei so mancher Verhandlung.

- **Hufeisen.** Das Hufeisen ist wie der Klee ein Glückssymbol schlechthin; ähnlich dem Kaminkehrer, zu dessen Berufsbild es gehört, sich geduldig von abergläubischen Menschen berühren zu lassen, damit mit dem Ruß auch ein bisschen Glück auf sie übergeht. Weit mehr Glück hat allerdings, wer ein Hufeisen findet. Eine Sache, die heutzutage noch viel seltener ist als früher, als Pferde noch den Verkehr besorgten. Deshalb gibt es heute Hufeisen als Glücksbringer auch zu kaufen. Ein

solches Hufeisen bringt allerdings nur dann wirklich Glück, wenn Sie es geschenkt bekommen, ohne darum gebeten zu haben. Insofern ist ein solches Geschenk buchstäblich ein echter Glücksbringer.
Ein Hufeisen ist vor allem ein Schwellenzauber, der über dem Türstock angebracht wird. Mit diesem Zauber laden Sie das Glück in Ihr Haus ein. Bringen Sie allerdings das Hufeisen mit der Öffnung nach oben an, damit das Glück nicht aus ihm herausfällt.
Doch auch als Glücksbeschwerer ist ein Hufeisen nützlich. Dazu legen Sie es als Briefbeschwerer auf Schriftstücke, deren inhaltliche Verwirklichung Sie sich erhoffen. In dieser Weise können Sie es auf Liebesbriefe ebenso wie auf einem Vertragsentwurf deponieren; wichtig ist nur, dass Sie es für einen guten Wunsch verwenden. Insofern dürfen Sie auch Wunschzettel für eine andere Person schreiben, der Sie darin Gesundheit oder Erfolg beim Bewerbungsgespräch wünschen.
Seine Glückskraft bezieht das Hufeisen auch aus der Kraft und Schönheit des **Pferdes**, das ein Glückssymbol für sich ist; liegt doch bekanntlich alles Glück dieser Erde auf dem Rücken der Pferde. Jedenfalls galt seit Urzeiten ein in den Hausgiebel gehängter Pferdeschädel als Wohnstatt schützender Hausgeister.

- **Schwein.** Ein Schwein ziert neben Kleeblatt, Fliegenpilz, Schornsteinfeger und Hufeisen so ziemlich jede Glückwunschkarte. Als Amulett wird es als Anhänger gerne an Glücksarmbänder zusammen mit mehreren Glückszeichen gehängt.
  Weit häufiger ist es jedoch als kleines Plastikschweinchen im Münzfach des Geldbeutels zu Hause. Hier soll die Natur des Schweins, im Erdboden noch reichlich Nahrung zu finden, zur Geltung kommen, indem es in gleicher Weise aus dem Nichts noch Münzen ans Tageslicht wühlt. Ist die Glückssau vergoldet, soll dies dem Glück noch kräftiger auf die Sprünge helfen.

Auch durch seine Geschichte als eins der ältesten Haustiere des Menschen ist das Schwein ein Symbol für Wohlstand und Glück. Deshalb sagen wir auch »Schwein gehabt«, wenn es das Glück mal überraschend gut mit einem meinte.

- **Fliegenpilz.** Der Fliegenpilz gehört zwar zur Gattung der Knollenblätterpilze, ist jedoch nicht so hochgradig giftig wie diese, weswegen er als Rauschdroge in allen Kulturen bekannt ist. Wegen seiner psychedelischen Wirkung war er vor allem eine Droge der Schamanen. Der Schamane war Heiler, Hellseher und Zauberer. Hier dürfte die Verbindung zum Glück ihren Ursprung haben, die den Fliegenpilz als allgemein bekannten Glücksbringer auszeichnet.
  Im Kinderlied »Ein Männlein steht im Walde« steht er einsam still und stumm auf einem Bein. Der Schamane aß von ihm in stiller Abgeschiedenheit und auch andere magische Heiler zogen sich zurück, wenn Sie sich mit ihm in das Land der wilden Träume begaben. Insofern ist er auch als Glücksbringer ein bescheidenes Symbol, das vor allem für das stille Glück der Zufriedenheit und der Einsicht verantwortlich ist. Wollen Sie sich also auf sich besinnen und ein wenig Abstand vom Alltag nehmen, um Ihren inneren Frieden zu finden, dürfen Sie sich auf diesen Glücksbringer verlassen.
- **Marienkäfer.** Der Marienkäfer ist ein klassischer Glücksbringer. Vor allem Käfer mit sieben Punkten auf dem Rücken gelten wegen dieser Glückszahl als die eigentlichen Glücksbringer. Sie stehen unter dem Schutz der Gottesmutter und sollen Himmelsboten sein, weshalb sie manchmal auch Himmelskinder genannt werden.
  Als Himmelsboten bringen sie himmlische Gaben und sind zugleich Opferdiener, die die menschlichen Gaben in den Himmel tragen. Dies ist eine besonders starke Glückssymbolik. Fliegt Ihnen also ein Marienkäfer zu, während Sie ein Glücksopfer darbringen, bedeutet Ihnen das Glück, dass es Ihren Wunsch erfüllen wird. Streifen Sie auch nie einen

Marienkäfer, der sich auf Ihnen niederlässt, ab. Sie würden damit auch Ihr Glück abstreifen. Sind Sie verliebt, wird der Marienkäfer zum Liebesboten. Je länger er bei Ihnen weilt, desto inniger wird die Liebe werden.

- **Auge.** Ein Auge symbolisiert Wachsamkeit, Weisheit und Wahrsagekraft. Als Amulette werden heutzutage vor allem blaue Glasaugen und das Udjat-Auge, auch als Auge des Horus bekannt, angeboten.
  Ein Glasauge beschützt Sie vor dem bösen Blick, mit dem man Ihnen Ihr Glück missgönnt und abspenstig machen möchte, indem man versucht, von Ihrem Glücksgut zu zehren.
  Das Auge des Horus ist eine Hieroglyphe und zugleich das Symbol für den ägyptischen Himmelsgott. Sonne und Mond waren seine Augen. Das Mondauge wurde Horus von Seth ausgerissen und von Thot wieder geheilt. Daraufhin wurde es zum Symbol für den Gott. Es schützt vor dem bösen Blick, ist ein Fruchtbarkeitssymbol und bewahrt uns vor Unfällen. Als Schwellenzauber hält es Diebe vom Haus fern und bewahrt das Glück in seinen Mauern. Beim Liebeszauber fördert es die Lustbarkeit.

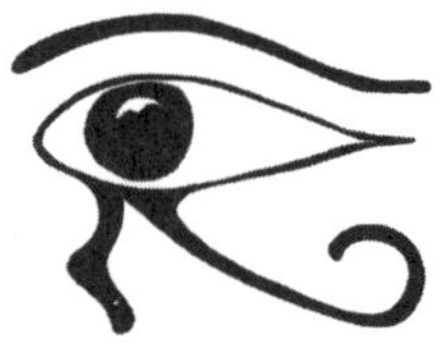

Das Udjat-Auge, auch Auge des Horus genannt, beschützte im alten Ägypten die Pharaonen.

- **Füllhorn.** Ein Füllhorn steht symbolisch für die Glücksgöttin Fortuna. Es wird überwiegend als Schmuckstück angeboten. Mit ihm locken Sie vor allem das irdische Glück. Erwerben Sie es selbst, steigern Sie seine Glückskraft, da Sie mit der Kaufsumme Fortuna auch ein Opfer darreichen.

- **Glücksmünze.** Als Glücksmünze gilt gemeinhin die kleinste Münze einer Währungseinheit. Allerdings müssen Sie diese Münze selbst gefunden haben und nachdem Sie sie aufgehoben haben, dreimal anspucken, ansonsten bleibt das Glück nicht an ihr haften. Eine solche Münze dürfen Sie allerdings nicht horten, sondern sollten sie in ihren Geldbeutel fallen lassen, damit das Glück Sie nicht für einen Geizkragen hält, an dem es sich verschwendet. Auch silberne Erbmünzen, die keine Zahlungsmittel mehr sind, gelten als Glücksbringer in finanziellen Dingen. Für die D-Mark wäre dies ein bis 1974 geprägtes Fünfmarkstück, das noch einen hohen Silberanteil besaß.
- **Koralle.** Wohl wegen ihrem lebendigen Rot gilt die Koralle seit dem Altertum als heilend bei Hautausschlägen. Dank ihrer Farbe wehrt sie auch Unheil ab und wirkt gegen böse Geister ebenso wie gegen den bösen Blick. Das Glück verbindet sich gerne mit ihrer reinigenden Kraft. Dies gilt insbesondere für das Liebesglück, das Korallen begünstigen (siehe Seite 214). Ein verschenktes Korallenamulett kann somit eine wirksame Liebesgabe sein.
- **Tigerauge.** Das Tigerauge ist ein Halbedelstein von wechselnder honiggelber und brauner Färbung. Es schützt Besitz vor dem Blick der Neider, weswegen er von Dieben und Vandalen übersehen wird. Zugleich erhöht sich Ihre Achtsamkeit für den eigenen Besitz, was Sie sparsamer wirtschaften lässt. Auch bewirkt ein Tigerauge eine angenehme, warme Atmosphäre, was den häuslichen Frieden fördert. An eine Lampe gebunden wird das Tigerauge stets gut bestrahlt und kann seine Wirkung entfalten.
- **Hahn.** Am Morgen kräht der Hahn die Sonne herbei. Er sieht ihr Licht im Osten, noch ehe sie über den Horizont steigt. Deswegen schmückt er als Symbol der Auferstehung viele Kirchtürme. Auf der Turmspitze weist er als Wetterhahn auch auf seine Bedeutung als Orakeltier hin. Tagsüber, so meinte

man, verscheuchte er mit seinem Krähen die bösen Geister und verriet durch sein Verhalten bevorstehende Wetterwechsel. Als Orakeltier ließ man ihn gerne über einen Tisch mit ausgelegten Losen laufen, von denen er das erhoffte aufpicken sollte. Durch alle Zeiten galt ein Gockel als geschätztes Opfertier, mit dem sich das Glück beschwören ließ. Wegen seiner Potenz ist er im Liebeszauber ein ebenso geschätzter Glücksbringer. Der rechte Fuß eines Hahnes soll bei etlichen volkstümlichen Zauberritualen die magische Kraft verstärken.

Glück bringt vor allem ein **weißer Hahn**. Mit seiner Schwanzfeder können Sie das Glück herbeiziehen. Hierzu führen Sie die Feder mit einer einladenden Geste zu sich und sprechen dazu Ihren Wunsch laut aus. Schreiben Sie mit einer solchen Feder und Tinte Ihren Wunsch auf, wird er sich mit ziemlicher Sicherheit erfüllen.

Unglück bannen Sie mit der Feder eines **schwarzen Hahns**. Vergraben Sie die Feder und sprechen Sie dazu Ihre Befürchtung aus, die sie mit ihr aus der Welt schaffen wollen.

Agnus Dei. Mit Agnus Dei werden kleine Medaillen bezeichnet, auf denen das Lamm Gottes, das symbolisch für den Opfertod Christi steht, eingeprägt ist. Der Gebrauch dieser Medaillen geht auf das 8. Jahrhundert zurück. Damals wurden die Agnus Dei aus dem Wachs der übrig gebliebenen Osterkerze gegossen. Weil dadurch ihre Menge begrenzt war, waren die wenigen Wachsmedaillons sehr begehrt. Deswegen und wegen ihres hohen Symbolwertes gelten Sie als besondere Glücksbringer.

Heute werden geweihte Agnus Dei als silberne Anhänger verkauft.

Eine solche Medaille beschützt Sie vor Unglück, Versuchungen und bösen Geistern und weist, sofern Sie es im Eingang des Hauses sichtbar aufhängen, schlechte Energien ab.

Ein Agnus Dei zeigt auf einer Seite ein Lamm mit einer Kreuzfahne. Auf der Rückseite ist meist die Jungfrau Maria abgebildet.

- **Schwalbe.** Im Volksglauben ist die Schwalbe ein heiliger Vogel und wird mit der Gottesmutter verbunden. Dies liegt womöglich an ihren sichelförmigen Flügeln, die während ihres Fluges den Mond nachzeichnen.
  Die Jungfrau Maria wird häufig in einer Mondsichel stehend dargestellt. Von daher wird eine Schwalbe auch »Muttergottesvögelein« genannt.
  Als Frühlingskünder bringen sie Glück. Sehen Sie die erste Schwalbe im neuen Jahr, sollten Sie eine Kupfermünze drehen und wegwerfen, damit diese »Saat« übers Jahr gut fruchtet. Nisten Schwalben am Haus, kehrt mit ihnen das Glück ein, denn sie schützen es vor Blitzschlag und Feuer. Fliegt eine Schwalbe gar durchs Zimmer, ist dies ein besonders glückliches Vorzeichen.
  Medaillons mit ein oder zwei Schwalben werden häufig angeboten und gelten als starke Glücksamulette.
- **Neidfeige.** Die Neidfeige, sie wird auch Fica oder Verschreifeige genannt, zeigt eine Faust, bei der der Daumen zwischen Mittel- und Zeigefinger oder Ringfinger durchgesteckt wird (siehe nächste Seite). Es ist eine obszöne Geste, durch die Lebens- und Zeugungskraft dem Bösen entgegengehalten wird. Hierdurch wird das Böse, insbesondere Neid und üble Nachrede, gebannt.

Neidfeigen werden vor allem in Mittelmeerländern als Amulette geschätzt.

- **Raubtierzahn.** Ein Raubtierzahn, der einem selbst nicht mehr gefährlich werden kann, ist bereits ein Glück. Raubtiere gelten als kluge und kräftige Tiere, die sich mit List und Geschick ihr Glück nehmen, wo sie es zu greifen bekommen. Ein großes menschenfressendes Raubtier zu erbeuten gilt zudem als eine glückliche Tat. Deswegen werden Tiger-, Löwen- und Haifischzähne als besondere Glücksbringer geschätzt. Aber auch Marder- oder Fuchszähne werden gerne in Silber gefasst und an ein Charivari gehängt.
  Mit einem Raubtierzahn schützen Sie sich vor Krankheit, den Nachstellungen böser Menschen und begünstigen so manchen Zugewinn.
- **Priapos.** Potenz und Fruchtbarkeit gelten als Beweis dafür, dass man vom Glück begünstigt ist. Schließlich garantiert beides ursprüngliche Quellen des Glücks, nämlich eine reiche Kinderschar und gute Ernten. Priapos-Amulette zeigen eine männliche Figur mit einem gewaltigen erigierten Penis. Sie werden hauptsächlich rund ums Mittelmeer als Glücksbringer verwendet.
  Im alten Griechenland war Priapos ein Fruchtbarkeitsgott. Er soll ein Sohn von Aphrodite und Dionysos gewesen sein und ziemlich hässlich ausgesehen haben. In dieser Gestalt symbolisiert er auch das verborgene Glück, das durch ihn erst offenbar wird. Mit ihm haben Sie also auch in scheinbar aus-

weglosen Situationen noch eine gute Chance auf ein glückliches Ende.

- **Haselnuss.** Wollen Sie wissen, woher das Glück kommt, so lassen Sie eine Haselnuss kreiseln. Sie weist dann mit ihrer Spitze in die Richtung. Diese Eigenschaft zeichnet die Haselnuss schon seit Menschengedenken aus, weswegen einst eine Astgabel vom Haselstrauch als Wünschelrute bei der Schatzsuche zum Einsatz kam. Als Wanderstab schätzte man einen Haselstock, denn er wusste einen auch in der Fremde ans richtige Ziel zu führen. Dazu vertrieb er noch Schlangen, die den Weg kreuzen wollten. Die Rinde vom Haselstrauch galt als heilkräftig und als Aphrodisiakum. Aus diesem Grund schätzte man sie auch im Liebeszauber, um jemanden zu betören (siehe Seite 203).
  All diese glücklichen Eigenschaften halten Sie mit einer Haselnuss in der Hand. Benutzen Sie sie als Handschmeichler und denken Sie dabei an Ihre Wünsche oder an ein glückliches Gelingen. So aktivieren Sie Ihr Glücksgut, auf dass das Glück seinen Lauf nehmen mag.

Glücksbringer mit individueller Note

Wenn wir wie die meisten im Lande auch zu Silvester Bleigießen und Böller schießen, ahnen wir manchmal, dass das Glück sich nicht so leicht mit alltäglichem Glückszauber wie auf Holz klopfen oder Daumendrücken locken lässt. Dann gehen wir schon mal auf eine Wallfahrt oder stiften eine Kerze in der Kirche, um mit dem Geschick in Zwiesprache zu treten und das Glück ein wenig persönlicher zu umgarnen. Dann wollen wir auch für die ganz besondere Situation ein ganz besonderes Amulett. Solche besonderen Amulette finden sich häufig bei einem Spaziergang in der Landschaft. Sie haben, wenn sie gefunden werden, eher den Charakter eines Talismans, da sie für einen konkreten Anlass gesucht wurden, beispielsweise um bei einer Bewerbung die ausgeschriebene Stelle zu erhalten.

Achten Sie bei der Suche nach einem solchen Amulett auf ein Zeichen, das Ihrer Stimmung entspricht beziehungsweise Ihr Ziel in ansprechender Weise symbolisiert. Dies kann eine auffällige Astgabelung sein, ein besonders schöner Stein, ein verlassenes Schneckenhaus oder eine getrocknete Samenkapsel. Alle vier sind übrigens überlieferte Glücksbringer.

- **Astgabel.** In einer Astgabel verfängt sich das Glück, beziehungsweise die Sorgen bleiben beim Durchschlüpfen hängen. Eine dreiästige Astgabel eignet sich hierfür besonders gut. Sprechen Sie also Ihre Befürchtungen durch die Astgabel hindurch, befreien Sie sich zugleich von ihnen und werden offen für günstige Gelegenheiten bei Ihrer anstehenden Aufgabe. Rufen Sie hierfür auch das Glück herbei, indem Sie mit der Astgabel kehrende Bewegungen zu sich machen und dazu diesen Zauberspruch sprechen:

  Komm mein Glück, ich lad dich ein,
  Verkehre mein bestürztes Grämen.
  Dein Glanz rück in mein Herz hinein,
  Nimmer soll'n es Sorgen lähmen.

- **Stein.** Ein Glücksstein kann verschiedene Merkmale haben, die ihn von anderen Steinen abheben und ihn für magische Energien zugänglich machen. Grundsätzlich ist ein Stein ein Symbol der Beharrlichkeit. Bindet sich also das Glück an einen Stein, wird er zum nachhaltigen Glücksbringer. Ein gefundener Stein hebt sich demnach durch Form und Zeichnung von anderen Steinen ab. Ob es auch der richtige Glücksstein für Sie ist, merken Sie daran, dass er sich gut anfassen lässt und rasch in Ihrer Hand warm wird.

Auch Steine mit einer klaren symbolischen Zeichnung, etwa einem Stern oder einem stilisierten Tierkopf, sind unverkennbare Glücksbringer.
Sehr geschätzt werden auch Steine mit Löchern, die durch natürliche Auswaschungen entstanden sind. Sie werden Drudensteine genannt und sind nur selten zu finden. Sie verschaffen dem Glück einen Platz, indem sie schlechte Energien und böse Geister durch ihr Loch ziehen und damit auf Dauer bannen.
Haben Sie einen Glücksstein gefunden, können Sie ihn sich mit folgendem Zauberspruch zu eigen machen:

Vom Wasser umspült,
Von mir erfühlt,
Vom Glück erspäht,
Zum Zauberstein gewählt.

Schneckenhaus. So wie die Schnecke sich an Pflanzen und Mauern heftet, soll sich auch das Glück an uns heften. Als Armeleutespeise galt die Schnecke einst für sich bereits als ein kleines Glück. Mit ihren vier Hörnern wehrte sie den bösen Blick ab. Manchmal sollen sich Schnecken in Gold verwandeln können, weswegen sie beim Geldzauber gerne in ein Ritual miteinbezogen werden. Auch die Geborgenheit, die wir mit einem Schneckenhaus verbinden, macht es zum Glückssymbol für ein behütetes Haus. Schließlich ist die Schnecke noch ein Symbol für die weibliche Scham, weshalb ein Schneckenamulett vor allem Frauen Glück bringt.
Ein Schneckenhaus lädt also Ihren Glücksgeist dazu ein, in ihm zu wohnen. Er fließt Ihnen daraufhin zu, wann immer Sie ihn durch die Öffnung des Schneckenhauses rufen:

Schön geborgen wohnt mein Glück
Recht tief im Schneckenhaus.

Mit leiser Stimme rufe ich:
Wach auf und schweb heraus!
Umwehe mich, beschenke mich,
Und finde dann mit Dank zurück
In dein graziles Perlmutthaus.

- **Samenkapsel.** Buchecker, Mohnkapseln, Hagebutten, Johannisbrot, Pfaffenhütchen, Judenkirschen und ähnliche Früchte mehr sind allesamt Samenkapseln, die bereits von ihrer Gestalt her einen Zauber besitzen. Vielfach lässt sich ihre Erscheinung auch symbolisch deuten, oder man sieht in ihr verborgene Zeichen und Gesichter, die einem als Hinweis dienen können. Als Träger künftiger Pflanzen sind Samenkörner mit der Zukunft und Vergangenheit verbunden und erleichtern somit auch einen Blick durch die Zeit. Sind sie in einer Kapsel konzentriert, verstärkt sich ihre Kraft entsprechend.
  Eine Samenkapsel als Amulett ermöglicht Ihnen daher den Blick über den Tag hinaus und eine Stärkung Ihrer Intuitionskraft. Legen Sie eine Samenkapsel unter Ihr Kopfkissen und achten Sie auf Ihre Träume. Deuten Sie die Bilder nach dem Aufwachen, können Sie sich auf das kommende Ereignis entsprechend vorbereiten.
  Samenkapseln sind meist kurzfristig wirksame Amulette. Sie sehen es ihnen an, wenn sie ihren Zauber verlieren. Für gewöhnlich sollten Sie sie jährlich erneuern.
- **Gekochtes Ei.** Allerdings gibt es Glücksfrüchte, denen Zauberkraft zuwächst, je älter sie werden wie zum Beispiel **alte Nüsse**, in denen der Kern vertrocknet ist und die klappern, wenn man sie schüttelt. Dieses Klappern vertreibt schlechte Geister und lockt die guten an. Mit ihnen kehrt auch das Glück zu Ihnen ein.
  Ein gekochtes und rot gefärbtes Osterei ist bereits ein starkes Glückssymbol für sich. Es symbolisiert die Kraft werdenden Lebens, die sich gegen die Dunkelheit durchsetzt. Lassen Sie

ein solches Osterei liegen, trocknet es über die Zeit aus, sodass sich in seinem Inneren eine feste Kugel bildet. Hierfür brauchen Sie allerdings viel Geduld, denn diese Austrocknung dauert ein bis zwei Jahre. Ihre Geduld gehört mit zu diesem Zauber, denn wer so lange auf das Glück warten kann, weiß es wirklich zu schätzen und wird deshalb von ihm belohnt werden. Schütteln Sie das Ei hin und wieder, und das Glück wird sich Ihrer erinnern.
Dieser Glückszauber begünstigt vor allem einen Neuanfang. Sprechen Sie dazu diesen Zauberspruch:

Klick, klack, klacker,
So klingt das Glücksgegacker.

- **Buddhastatue.** Immer mehr Menschen stellen sich in ihren vier Wänden eine Buddhastatue auf. Eine solche Figur gilt grundsätzlich als ein Glückszeichen. Wir kennen alle die lachenden, glücklichen dicken Buddhas aus den Chinarestaurants, die dort meist im Eingang stehen und den Gästen Glück verheißen.
  Allerdings sollten Sie wissen, dass eine Buddhastatue in Ihrer Wohnung nur dann wirklich zum Glücksbringer wird, wenn sein Scheitel auch der höchste Punkt der Einrichtung in Ihrem Heim ist. Da man andererseits eine schöne Statue nur ungern knapp unter der Zimmerdecke platzieren möchte, hilft ihnen ein kleiner Trick, dies zu umgehen. Setzen sie statt seiner eine kleine Statue auf den höchsten Punkt in Ihrer Wohnung, so gilt diese Erhöhung gleichermaßen für alle anderen Buddhafiguren, womit Sie das Glück sogar noch vermehren.
- **Weisheitszähne.** Die letzten vier der 32 Zähne eines Erwachsenen wachsen meist erst in der Pubertät und bleiben oft nicht lange in der Zahnreihe stehen, da sie, an sich noch gesund, oft aus Platzmangel oder wegen fehlendem Gegenzahn gezogen werden müssen. Der erste gezogene Weisheitszahn

wird somit zu einer Wegmarke in unserem Leben: Wir sind sichtlich erwachsen geworden!
Bewahren Sie ihn auf, erinnert er Sie an eine Zeit überbordender Kraft, die im Rückblick meist auch von Glück durchwoben war. Zugleich mahnt er Sie, Ihre Vergänglichkeit zu bedenken und dass wir hienieden nur Gäste sind und darum unsere Zeit nützen sollten. Beherzigen Sie diese Mahnung, nähren Sie zugleich Ihr Glücksgut. Von daher ist ein verwahrter Weisheitszahn immer wieder Mal eine Gelegenheit zur glücklichen Erinnerung, wodurch ein Strahl belebenden Glücks auf Ihren Alltag fällt. Halten Sie vor einer Entscheidung Ihren Weisheitszahn in der Hand, laden Sie Ihre Wahl mit Glück auf, was einen guten Anfang bedeutet.

Glücksbesen. Das Glück mit einer dreiästigen Astgabel einzukehren ist eine Möglichkeit. Weit häufiger aber werden aus geweihten Zweigen oder Kräutern kleine Zauberbesen gebunden, die dann das Jahr über zum Einsatz kommen, wann immer Schlechtes ausgekehrt und Gutes herbeigekehrt werden soll. Sehr häufig wird hinter einem Besuch mit einem solchen Zauberbesen nachgekehrt, damit kein Arg und Neid im Haus zurückbleibt. Oder es wird vor anstehenden Aufgaben oder in der Absicht, dass sich ein Wunsch erfüllen möge, herbeigekehrt.
Ein Zauberspruch, mit dem Sie das Glück beim Herbeikehren anrufen, wurde weiter oben bereits genannt (siehe Seite 66). Hier nun ein Zauberspruch, um Ihren Kreis von schlechten oder verbrauchten Energien zu reinigen, damit Ihr Glück einkehren kann.

Fliege, fege Zauberbesen,
Kreise ein und kehre das zurück,
Was an Schlechtem hier gewesen.
Fege frei den Kreis fürs Glück.

Übers Jahr verteilt gibt es drei gute Gelegenheiten, sich einen Glücksbesen zu binden. Einmal am **Palmsonntag**, dem Sonntag vor Ostern, an dem der Palm in der Kirche geweiht wird. Damit ist meistens ein Palmkätzchenstrauß gemeint; nur selten ist es ein Büschel echter Palmblätter.

Die nächste Gelegenheit ist an **Mariä Himmelfahrt** im August, wenn in den Kirchen Kräutersträußchen aus wenigstens sieben verschiedenen Kräutern geweiht werden. Diese Kräutersträußchen werden ebenso wie der Palm übers Jahr als Glücksbringer aufgehoben.

Am **Barbaratag**, dem 4. Dezember, werden traditionsgemäß Obstzweige geschnitten und in eine Vase in die Stube gestellt. Blühen diese Zweige zum Weihnachtstag, ist dies ein eindeutiges Glückszeichen. Aus den Ästen der verblühten Zweige können Sie sich ebenfalls einen Zauberbesen binden.

- **Bienenholz.** Die Biene ist ein weiteres Symbol für die Jungfrau Maria, da man lange Zeit glaubte, sie blieben jungfräulich und würden ihre Brut aus den Blüten sammeln. Bienen konnten demnach auch zwischen Gut und Böse unterscheiden und verrieten dem Wissenden durch ihr Verhalten die Zukunft. Aus diesem Grund nahm man an, dass schwärmende Bienen sich nur an guten Orten niederließen. Der Baum, an dem sich ein Bienenschwarm sammelte, galt folglich als mit Zauberkraft gesegnet. Der Ast, an dem der Schwarm hing, besaß Glückskraft.

  Besitzen Sie ein Stück von einem Ast, an dem ein Schwarm hing, haben Sie mit diesem »Bienenholz« einen starken Glücksbringer. Er entwickelt seine Stärken vor allem dann, wenn Sie einen Ertrag durch Ihrer Hände Arbeit erzielen wollen. Auch beim Gesundheitszauber hilft ein solcher Ast. Das Gleiche gilt bei einer ehrlichen Liebe, für die ein Bienenholz das Glück herbeizieht.
- **Monatssteine.** Als Monatssteine bezeichnet man die Glückssteine des Tierkreises. Für jedes Sternzeichen werden meist

drei bis vier Steine als Glücksbringer genannt. Sie können diese Monatssteine als Solitäre in die Mitte eines astralen Amulettes (siehe Seite 45) legen und somit einen Glückskalender führen.
Häufig werden Monatssteine auch in ein Armband mit zwölf verschiedenen Edelsteinen gefasst. Hierbei wird vor allem Wert auf die Verschiedenfarbigkeit gelegt.
Mit einem Amulettarmband aus Monatssteinen festigen Sie Ihr Glücksgut und verschaffen sich eine insgesamt glückliche Atmosphäre, durch die Ihnen manches leichter von der Hand gehen und etliches auch glücklich zufliegen wird.
Es gibt für jeden Monat eine Auswahl an Monatssteinen. Je nach Region, Tradition und Vermögen werden unterschiedliche Steine genannt. Hier ein Vorschlag mit zwölf Monatssteinen: Januar Hyazinth; Februar Amethyst; März Jaspis; April Bergkristall; Mai Topas; Juni Achat; Juli Granat; August Karneol; September Chrysolith; Oktober Aquamarin; November Tigerauge; Dezember Zirkon.

Schreckmaske. Eine Seite des Glückszaubers widmet sich der Aufgabe, das Glück ins Haus zu locken und dort zu halten. Einiges davon fällt heute auch im Westen dem Feng-Shui zu, obwohl wir selbst auch eine eigene Tradition besitzen, unser Haus von schlechten Energien freizuhalten und gute Kräfte einfließen zu lassen. Eine davon ist das Anbringen von Schreckmasken, die dank ihrer Hässlichkeit üble Geister verschrecken und vom Haus fernhalten.
Da solche Schreckmasken heute nur noch selten gehandelt werden, fertigen Sie sich Ihre Maske am besten selbst an. Etwas Gips oder Pappmaschee sind die Grundmaterialien, aus denen Sie eine Fratze formen, die Sie anschließend entsprechend grell bemalen. Diese Schreckmaske hängen Sie etwas versteckt in der Nähe Ihres Hauseingangs auf, sodass sie den Eingang wie aus einem Hinterhalt im Blick behält. Wann immer dann eine schlechte Kraft in Ihr Haus eindringen will,

wird sie in ihrer Seele von der Maske so erschreckt werden, dass sie augenblicklich kehrtmacht und das Weite sucht. Hierdurch schaffen Sie Raum für eine glückliche Atmosphäre, die wiederum eine Einladung an das Glück ist.
Wenn Sie die Maske aufhängen oder von Mal zu Mal abstauben, flüstern Sie ihr den folgenden Abwehrspruch zu, damit sie ihre abweisende Kraft behält:

All das, was mir ins Antlitz blickt
Und sich aus meinem Kreise drückt,
Weil es vor sich selbst erschrickt,
Weise ich für das Glück zurück.

Henkelkreuz, Om-Zeichen, Hand der Fatima und buddhistisches Rad der Lehre.

Religiöse Symbole. Ein goldenes **Kreuz** dürfte hierzulande das häufigste als Schmuck getragene Amulett sein. Aber auch andere religiöse Zeichen werden gerne als Glücksbringer gewählt.
Das **Henkelkreuz**, auch Ankh oder koptisches Kreuz genannt, war einst im alten Ägypten ein Symbol für die aufgehende Sonne und das wiedergeborene Leben. Später übernahmen es die koptischen Christen, die es auch Crux Ansata nannten. Heute wird es oft von Esoterikern getragen.
Das **Om-Zeichen** kam mit dem Yoga zu uns. Es zeigt die Silbe Om, die unter Hindus als die heiligste Silbe des Sanskrit gilt. Ihr Klang soll am Anfang der Schöpfung gestanden haben.

Die **Hand der Fatima**, auch Khamsa (für arabisch: Fünf) genannt, gilt in der islamischen wie in der jüdischen Welt als mächtiges Schutz- und Glückssymbol. Sie soll der Legende nach erstmals von jüdischen Silberschmieden gestaltet worden sein. Sie symbolisiert die schützende Hand Gottes und ist bereits in der vorislamischen Zeit als Glücksbringer bekannt gewesen.

Das **Rad der Lehre** ist eines der angestammten acht buddhistischen Glückszeichen. Buddha setzte dieses symbolische Rad mit seiner ersten Rede in Bewegung. Seine acht Speichen verweisen auf den achtteiligen Pfad rechten Lebens.

Unscheinbare Glücksbringer. Es gibt eine Vielzahl von Glücksbringern, die uns so alltäglich sind, dass sie uns als solche nur mehr selten auffallen. Sie sprechen uns dafür vielmehr unbewusst an beziehungsweise besitzen eine so selbstverständliche Tradition, dass wir ihre Besonderheit nur schwer benennen können.

Gartenzwerge sind zum Beispiel solche Glücksbringer. Mit ihren phallischen roten Mützen stehen sie für alte Fruchtbarkeitsdämonen. Andernorts stellt man **Gänsefiguren** in den Garten, um Diebe fernzuhalten und das Glück einzuladen. **Willkommenskränze** und Segenssprüche über dem Eingang sind ebenso Glücksbringer wie ein an die Hauswand gemalter **Sankt Florian** oder **Christopherus.** Der eine soll das Haus vor Feuer schützen, der andere will uns durch seinen Anblick vor Unheil bewahren.

Für ein glückliches Geleit haften Christopherusmedaillen an den Armaturenbrettern vieler Autos. Die Rettungshubschrauber des ADAC heißen Christopherus. In vielen Fenstern hängen **Kugeln** und Lichtbrecher oder stehen Kerzen, die das Böse fernhalten. Auf Balkonen klimpern **Windspiele,** um üble Geister zu verscheuchen. Eine dreifarbige Katze heißen wir **Glückskatze** und füttern sie an, weil mit ihr das Glück einhergeht.

Dem Blick auf die **Digitaluhr** messen wir eine günstige Bedeutung bei, wenn sie zufällig auf die Sekunde durchwegs gleiche Ziffern zeigt. Wir schrecken zurück, wenn wir zur Begrüßung mal die **Hände über Kreuz** reichen, um kein Unglück zu provozieren.

An unseren **Hemdknöpfen** zählen wir manchmal unsere Chancen aus und glauben dabei ebenso gern an unser Glück wie beim **Münzwurf**. Persönliche Briefe zieren wir gerne mit Glückszeichen, um sichtbar etwas Glück mitzusenden. In unseren Geldbörsen tragen wir **Fotos** unserer Lieben, um ein wenig vom gemeinsamen Glück gegenwärtig zu haben. Und all die vielen **Glückswünsche**, die wir uns tagein tagaus mitteilen, sind nichts anderes als kleine Glücksbringer, mit denen wir das Glück beschwören und miteinander teilen möchten.

Welches Amulett passt zu mir?

Wie kräftig ein Amulett seine Wirkung entfaltet, hängt neben der Kraft Ihres Glücksgutes davon ab, inwieweit Sie sich von der Symbolik angesprochen fühlen. Das bedeutet, das Amulett muss Ihnen und Ihrer Schwingung gerecht werden, damit es günstige Phasen und Glücksbewegungen erfassen und verstärken kann. Hierbei gibt es eine unterschwellige Disposition zur Art der verschiedenen Glückszeichen. Diese Disposition können Sie mit diesem Test ergründen.

Beantworten Sie dazu die Fragen auf der nächsten Seite. Stimmen Sie einer Frage uneingeschränkt zu, kreuzen Sie die 5 an. Gehen Sie mit ihr absolut nicht konform, kreuzen Sie die 1 an. Die Ziffern 2 oder 4 wählen Sie, wenn Sie einer Seite nur teilweise zuneigen. Die 3 kreuzen Sie an, sofern Sie unentschieden sind.

1. Ich bin ein glücklicher Mensch, ich brauche eigentlich kein Amulett.
   stimmt nicht 1 ❑ 2 ❑ 3 ❑ 4 ❑ 5 ❑ stimmt
2. Glück misst sich nicht am Reichtum.
   stimmt nicht 1 ❑ 2 ❑ 3 ❑ 4 ❑ 5 ❑ stimmt
3. Ich hege keine Zweifel, dass man das Glück wirklich locken kann.
   stimmt nicht 1 ❑ 2 ❑ 3 ❑ 4 ❑ 5 ❑ stimmt
4. Ein wirksames Amulett ließe ich mir durchaus etwas kosten.
   stimmt nicht 1 ❑ 2 ❑ 3 ❑ 4 ❑ 5 ❑ stimmt
5. Das Glück beschenkt mich, wenn ich etwas von ihm erwarte.
   stimmt nicht 1 ❑ 2 ❑ 3 ❑ 4 ❑ 5 ❑ stimmt
6. Wer sein Glück kennt, weiß, wo es ihm nicht zur Seite steht.
   stimmt nicht 1 ❑ 2 ❑ 3 ❑ 4 ❑ 5 ❑ stimmt
7. Ich reibe mein Amulett, wenn ich das Glück nötig habe.
   stimmt nicht 1 ❑ 2 ❑ 3 ❑ 4 ❑ 5 ❑ stimmt
8. Ein geschenktes Amulett besitzt viel mehr Kraft.
   stimmt nicht 1 ❑ 2 ❑ 3 ❑ 4 ❑ 5 ❑ stimmt
9. Glück ist, ein schönes und friedliches Zuhause zu haben.
   stimmt nicht 1 ❑ 2 ❑ 3 ❑ 4 ❑ 5 ❑ stimmt
10. Ich glaube, dass ich stets vom Glück umweht bin.
    stimmt nicht 1 ❑ 2 ❑ 3 ❑ 4 ❑ 5 ❑ stimmt
11. Wirkliches Glück ist allein die Liebe.
    stimmt nicht 1 ❑ 2 ❑ 3 ❑ 4 ❑ 5 ❑ stimmt
12. Wahres Glück ist eine Himmelsmacht, die man nur erbitten kann.
    stimmt nicht 1 ❑ 2 ❑ 3 ❑ 4 ❑ 5 ❑ stimmt

Auswertung

Ihre Punktzahl ermitteln Sie, indem Sie bei jeder Frage den Wert der angekreuzten Ziffer mit der Nummer der Frage addieren. Zählen Sie am Ende die Ergebnisse aller zwölf Fragen zusammen, und lesen Sie dann, welche Amulette Ihnen am ehesten entsprechen.

90 bis 105 Punkte: Ihr Glücksbringer sollte ein starkes Symbol sein, das Sie deuten können und zu schätzen wissen. Schauen Sie sich deshalb nach verständlichen Bildern um, deren Geschichte Sie kennen. Verwenden Sie zum Beispiel keinen Marienanhänger oder ein Schutzkreuz, wenn Sie nicht wirklich gläubig sind. Vermeiden Sie abstrakte Amulette wie Ziffern, Glückssteine oder Spruchmedaillons. Sehr wirksam sind für Sie Anhänger aus Gold, die Tier- und Blütensymbole zeigen. Auch selbst geschaffene Amulette, in die Sie Ihre Wünsche an das Glück hineingegeben haben, rücken Sie Ihrem Glück näher.

Vorschläge: Pferdekopf, Schwalbe, Kleeblatt, Herz, Rose, Lilie, Andachtsbilder, Märchenfiguren.

106 bis 122 Punkte: Halten Sie nach einem individuellen Glücksbringer Ausschau, der Ihre Lebenseinstellung verschlüsselt abbildet und im Design Ihrem Lebensstil entspricht. Tanzen Sie zum Beispiel gerne, wählen Sie vielleicht einen Anhänger mit Ballettschuhen; neigen Sie dem Yoga zu, könnte eine Lotosblüte ihr Amulett werden. Für Ihre Wünsche an das Glück empfehlen sich vor allem Symbole des Tierkreises (siehe Seite 48), die die Stimmung ihres Wunsches abbilden. Halbedelsteine, die gut in Ihrer Hand liegen, sind hierfür ebenfalls erste Wahl, denn Sie können hierdurch auch die Schwingung Ihres Glücks erfühlen.

Vorschläge: Schleife, Engel, durchbrochene Münze, Agnus Dei, Henkelkreuz, Kaurimuschel, Eukalyptusfrucht, Hexagramm.

123 bis 138 Punkte: Grundsätzlich sind Sie für Symbole als Glücksbringer sehr aufgeschlossen. Bei der Wahl Ihres Amuletts sollten Sie vor allem auf seine Schwingung achten. Dazu halten Sie Ihre linke Hand über das Amulett. Spüren Sie eine angenehme Wärme in Ihrer Handfläche, ist es für Sie geeignet. Insbesondere bei geschenkten Amuletten sollten Sie auf diese Ausstrahlung achten. Als zweites Kriterium sollte Ihr Glücksbringer Ihre spirituelle Haltung widerspiegeln, zum Beispiel ein Kreuz, ein Om-Zeichen oder ein buddhistisches Rad. Wählen Sie zudem Glücksbringer aus Silber, Bergkristall, heller Jade oder Alabaster; in ihnen wirkt die Kraft des Mondes, für die Sie besonders sensibilisiert sind.

Vorschläge: Persönliches Monogramm, Pentagramm, Mond-Sonnen-Symbol, Perlen, Kristallfiguren, Porzellangemmen, Knotenmuster.

GLÜCKLICHES GELINGEN

Wenn einer eine Reise tut, kann er was erzählen! Dieser Spruch war für Melinda eine Banalität aus vergangener Zeit. Sie reiste im Auftrag eines Auktionshauses geschäftlich in aller Herren Länder, und es gab für sie darüber immer weniger zu erzählen. Flughafen, Taxi, Hotel und wieder zurück, es war längst ein und dasselbe. Doch ihre letzte Reise kündigte sich mit so seltsamen Vorzeichen an, dass ihr davor richtig bange wurde.

Als sie den Flug am Computer buchte, erhielt sie keine Buchungsbestätigung und verbrachte einen halben Tag damit, sie telefonisch von der Fluggesellschaft einzufordern. Das Hotel, in dem sie sonst immer abstieg, war ausgebucht. Die Mietwagengesellschaft akzeptierte aus unverständlichen Gründen ihre Kreditkarten nicht. Und als sie in die Stadt fuhr, um sich einen neuen Koffer für die Reise zu besorgen, fuhr ihr jemand hinten auf. Melinda schien es fast, als wollte sie eine Schicksalskraft an der Abreise hindern.

Als sie nachts noch Albträume bekam, in denen sie sich in abstürzenden Flugzeugen und brennenden Hochhäusern sah, beriet sie sich mit Monika, einer Freundin, von der sie wusste, dass sie hellsichtig war und sich in weißer Magie gut auskannte. Monika stimmte ihr zu, dass von Anfang an ein Schatten über der Reise lag. Allerdings sah sie auch, dass, falls Melinda die Reise nicht antreten würde, sie für alle Zukunft vor jeder Reise mit zunehmender Reiseangst zu kämpfen hätte. Dazu sah sie auch, dass unerwartete Ereignisse die Reise beschweren würden. Ihre

Lösung war darum, für Melinda einen starken Glücksbringer auszuwählen, der sie während ihrer Reise beschützen und wieder glücklich nach Hause geleiten sollte.

Monika traf sich am Abend vor der Abreise mit Melinda, um bei Kerzenschein und Räucherduft einen Glücks- und Reisezauber zu inszenieren. Sie hatte eine kleine silberne Brosche, die eine Taube zeigte, dabei. Diese Brosche legte sie in eine silberne Schale mit Salz und bedeckte sie. Neben die Kerze legte sie ein kleines Kreuz. Es sollte beider Glaubenskraft stärken. Dann erbat sie sich den Ring, den Melinda an ihrer linken Hand trug. Sie hielt den Ring über die Salzschale und begann, eine Prise Salz nach der anderen durch ihn hindurch zu streuen. Dazu besprach sie mit ihr den Ablauf der Reise und nahm ihr die Sorgen, indem sie sie zwar nicht kleinredete, dafür aber versprach, dass sie trotz möglicher Unbill unbeschadet heimkehren würde. »Sieh, wie das Salz durch das Gold zum Salz findet, so findest auch du den Weg heil nach Hause.« Diese Worte fügte sie jeder besprochenen Sorge an. Melinda spürte, wie ihr dadurch zunehmend Zuversicht zufloss.

Nach einer guten halben Stunde beendete Monika die Besprechung und legte den Ring in ein Glas. Sie goss etwas Rotwein darüber, schwenkte das Glas, nahm den Ring wieder heraus und vergrub ihn in der Salzschale. Währenddessen trank Melinda den Wein aus. Dadurch trug sie fortan den Glückszauber mit sich. Gleichzeitig hob Monika die silberne Taubenbrosche aus dem Salz. Melinda sollte sie während ihrer Reise an ihrem Kostüm tragen. Sie werde wie eine Brieftaube wieder nach Hause finden. Erst bei ihrer Rückkehr durfte Melinda dann ihren Ring aus der Salzschale nehmen und die Taube zurücklegen.

Vier Tage später kam Melinda wohlbehalten zurück. Es gab einige Misslichkeiten während der Reise. Die Schlimmste war, als sie ihre Handtasche beim Aufschließen ihres Wagens auf dem Autodach abstellte und dort vergaß. Sie fuhr davon, und die Tasche fiel von ihr unbemerkt in den Straßengraben. Doch dieser

Zwischenfall wandelte sich rasch zu einem echten Glücksfall. Ihre Handtasche fiel nämlich einem ehrlichen Finder vor die Füße. Er entdeckte den Hotelschlüssel darin und brachte sie umgehend ins Hotel zurück. Dies war der Beginn einer wunderbaren Freundschaft mit ihm, die bis heute andauert.

Anmerkung zum Reisezauber

Monikas Glückszauber setzte sich aus verschiedenen Zauberhandlungen zusammen. Die erste bestand darin, dass sie mit Licht und Duft eine intime Stimmung schuf. Dieser Zauber ist so simpel, dass er oft vernachlässigt wird. Indes ist er von grundlegender Bedeutung. So verpuffte schon so mancher schöne Zauber, nur weil die den Rahmen stiftende Stimmung vernachlässigt wurde. Achten Sie daher darauf, dass Sie Ihren Glückszauber auch in einem harmonischen Kreis durchführen. Schmücken Sie den Tisch, an dem Sie Ihren Zauber durchführen wollen, mit Blumen und Kerzen und einem Symbol, das Ihre spirituellen Empfindungen zur Geltung bringt. Damit binden Sie Ihre höhere Macht ein, die Ihnen Sinn, Zuversicht und Lebenskraft vermittelt.

Der Gebrauch von Zaubersalz ist ein uraltes weißmagisches Medium, mit dem Gegenstände und Energien gereinigt werden. Ohne Salz gibt es kein Weihwasser; das zeigt, für wie außerordentlich wirksam die klärende Kraft des Salzes über die Jahrtausende erachtet wurde.

Indem Monika das Salz bei der Besprechung der Befürchtungen und Sorgen durch den Ring rieseln ließ, zerstreute sie sie, wodurch sie sich nicht mehr zu wirksamen Ballungen verdichten und unheilvolle Kräfte herbeiziehen konnten. Damit gelang es ihr, einen positiven Raum zu schaffen, der der unheilvollen Ahnung eine zum Guten hin wirksame Kraft entgegensetzte.

Dass Melinda den Wein trank, in dem der Ring lag, entspricht dem uralten Brauch der Trankopfer. Mit solchen Trankopfern verband man sich mit einer Gottheit und erbat sich deren Schutz und Kraft. Melinda sog hierdurch nicht nur den klärenden Zauber in sich auf, sondern stellte zugleich eine innige Verbindung mit ihrer höheren Macht her, die den Zauber mittrug.

Der Ring im Salz war Melindas magisches Pfand für ihre sichere Heimkehr. Ein solch magisches Pfand zeigt oft sehr erstaunliche Wirkung auch bei anderen Zauberritualen. Denn es bewirkt, dass der gestiftete Zauber offenbleibt, da er erst zum Abschluss kommt, wenn das Pfand eingelöst wird. Hierdurch bleibt die in den Zauber gegebene Kraft aktiv und verstärkt sich sogar durch die anhaltende Schwingung.

Sinnliche Begegnungen mit dem Glück

Wollen Sie, dass sich Ihr Glückszauber auch wirklich im Alltag entfaltet, sollten Sie das Glück nicht zu sehr idealisieren, denn schließlich bedeutet Glück haben auch, ein drohendes Unglück vermeiden zu können, so wie dies in Melindas Geschichte geschah. Dass die Vermeidung des Unglücks letztlich zum Beginn eines größeren Glücks wurde, ist kein Zufall, denn indem die destruktiven Kräfte abgewiesen wurden, füllte sich der Raum um Melinda mit positiver Kraft, die wiederum so viel Glücksgut entwickelte, dass das Glück gar nicht umhin konnte, als ihr zuzuströmen.

Das Glück in dieser Weise zu lenken, ist ein durch und durch magisches Geschehen. Es wird Ihnen am ehesten gelingen, sofern Sie sich diese magische Sichtweise in die Eigenheiten des Geschicks zugestehen. Betrachten Sie dazu Unglück und Glück nicht als Merkmale des Zufalls. Fassen Sie sie vielmehr als Bewegungen einer Kraft auf, die sich von irdischen Stimmungen nährt und sie in einer höheren Sphäre sammelt. Von dort aus sendet sie Impulse, die wiederum das tägliche Geschehen beeinflussen. Es ist gewissermaßen eine magische Großwetterlage des Geschickes: Die Tiefs sind demnach die Schlechtwetterfronten des Schicksals und die Glücksphasen entsprechen einem Hoch.

Allerdings entspricht dieses Bild, obwohl es sehr illustrativ ist, nicht ganz dem Eindruck, wie Sie die Kräfte wahrnehmen werden. Schließlich blicken Sie in Ihr Gemüt nicht wie auf eine Wetterkarte, sondern lesen es mit Ihrer Intuition und Ihrem Gefühl. So wie uns drohendes Unglück als eine dunkle, kühle und widerborstige Kraft erscheint, wirkt eine Glückssträhne warm, hell und von einer wohltönenden Schwingung getragen. Sie können diese Energien mit ihrem inneren Auge und Ohr sehen und hören, und, falls Sie begabt sind, sogar riechen.

Glück zu haben ist weniger ein glücklicher Zufall als die glückliche Vorhersehung, wie sich ein Unglück vermeiden lässt.

Übung zur Glückswahrnehmung

Richten Sie für diese sinnliche Begegnung mit dem Glück Ihre Aufmerksamkeit nach innen. Schließen Sie Ihre Augen, und stellen Sie sich vor, eine halbe Armlänge vor Ihren Augen und um Ihre Ohren wäre ein halbrunder Schirm. Fühlen Sie diesen Schirm mit Ihren geöffneten Händen. Richten Sie dabei Ihre Handflächen zu sich. Sie umfassen den Schirm von hinten und formen ihn nach. Führen Sie sie neben Ihren Ohren und vor Ihren geschlossenen Augen hin und her. Halten Sie mit Ihren Händen vor Ihren Augen und neben Ihren Ohren für einen kurzen Moment inne. Sie werden daraufhin vor Ihrem inneren Auge eine milde graublaue Fläche sehen, die eine ungeahnte Tiefe besitzt und wie eine leichte Nebelwand um Ihr Gesicht herumschwebt. Halten Sie Ihre Hände neben Ihre Ohren, spüren Sie nun einen leichten Druck auf den Trommelfellen, als wäre eine Tür geräuschlos zugefallen. Führen Sie Ihre Hände vor Ihre geschlossenen Augen, werden Sie meinen, sie als schwache Schatten zu sehen.

Stellen sich diese Eindrücke für Sie ein, können Sie dazu übergehen, die Schwingung, die für Sie Glück bedeutet, für sich sicht-

und hörbar zu machen. Halten Sie dazu Ihre Handflächen in einer halben Armlänge Abstand neben Ihre Ohren und lauschen Sie in sie hinein. Sie werden darauf mit ihrem inneren Ohr ein paar Töne hören, die sich anhaltend wiederholen. Sobald Sie diesen Klang ohne Anspannung im Ohr haben, richten Sie Ihren inneren Blick über Ihr Drittes Auge auf die Nebelwand. Sie werden in ihr ein Farbspiel sehen, das gelegentlich in Muster übergeht und mit den »unhörbaren« Tönen zusammenspielt. Bei manchem Magier stellt sich mit dieser Wahrnehmung auch noch ein typischer Duft ein. Alle Eindrücke zusammen lassen Sie die Schwingung des Glücks oder, um im zuvor gegebenen Bild zu bleiben, die Schönwetterlage des Schicksals erleben.

In gleicher Weise sollten Sie die Schwingung des Unglücks erforschen. Auch wenn es Ihnen auf den ersten Blick nicht behagen mag, ist diese Beobachtung ebenso wichtig wie die Übung, mit der Sie das Glück sinnlich intuitiv erforschten. Denn Sie müssen diese Schwingung ebenso kennen, um das Glück rechtzeitig in Ihren Alltag zu lenken. In keinem Fall ist die sinnliche Begegnung mit dieser Schwingung ein schlechtes Omen. Sie dürfen sich also furchtlos an diesen zweiten Teil der Übung wagen und die Schlechtwetterlage des Schicksals betrachten.

Beide Eindrücke werden Sie in Ihrer intuitiven Erinnerung bewahren. Fortan werden Sie, wann immer sich die Stimmung des Schicksals für Sie verändert, eine sichere Ahnung davon haben, in welche Richtung sich die Waage neigen will. Dies gilt ebenso für die Schicksalsstränge Ihrer Freunde und Verwandten, an denen Sie teilhaben. Es mag ein Duft, ein Lichtspiel oder eine Tonfolge sein, die Sie daran erinnern und die Ihre Intuition augenblicklich sensibilisieren für die Strömung eines sich abzeichnenden besonderen Ereignisses.

RITUAL: *Die Energien glücklich lenken*

Glück wie Unglück ist zu einem beachtlichen Teil nicht mehr als die Anhäufung und Verdichtung positiver oder negativer Kräfte. Es sind dabei keine speziellen Schwingungen, die zur Geltung kommen, also nicht etwa die schlechte Stimmung nach einem Streit oder der Überschwang nach einem schönen Fest. Vielmehr sind es mehrere verschiedene solcher Stimmungslagen, die sich schließlich zu einer für Sie spürbaren positiven oder negativen Kraft verbinden, wie Sie sie in der Übung zuvor sinnlich intuitiv beobachtet hatten. Diese Stimmungslagen sind schicksalsprägende Kräfte. Sie sind jedoch nicht zwingend schicksalhaft, da sie durchaus noch beeinflusst werden können.

Haben Sie also das Gefühl, dass sich um Sie oder um einen Freund eine negative Kraft festsetzt, ist es an der Zeit, durch ein kleines Ritual den Raum zu klären und die Strömungen umzupolen beziehungsweise umzuleiten.

Zunächst lassen Sie sich auf die Kraft ein, indem Sie sie sich mit Ihren inneren Sinnen gegenwärtig machen. Empfinden Sie die ungute Kraft mit Ihrem inneren Auge und Ohr. Hierdurch wird sie für Sie fassbar. Achten Sie darauf, wo im Raum die Kraft am dichtesten wirkt. Nehmen Sie dabei den Raum wörtlich, es ist die Sphäre um sie herum, in der sich diese Verdichtungen bemerkbar machen. Sie bemerken sie am ehesten, wenn Sie mit Ihren offenen Händen durch den Raum streichen. Mal sind es sanfte Widerstände, als würden Luftkissen im Raum stehen, mal ist es ein spürbar kühler Hauch in Ihrer Handfläche.

Greifen Sie danach mit beiden Händen und umspielen Sie diese Verdichtung. Sie spüren sie deutlich und können Sie nun Ihrerseits weiter verdichten, indem Sie sie zu kleinen schneeballgroßen Kugeln ballen.

Lassen Sie diese »Kraftkugeln« in eine bereitgestellte Schüssel mit Wasser gleiten, in die Sie Ihre Hände tauchen. Wiederholen Sie dieses Umsichgreifen so lange, bis Sie keine spürbare Energieballung mehr ertasten. Zünden Sie darauf drei Räucherstäbchen mit Ihrem Lieblingsduft an und gießen Sie das Wasser fort.

Mit den Räucherstäbchen in der Hand räuchern Sie kreisförmig in alle vier Himmelsrichtungen. Heben Sie dazu die Räucherstäbchen mehrmals in die Höhe und sprechen Sie:

Der dumpfe Schmauch des dunklen Bangen
Ist aus dem Raum gehoben und verweht.
Mit dem Rauch sei der Rest gefangen,
Damit Glück in seine Sphäre übergeht.

Anschließend lüften Sie den Raum und besinnen sich auf die Stimmungslage des Glücks. Sobald Sie seine Schwingung mit Ihren inneren Sinnen wahrnehmen, beginnen Sie mit Ihren Händen, diese Kraft zu ballen. Bewegen Sie dazu Ihre Hände hin und her, als wollten Sie aus einem großen Wattebausch einen festeren Ball drehen. Sie werden dabei zwischen Ihren Händen spüren, wie sich diese Kraft tatsächlich verdichtet. Erreicht der Kraftball in Ihren Händen eine spürbare Dichte, werfen Sie ihn sanft in Richtung Osten. Die gleiche Bewegung wiederholen Sie rundum nach Süden, Westen und Norden. In dieser Weise verankern Sie die Kraft des Glücks in alle Himmelsrichtungen. Bleiben Sie noch eine Weile an Ihrem Platz stehen, und empfinden Sie mit, wie die positive Kraft aus allen Richtungen in Ihre Sphäre fließt und hierbei einen guten Grund ausbildet. Halten Sie zur gleichen Zeit mit beiden Händen ein zuvor gewähltes Amulett. Sie werden spüren, wie es die Wärme dieser guten Kraft auflädt. Sobald Sie das Gefühl haben, dass der Raum um Sie gut gepolt ist, beenden Sie das Ritual mit einem lauten Dank an das Glück.

Die gute Kraft im Kreis
Das Glück in meiner Hand
Sag ich dem Schicksal Dank
Das Dunkles von mir weist.

Anmerkung zum Energielenken

Begehen Sie dieses Ritual öfter, werden Sie sehr bald einen natürlichen Sinn dafür entwickeln, wie Personen, Räume und Gegenstände von Schicksalskräften umspielt werden. So werden Sie ganz selbstverständlich von dräuenden Kräften umfasste Personen meiden, Räume mit schlechter Atmosphäre verlassen und negativ gepolte Gegenstände nicht in die Hand nehmen. So halten Sie Ihre Sphäre bewusst rein und verteidigen Ihr Glücksgut.

Gleichzeitig wächst Ihnen die Kraft zu, diese Stimmungslagen mit wenigen Bewegungen zu beeinflussen und hierdurch die Sphären mit positiver Kraft zu laden. Hierzu agieren Sie großräumig mit geöffneten Händen, wobei Sie mit der Rechten gute Energien herbeiziehen und installieren, während Sie gleichzeitig mit Ihrer Linken ungute Kräfte erfühlen und abweisen, indem Sie sie aus der Sphäre drängen. Führen Sie diese Energielenkung mit bedachten und ruhigen Gesten aus, werden Sie sehr gute Ergebnisse erzielen. Wer Ihnen dabei zusieht, wird womöglich meinen, Sie üben sich im Tai-Chi.

Übrigens wird diese Art der räumlichen Klärung, bei der mit ausholenden Armbewegungen Stimmungslagen umgeschichtet werden, bei sensiblen Personen öfter beobachtet. So erfährt man darüber beispielsweise in mancher Biografie über einen Guru.

Eine Situation glücklich zu meistern heißt, sie mit einer glücklichen Schwingung zu wenden.

Den Nabel des Glücks entdecken

In weiten Teilen der asiatischen Welt wird dem Bauchnabel große Beachtung geschenkt, ist er doch bei jeder Geburt ein sichtbares Zeichen verbindender Lebenskraft. Der Nabel ist gewissermaßen die Wurzel, die den kommenden Menschen nährt. Die Verehrung des Nabels war auch in unseren Breiten bis ins letzte Jahrhundert hinein Brauch gewesen. So erzählte mir ein älterer Kollege einmal, wie er einst das Geheimnis seiner Tante entdeckte.

Die Tante war verwitwet, bewahrte jedoch noch ihr Brautkleid auf, in dem sie einmal beerdigt werden sollte. In dem gleichen Kasten, in dem das Brautkleid lag, verwahrte sie, nebst der gut erhaltenen Kerzen von der ersten Heiligen Kommunion noch einen in ein wertvolles Batisttuch geschlagenen Gegenstand auf. Meinen Freund, damals noch ein Lausbub, reizte es, zu erkunden, was die Tante dort verwahrte und so spitzte er einmal hinein. Als er es sah, erschrak er sehr, denn es war etwas Mumifiziertes. Und da ihn die Entdeckung so sehr im Kopf herumging, dass er Albträume davon hatte, blieb ihm nichts anderes übrig, als der Tante seine Vorwitzigkeit zu gestehen und sie zu fragen, was sie denn Schreckliches in dem Tuch verbarg. Die Tante nahm es gelassen, denn was da in der Truhe bei ihrem Brautkleid lag, war ihre Nabelschnur, die sie ihr ganzes Leben lang als Glücksbringer begleitete, und die sie am Ende Ihres Lebens auch mit in ihr Grab nehmen wollte.

Die Nabelschnur war auch lange Zeit ein Gegenstand der Schicksalsfindung. Denn aus ihrer Farbe, Form und sonstigen Beschaffenheit ließ sich herauslesen, was dem Säugling in seinem Irdenleben beschieden war.

RITUAL: *Das Glückszentrum beschwingen*

Wenn wir davon sprechen, etwas aus dem Bauch heraus getan zu haben, meinen wir damit, intuitiv das Richtige getan zu haben. Und haben wir ein schlechtes Gefühl im Bauch, wissen wir, dass uns das Glück verlassen hat. Stellt sich dagegen das Glück wieder ein, bemerken wir meist ein gutes Gefühl im Bauch. Dieses Bauchgefühl hat in vielen Kulturen Tradition. Es ist aber auch unabhängig von jeder Tradition ein recht gesundes Gefühl, denn unser Bauch wird vom Solarplexus, dem Sonnengeflecht, beherrscht, einem autonomen Nervengeflecht zwischen Nabel und Brustbein, das die Funktion der Verdauungsorgane regelt. In der ostasiatischen Tradition wird das Sonnengeflecht als die Mitte des Körpers gesehen, im indischen Kulturkreis wird in ihm das Manipura- oder Nabelchakra geortet. Sein Zentrum soll drei Fingerbreit über dem Nabel liegen.

Wollen wir nun Glückskraft tanken beziehungsweise unser Glücksgut aktivieren und anreichern, sollten wir uns auf unser Sonnengeflecht als das Zentrum unseres körperlichen Wohlbehagens konzentrieren. Das Glück als Wonnegefühl hat in ihm nämlich seinen spürbaren Ursprung. Beleben wir dieses Zentrum, öffnen wir uns für das Glück und geben unserer Mitwelt zugleich ein dementsprechendes Signal, indem wir auf der unbewussten Ebene bekunden: Ich bin glücklich; um mich ist kein Übel; ich teile mein Glück mit euch! Unsere positive Ausstrahlung lädt somit zu ebenso glückstrahlenden Erwiderungen ein.

Die Vorbereitung: Suchen Sie sich für diese Übung am besten einen stillen Platz in der Natur. Üben Sie daheim, achten Sie darauf, dass sie für die nächste Viertelstunde ungestört bleiben. Stellen Sie sich aufrecht hin. Ihre Beine sind leicht gespreizt, Ihre Arme hängen locker nach unten. Atmen Sie nun bewusst langsam ein und aus. Zwischen den Atembewegungen halten Sie für einen Augenblick inne. Ihr Atem soll ohne Anstrengung fließen. Achten Sie darauf, tief einzuatmen und beim Ausatmen auch ganz auszuatmen.

Hat Ihr Atem seinen Takt gefunden, stellen Sie sich vor, dass beim Einatmen eine gute Kraft über Ihren Scheitel in Sie strömt und bis in ihren Bauch sinkt. Beim Ausatmen sinkt diese Kraft weiter hinab bis in Ihre Füße und fließt über sie in den Boden hinein. Sehr rasch werden Sie diesen imaginierten Kraftfluss körperlich spüren. Es ist Lebenskraft, die Sie so erfasst und durchströmt. Sie werden zur Achse, über die sich Himmel und Erde verbinden.

Die Mitte finden: Sobald Sie ganz von diesem Empfinden durchdrungen sind, legen Sie Ihre linke Hand in Magenhöhe über Ihren Nabel. Ihre rechte Hand halten Sie geöffnet davor. Atmen Sie weiter, von Lebenskraft durchströmt. Achten Sie jetzt darauf, wie ein Teil dieser Kraft über Ihre rechte Hand Ihrem Sonnengeflecht zufließt. In Ihrer linken Hand werden Sie spüren, wie sie sich in Ihrer Mitte sammelt. Ihr Sonnengeflecht wird nun zum Mittelpunkt der Achse. Wärme entfaltet sich in ihm, und Sie spüren, wie die Kraft in ihm sanft pulsiert.

Denken Sie jetzt an die Schwingung Ihres Glücks. Hören Sie seinen Ton und sehen Sie seine Farbe, womöglich atmen Sie auch seinen Duft mit ein. Lassen Sie sich auf das Gefühl himmlischer Wonne ein. Lassen Sie sich von ihm erfassen und schwingen Sie mit ihm. Sie werden vom Glück durchströmt. Um Sie ist Frieden, Glück und Licht.

Das Mantra: Lassen Sie die Hände wieder sinken und sprechen Sie die Silben dieses Mantras mit voller Stimme und mit Bedacht im Rhythmus Ihres Atems: »Iil Johm Ruhh«. Wiederholen Sie die drei Silben achtmal, damit sich das Mantra ganz entfalten kann. Wollen Sie diesen Effekt weiter verfestigen, dürfen Sie das Mantra wiederholen.

Sie werden, wenn Sie das Mantra richtig anstimmen, bei der Silbe »Iil« eine Vibration vom Scheitel bis hinab zum Magen erleben. Stimmen Sie dabei das »I« nicht zu hell in Ihrem Rachen an. Lassen Sie das »L« stimmhaft ausrollen, damit die Schwingung in Ihre Mitte sinken kann. Mit der Silbe »Johm« bringen Sie Ihre Mitte in Schwingung. Lassen Sie das »O« in Ihrem vorderen Mundbereich tönen und dehnen Sie den Ton in das »M« hinein. Die Silbe »Ruhh« lassen Sie mit dem »R« aus dem Rachen rollen und mit kurzem »U« in der Mitte der Mundhöhle schwingen, um sie darauf mit stimmhaftem »H« ausklingen zu lassen, wobei Sie das Ende eher hörbar ausblasen. Mit dieser Silbe leiten Sie die Vibration weiter aus Ihrer Mitte hinab in Ihre Fußsohlen. So bringen Sie mit diesem Mantra die Achse in sich samt Ihrer Mitte in Schwingung. Das Glück schwingt mit, und mit ihm schwingen Ihr Körper und Ihre Seele.

Abschluss: Beenden Sie dieses Ritual mit einer kleinen Besinnung, bei der Sie über Ihre Empfindungen nachdenken. Betrachten Sie, wie Sie die Kraft wahrnahmen, wie sie ihre Farbe sahen und ihren Ton hörten, wie Sie das warme Wonnegefühl durchströmte und wie Sie schließlich in Harmonie mit dem Glück schwangen.

Anmerkung

Mit diesem Ritual regen Sie das Niveau Ihres Glücksgutes in besonderem Maße an und schaffen um sich eine frische, Freude stiftende Atmosphäre. Sie können diese Atmosphäre auch in alltäglichen Situationen bewusst abrufen, indem Sie das Mantra in Gedanken wie eine Zauberformel wiederholen. Sie werden darauf die Vibration spüren und die Schwingung wird sich auf Ihre Umgebung übertragen. Hierdurch erschaffen Sie sich praktisch aus dem Stand eine positive Lage. Je öfter Sie mit diesem Ritual Ihr Glückszentrum beschwingen, desto leichter wird Ihnen der Abruf dieser Stimmung in kritischen Situationen fallen.

Glücksmudra oder das Glück herbeischnippen

Glück im Alltag bedeutet vor allem, bei den alltäglichen Dingen Glück zu haben, zum Beispiel einen Parkplatz in der Innenstadt zu finden. Dieses Beispiel geistert längst als fester Topos für die Gunst des Schicksals und positiver Energien durch die esoterische Literatur. Mal ist es ein Indianer, den man auf der Suche nach einem Parkplatz vorausschickt, mal die Bitte an sein Höheres Selbst, mal ein Amulett, das gerieben wird, und ein andermal die Macht der positiven Gedanken, die für einen den Parkplatz zur rechten Zeit freiräumt. Glaubten wir noch an eine antike Götterwelt, hätten wir wahrscheinlich längst eine Parkplatzwächterin zur Nebengottheit für das Glück erhoben.

Es sagt einiges über die Qualität unseres Glücksverständnisses aus, dass gerade die Parkplatzsuche so häufig zum Beweis paranormaler Kraft und der Wirksamkeit des Glückszaubers angeführt wird. Zum einen zeigen die erwähnten Riten in der Tat, dass Glückszauber funktioniert, zum anderen aber zeigen sie auch, dass unser Glücksempfinden ganz wesentlich vom Gelingen der kleinen alltäglichen Aufgaben abhängig ist. Glück ist demnach auch die Summe vieler kleiner positiver Ergebnisse. Zur Illustration einige beispielhafte kleinere Glücksmomente, die in ihrer Addition Glück bedeuten:

- Ein Schnäppchen im Supermarkt machen.
- Noch eine gute Karte für ein ausverkauftes Konzert ergattern.
- Einen Tipp für einen guten Friseur erhalten.
- Ein Lob vom Chef für einen guten Einfall bekommen.
- Selbst ein Lob für jemand aussprechen.
- Ein Kompliment von einem schönen Menschen erhalten.
- Eine allgemein begrüßte Abwechslung stiften.
- Eine länger liegen gebliebene Arbeit erledigen.
- Selbst eine kleine Reparatur erfolgreich durchführen.
- Sich die vorgenommene Mußestunde tatsächlich zu gönnen.
- Für seine klare Position Verständnis erhalten.
- Jemandem einen Gefallen tun.

Der Keim des großen Glücks wurzelt in der gelungenen Bewältigung des Alltags.

Ein Tag, an dem uns so manches gelang, war fraglos ein glücklicher Tag. Doch sollten Sie dieses kleine Glück nicht dem Zufall allein überlassen. Helfen Sie ihm ein wenig auf die Sprünge, wird es sich verdichten, und Sie werden häufiger zufrieden ins Bett gehen und dementsprechend zuversichtlich auch wieder aufstehen. In dieser Weise setzen Sie Ihr ganz persönliches Glücksrad in Bewegung. Es wird sich für Sie drehen und für Sie gute Kraft schöpfen. Sie fließt Ihnen zu wie gutes Wasser, das Ihr Tagwerk gedeihen lässt.

Das sind Mudras: Ein bewährtes Mittel, sein Glücksgut anzusprechen und sich auf ein glückliches Gelingen einzustimmen, sind Mudras. Mudras sind Gesten und Handhaltungen, durch die körperliche, seelische und magische Kräfte angesprochen werden. Sie entstammen dem fernöstlichen Kulturkreis. Das Sanskritwort Mudra bedeutet übersetzt Siegel. Und magische, einen Zauber stiftende Siegel sind Mudras allemal. Schließlich werden diese Handhaltungen nach einer über Jahrtausende überlieferten magischen Symbolik geformt.

Die magischen Kräfte einer Mudra entwickeln sich durch die angestoßene seelische Schwingung. Sie regt in der weißmagischen Sphäre eine gleichartige Schwingung an, die wiederum mit den Schicksalskräften korrespondiert; der Einfluss dieser Sphäre wirkt auf Ihr Glücksgut und mögliches Geschick zurück. Durch eine Mudra entsteht folglich ein über viele Korrespondenzpunkte vernetztes Feld, das eine günstige Stimmung moduliert, die sich auch auf Ihre Mitmenschen überträgt, wodurch Ihr Glück auch zum Glück der anderen wird.

Dies wiederum ist die beste Voraussetzung für eine sich entwickelnde tragende Sphäre glücklicher Ereignisse. Mit einer Mudra greift somit buchstäblich in beglückender Weise eine Hand in die andere.

Mudra: Der Glücksring

Der Glücksring ist ein kleines, aber wirkungsvolles Siegel, mit dem Sie Ihre Glücksbereitschaft ansprechen und in der Folge ihr Glücksgut beleben. Wissen Sie, zum Beispiel vor einer geschäftlichen Besprechung, dass Ihnen alle guten Fakten nichts nützen werden, solange Ihnen noch das entscheidende Quäntchen Glück fehlt, dann ist es höchste Zeit, diese Mudra zu formen.

Durch den Daumen-Finger-Ring aktivieren Sie Ihr Glücksgut.

Beschreibung der Handhaltung: Diese Mudra formen Sie mit Ihrer linken Hand. Halten Sie die Fingerspitzen von Daumen und Ringfinger zusammen. Beide Finger bilden so einen Ring. Die anderen Finger halten Sie leicht gestreckt. Stellen Sie sich nun vor, dass ein Kraftstrom vom Daumen zum Ringfinger fließt und weiter, an Dynamik zunehmend, durch den gehaltenen Fingerring kreist. Dieser Kraftstrom verlangsamt sich allmählich, indem die Kraft zwischen den zusammengehaltenen Spitzen zu pulsieren beginnt. Nach einer Weile wird sich dieser Puls verlangsamen und der Strom wieder zu fließen beginnen. Diesmal fließt er allerdings vom Ringfinger zum Daumen, beginnt durch den Ring zu kreisen und geht schließlich wieder in eine pulsierende Bewegung über. Der Puls wird allmählich langsamer, und Sie werden das Gefühl haben, dass sich die Kraft machtvoll in Ihren Fingerspitzen sammelt. Lassen Sie sich auf dieses Gefühl gründlich ein, ehe Sie die Handhaltung lösen.

Damit sich diese Mudra voll entfalten kann, sollten Sie sich für sie gut fünf Minuten Zeit gönnen.

Wirkung der Mudra: Am Ende der Mudra spüren Sie dank Ihres inneren Lächelns die entfaltete Kraft Ihres Glücksgutes. Freuen Sie sich darüber. Es ist die Kraft, die für Sie das fehlende Quäntchen Glück herbeizaubert. Sie fließt in Ihre Tätigkeit ein und begeistert andere Menschen dafür, mit Ihnen am gleichen Strang zu ziehen. Glückliches Gelingen ist zum Greifen nahe, darum greifen Sie beherzt danach. Dank der Glücksmudra werden Sie nicht danebengreifen.

Tipp: Haben Sie die Mudra schon öfter geformt, können Sie Ihr Glücksgut anregen, indem Sie die Fingerspitzen von Daumen und Ringfinger in rascher Folge mehrmals zusammentippen. Schon nach wenigen Augenblicken werden Sie spüren, wie Sie Glückskraft durchströmt.

Rufen Sie Ihr Glück herbei, indem Sie sich an seine Farbe, seinen Ton oder Duft erinnern. Je intensiver Ihre Erinnerung, desto stärker wird der Glücksfaktor sein.

Mudra glücklicher Einfälle

Glück ist häufig eine Frage der richtigen Idee zur rechten Zeit am richtigen Ort. Stimmen diese drei Faktoren, ist ein Erfolg so gut wie garantiert. Mit dieser Mudra trainieren Sie Ihren Sinn für das richtige Timing. Erwarten Sie von ihr jedoch nicht einen Knüller nach dem anderen. Es sind vielmehr die vielen kleinen passenden Einsätze, die schließlich die Aura des Erfolges um sie stiften. Glück ist hierin mit einem Orchester vergleichbar. Sein Wohlklang ist sein Erfolg. Für das richtige Zusammenspiel ist der Dirigent verantwortlich; und Sie sind der Dirigent Ihres Glücks.

Mit dieser Mudra fällt es Ihnen leichter,
um die Ecke zu denken.

Beschreibung der Handhaltung: Die Mudra wird mit der rechten Hand geformt. Knicken Sie den Mittelfinger zur Handfläche und umfassen Sie ihn mit dem Daumen. Den kleinen Finger schieben Sie unter die Daumenspitze, den Ringfinger halten Sie gegen den Daumennagel. Den Zeigefinger strecken Sie ab. Halten Sie die Mudra wenigstens drei Minuten lang.

Wirkung der Mudra: Ihre Kreativität und Überzeugungskraft werden angeregt. Gleichzeitig ermutigen Sie sich, Hindernisse zu überwinden. Hierdurch blicken Sie von einer anderen als der gewohnten Warte auf Ihre Aufgabe und finden hierdurch eher ungewöhnliche Lösungswege. Sind spontane Lösungen gefordert, ist diese Mudra ein guter Impulsgeber.

Tipp: Da sich diese Mudra unauffällig formen lässt, können Sie Ihren Zeigefinger unbemerkt auf die Person richten, von der Sie sich Unterstützung bei Ihrem Vorhaben erhoffen. Konnten Sie sie auf Ihre Wellenlänge einstimmen, werden Sie in ihr einen guten Partner haben. Ich weiß von einem Fall, wie jemand mit dieser Mudra während einer Gemeinderatssitzung die Stimmenmehrheit zu seinen Gunsten beeinflusste.

Mudra für das Glückszentrum

Diese Mudra ist ein Schlüssel zum Glück. Das heißt, wenn Sie sich vom Glück ausgeschlossen fühlen, können Sie sich den Weg zu ihm mit ihr wieder aufschließen. Falls Sie aber das Glück schon segnet, dürfen Sie ihm mit dieser Mudra Dank sagen und hierdurch die Verbindung zu ihm stärken.

Diese Mudra wird auch »Himmelsschlüssel« genannt.

Beschreibung der Handhaltung: Halten Sie alle fünf Finger der rechten Hand zusammen. Umfassen Sie die Finger mir Ihrer linken Hand. Der linke Zeigefinger umspannt die mittleren Fingerknöchel der rechten Hand. Die Zeigefingerspitze ruht auf dem Mittelknöchel des rechten Zeigefingers. Der linke Daumen liegt am Mittelknöchel des rechten. Halten Sie die Mudra wenigstens zwölf Atemzüge lang knapp über Ihrem Nabel.

Wirkung der Mudra: Dieses Siegel gleicht bildlich einem keimenden Kern, der in gutem Boden von der Sonne beschienen wird. Entsprechend frisch und fordernd ist seine Kraft. Hier will ein Baum in den Himmel wachsen, und Sie haben die Macht, sich hierfür den Himmel aufzuschließen. Sie stärken mit dieser Mudra Ihr Glückszentrum beziehungsweise Ihre magische Mitte, indem Sie pure Lebenskraft in Ihr Zentrum schicken. Dadurch treten Sie intuitiv mit Ihren Schicksalskräften in Verbindung und beleben Ihre Vorausahnung. Sie bekommen eine Nase dafür, was möglich ist und was nicht. Ihre Absichten erhalten reale Perspektiven, Sie sehen welche Eisen heiß sind und werden so zu Ihres Glückes Schmied.

Haben Sie einen konkreten Wunsch an Ihr Geschick, dürfen Sie ihn laut formulieren, während Sie die Mudra halten. Denn diese Mudra setzt auch eine starke Wunschkraft in die Welt, weil Sie sie zur Tat anstiftet. Es bleibt nicht beim Wünschen, vielmehr drängt es Sie, Ihrem ausgesprochenen Wunsch auch Gestalt zu verleihen. Die verliehene Kraft und Zuversicht wird Ihnen dabei den Rücken stärken. Sie haben das Glück an Ihrer Seite.

Tipp: Halten Sie die Mudra seitenverkehrt, umspannen Sie also mit Ihrer rechten Hand die keimende Linke, ziehen Sie pure Tatkraft herbei. Dieses Siegel ist gut, falls von einem Moment zum anderen Ihr ganzer Einsatz gefordert wird, um ein sich abzeichnendes Ziel zu erreichen. In einem solchen Augenblick könnten Sie auch einen Berg versetzen.

Sprechen Sie zur Mudra folgenden Zauberspruch, vertiefen Sie zum einen die angeregte Kraft und schaffen Sie sich zum anderen einen geistigen Schlüssel, um diese Kraft jederzeit abrufen zu können. Sprechen Sie den Zauberspruch leise oder auch nur in Gedanken, fließt Ihnen augenblicklich die beglückende Tatkraft zu.

Zwei Hände formen besonnen Mut und Glück,
In diesem Keim kreist gute Kraft zum Kranz.
Erhellt wird mein Weg durch dieses Stück,
Gestärkt wird meine Tat dank seinem Glanz.

Testen Sie die Kraft Ihres Glücksgutes

Mit der Mudra »Glücksring« können Sie die Stärke Ihres Glücksgutes messen und hierdurch Ihre Chancen abschätzen, ob sich ein Risiko lohnt, weil Ihnen das Glück zur Seite steht, oder ob es eher angeraten ist, vorsichtiger zu taktieren.

Legen Sie für diesen Test Ihre rechte Hand auf Ihr Sonnengeflecht knapp oberhalb des Nabels. Mit Ihrer linken Hand formen Sie den Glücksring, indem Sie den Daumen gegen die Fingerspitze des Ringfingers halten. Atmen Sie gleichmäßig und lassen Sie dabei die Schwingung aus Ihrer Mitte in Ihre rechte Hand übergehen. Spüren Sie, dass die aufliegende Hand die Schwingung erfasst, richten Sie Ihre Aufmerksamkeit ganz auf den Energiestrom, der durch den gebildeten Ring aus Daumen und Ringfinger der linken Hand fließt.

Die Energie, die durch diesen Glücksring fließt, kann zwölf verschiedene Zustände annehmen, die mit ein wenig Achtsamkeit unverwechselbar zu fühlen sind. Die zwölf Energiezustände, die Sie so ertasten, sagen Ihnen etwas über das Potenzial Ihres Glücksgutes aus. Hieraus können Sie ableiten, wie nah Sie dem Glück sind und welchen Raum Sie ihm geben, damit es sich für Sie entfalten kann.

Die zwölf Glückszustände und ihre Bedeutung

1. *Völlig kraftlos.* Sie bemerken keinerlei Energiefluss. Das Glück hat Sie verlassen.
2. *Kraftlos stauend im Daumen.* Es fließt keine Energie. Sie ist zwar vorhanden, aber nicht stark genug, um zur Bewegung zu werden. Das Glück ist sehr fern.
3. *Kraftlos stauend im Ringfinger.* Das Glück bleibt fern. Sie spüren, dass Sie glücklos sind.

4. *Kraftlos stauend in beiden Fingerspitzen.* Glück haben andere, dafür haben Sie eine Ahnung von ihm.
5. *Aus dem Daumen fließend.* Sie spüren, dass Energie fließt, allerdings genügt sie nicht für einen Kreislauf. Sie wissen, wie es wäre, wenn das Glück Sie begünstigte.
6. *Aus dem Ringfinger fließend.* Sie können sich realistische Situationen vorstellen, die Sie glücklich machen würden.
7. *Wechselnde Fließrichtung.* Die Energie kreist durch den Glücksring, allerdings bleibt die Fließrichtung nicht stabil. Abgesehen von einigen unerfüllten Wünschen könnten Sie zufrieden sein.
8. *Vom Daumen zum Ringfinger fließend.* Sie fühlen, wie ein gleichmäßiger Strom durch den Glücksring fließt. Sie spüren, wie Ihnen das Glück zur Seite rückt. Gewinnen Sie etwas mehr Zutrauen, werden Sie in ihm einen Begleiter haben.
9. *Vom Ringfinger zum Daumen fließend.* Sie können mit sich und der Welt zufrieden sein. Die wenigen unerfüllten Wünsche werden Ihre Laune nicht trüben.
10. *Aus beiden Fingern ausströmend.* Der Glücksring scheint zu einer Quelle geworden zu sein, aus dem die Glückskraft sprudelt. Folglich gelingen Ihnen Dinge, die Ihnen zuvor versagt blieben. Sie wissen um Ihr Glück. Man sieht Sie gerne, um mit Ihnen die Freude an Ihrem Glück zu teilen.
11. *Pulsierend zwischen den Fingerspitzen.* Sie empfinden deutlich die Stärke der Kraft, die in Ihren Fingerspitzen pulsiert. Das Glück ist Ihnen ein treuer Begleiter. Sie sind rundum zufrieden.
12. *Kraftvoll drängend in den Fingerspitzen, ohne Puls und Bewegung.* Sie spüren, wie Sie vor Energie strotzen. Ebenso strotzen Sie vor Glück. Sie sind ein rundum glücklicher Mensch.

Anmerkungen zum Glückstest per Glücksring

Der Energiefluss durch den Glücksring ist kein stabiles Phänomen. Er kann sich aufgrund von Stimmungsschwankungen sehr rasch verändern. Er sagt somit etwas über Ihre augenblickliche Empfindsamkeit für das Glück aus, ob sie ihm gegenüber empfänglich oder verschlossen sind. Mit dem Test können Sie daher rasch auf einschränkende Tagesbefindlichkeiten reagieren und mit einem kleinen Ritual Ihr Glücksgut wieder anfüllen und beleben. Reiben Sie Ihr Amulett, sprechen Sie einen Glückszauber, formen Sie eine Glücksmudra oder gönnen Sie sich einfach eine kurze Auszeit, in der Sie sich sammeln und erholen. Sie können den Erfolg einer solchen Maßnahme sofort am verbesserten Fluss der Energie fühlen. Diese Bestätigung hilft Ihnen wiederum, das Ergebnis Ihrer Übung zu verfestigen.

Dank dieses Glückstests können Sie häufig auch die Ursache für die nachlassende Präsenz Ihres Glücksgutes feststellen. Waren Sie zum Beispiel in eine Auseinandersetzung verwickelt, von der Ihnen ein ungutes Gefühl nachhängt, können Sie den Grad des Einbruchs Ihrer Glückskraft direkt messen. Ebenso können Sie messen, was Ihnen manchen Menschen an guter Energie absaugen. Denn es gibt genügend Zeitgenossen, die vom Glück anderer zehren. Meiden Sie deshalb Menschen, von denen Sie sich entkräftet fühlen, wenn Sie ihnen begegnen. Ungute Situationen lassen sich dagegen nicht immer vermeiden. Fühlen Sie sich danach jedoch öfter entkräftet, sollten Sie prüfen, warum Sie so viel gute Energie in sie hineingeben.

Schützen Sie Ihr Glücksgut

Auch wenn andere an unserem Glück in negativer Weise zehren, indem sie unsere gute Kraft rauben oder uns unser Glück in belastender Weise neiden, sollten wir uns stets bewusst sein, dass wir es sind, die sich berauben lassen. Das heißt, wir verschwenden an belastende Begegnungen und Situationen häufig gute Energie, anstatt uns rechtzeitig zurückzuziehen oder energetisch zu versiegeln.

Ich konnte eine Zeit lang beobachten, wie diese Energieräuber vorgehen. Karl-Heinz, ein Heilpraktiker, war nicht nur ein solcher Energieräuber, sondern, wie er mir gegenüber freimütig zugab, auch ein Glücksdieb. Es war das Märchen vom Hans im Glück, das ihn animiert hatte, bewusst vom Glücksgut anderer zu zehren. Für ihn war Hans ein Tor, der aus unerfindlichen Gründen einen Zugang zum Goldtopf des Glücks besaß. Was er ihm an Kraft stahl, meinte Karl-Heinz, wäre nur das, was sich ein solcher Einfaltspinsel unverdienter Weise aus der Quelle schöpfte. Um Glückskraft abzusaugen, verbrachte Karl-Heinz beinahe jeden Urlaub an Orten mit einer Spielbank. Dort suchte er den Kontakt zu Gewinnern, denen er zu ihrem Glück gratulierte und ihnen seine Bewunderung aussprach. Da dies ein ehrliches Gefühl und kein falscher Neid war, entstand meist eine freundschaftliche Verbindung. Schließlich neidete er ihnen das Glück tatsächlich nicht, sondern wollte nur an ihrer Energie teilhaben.

Auch in seinem Freundeskreis verhielt er sich ähnlich. Karl-Heinz sammelte nur Menschen um sich, die vom Glück verwöhnt wurden. Spielte jedoch jemandem das Schicksal übel mit, mied er ihn wie der Teufel das Weihwasser. Die Glückskraft seiner Freunde sog er übrigens bewusst über seine Mitte ein. Damit hatte er auch Glück. Er war vermögend und gesund und gern gesehen. Allerdings war Karl-Heinz im Grunde seines Herzens nie wirklich glücklich, sondern blieb auf ewig durstig nach Glück.

Mir konnte Karl-Heinz übrigens kein Glücksgut rauben, da ich meine Mitte stets versiegelte, wenn ich ihn traf. Diese Versiegelung kann in unterschiedlicher Weise geschehen. Suchen Sie sich von den nachstehenden Vorschlägen die Methode heraus, die Ihnen am ehesten entspricht. Denn der Schutz vor Glücksdieben sollte mühelos und unbemerkt geschehen und dazu noch wirksam und nachhaltig sein.

- **Amulett:** Spiegelnde Amulette sollen Sie vor Angreifern schützen, indem sie Ihre Aura verspiegeln und undurchlässig machen. Sie wirken wie ein Schild, der die Eingriffe von Energieräubern abwehrt. Sehr wirksam sind Amulette aus schwarzem Onyx, die als Fingerring unauffällig getragen werden können. Spüren Sie einen Angriff, berühren Sie den Onyx und wärmen ihn ein wenig an, damit er seine Abwehrkraft entwickelt.
  Auch ein Gürtel mit einer silbernen Gürtelschnalle ist ein gutes Schild, das Energieräuber abwehrt.
  Hingegen sind die in Mode gekommenen Nabelpiercings ungeeignet, einen energetischen Schutz aufzubauen. Vielmehr leiten sie Kraft aus Ihrer Mitte ab und bilden so einen Anknüpfungspunkt für Energieräuber.
- **Glücksring:** Mit »Glücksring« ist diesmal nicht die Mudra, sondern ein echter Fingerring gemeint. Er sollte aus drei Goldfarben geschmiedet sein, nämlich Weißgold, Rotgold und Gelbgold. Angebotene günstigere Glücksringe aus Kupfer, Gold und Silber bieten diesen Schutz nicht, da sie einander widersprechende Temperamente in sich bergen. Tragen Sie den Ring an Ihrer linken Hand. Bemerken Sie eine Schwächung Ihres Glücksgutes, drehen Sie den Ring wenigstens dreimal an Ihrem Finger.
  Sehr gut geeignet sind Knotenringe aus dreifarbigem Gold, die aus drei ineinander verschlungenen Ringen gefertigt sind. Derartige Ringe gelten allgemein als Glücksringe und sind geschätzte Amulette, da sie in sich bereits einen Kreislauf guter Energie besitzen.
- **Abschirmmudra:** Mit dieser Mudra aktivieren Sie die Kraft Ihrer Mitte, um sich eine Tarnkappe aufzubauen, die Sie für Ihren Angreifer praktisch unsichtbar macht. In jedem Fall wird er sie als ein energetisches Neutrum wahrnehmen, von dem er befürchten muss, dass es seinerseits seine Kraft absaugen wird. Also wird er es tunlichst vermeiden, mit Ihnen in Austausch zu treten.

Die Abschirmmudra verbirgt Sie vor dem Blick Ihrer Feinde.

Formen Sie beide Hände zu Fäusten, indem Sie die Fingerspitzen möglichst weit gegen Ihre Handballen halten. Die Daumen strecken Sie seitlich ab. Halten Sie beide Fäuste an den unteren Fingergliedern gegeneinander vor sich in Magenhöhe. Die Daumenspitzen berühren sich. Stellen Sie sich vor, wie eine himmelblaue Kraft aus Ihrer Mitte durch Ihre Hände fließt, sich in Ihrer Aura verbreitet und sie versiegelt. Denken Sie sich dazu: »Ich bin bei mir. Ich fühle mich warm und geborgen. Eine gute Kraft fließt mir zu und beschützt mich. Sie sammelt sich in meinem Herzen und stärkt meine Mitte. Ich bleibe heil. Ich bin im Glück.«

Behalten Sie die Mudra so lange bei, bis Sie sich so weit gestärkt fühlen, dass Ihnen niemand mehr Kraft rauben kann.

- **Imagination**: Sehr prompt wirken Imaginationen, wenn Sie darin bereits geübt sind und dementsprechend rasch Bilder abrufen und sich deutlich vorstellen können. Spüren Sie, wie jemand von Ihrer Kraft zehren will, stellen Sie sich vor, dass Sie in einer Pyramide aus verspiegeltem Glas sitzen. Sie sitzen im Zentrum und blicken hinaus. Niemand kann mehr hineinsehen. Wer dennoch Ihre Kraft rauben möchte, zehrt fortan von sich selbst.

  Ein anderes Bild ist der magische Schild vor Ihrer Mitte. Tippen Sie sich dazu nur einmal kurz auf Ihre Magengegend, und stellen Sie sich vor, wie ein silberner Schild Ihr Glückszentrum abschirmt. Sie werden die Kraft dieses Schildes augenblick-

lich spüren und auch aus den Augenwinkeln seinen silbernen Glanz bemerken, der Sie kreisförmig umgrenzt.
Mit der Vorstellung, Sie befänden sich in der Mitte eines Eisberges, können Sie sich auch spielend jedem Streit entziehen. Denn die eisige und unnahbare Stimmung, die Sie dann verbreiten, macht Sie für jeden Streithahn uninteressant. Das gleiche Bild schützt Sie auch vor Glücksdieben. Und gelingt es jemandem dennoch, ein wenig Energie von Ihnen abzuziehen, wird es ihn daraufhin so frösteln, dass er das Vorhaben sofort abbricht. Ein Tipp: Sie verstärken diese Imagination noch, wenn Sie Ihr Ohrläppchen mit etwas Spucke befeuchten.

Sorgenwischer, Angstfresser und Glücksbinder

Nemesis, als Göttin des gerechten Zornes an sich eine Rachegöttin, war im antiken Griechenland auch der Schrecken aller Glücklichen. Stand sie doch für die menschliche Erfahrung, dass, wenn es einem zu gut ginge, ihm das Mütchen vom Schicksal gekühlt werden würde. Entsprechendes durfte ich aus der Ferne über Jahre bei Rebecca, einer Cousine über zwei Ecken, beobachten, die wirklich viel Glück in ihrem Leben hatte. Sie hatte einen lieben Mann, drei gut geratene Kinder, ein schönes Haus und dazu noch Erfolg in ihrem Beruf als Steueranwältin. Doch ständig war sie von der Sorge gefangen, dass so viel Glück nur im Unglück enden konnte. Ja, sie war schlichtweg so glücklich, dass ihr dabei bange wurde. Schließlich zog Rebecca das Unglück dadurch selbst herbei, weil ihr über die anhaltende Sorge die Zuversicht abhanden kam und sich dadurch ihr Glücksgut schmälerte.

Es begann, als während eines Urlaubs Einbrecher ihr Heim verwüsteten. Kurz darauf wurde ihr Mann für längere Zeit arbeitslos. Ein Sohn erkrankte schwer, was einer der Gründe war, dass ihre Tochter einer Sekte in die Hände fiel. Schließlich zerstritt sich Rebecca auch noch mit ihrem Sozius in der Kanzlei und sah mit einem Male nur noch Unheil um sich und alle ihre Felle davonschwimmen. Auch als sie erkannte, dass ihre dauerhafte Furcht vor der Unbeständigkeit des Glücks mit schuld an ihrem Unglück war, geschah keine Besserung, denn sie blieb misstrauisch gegenüber jeder positiven Änderung und erblickte darin nur die Vorboten eines noch größeren Unglücks.

Es geschah während eines Urlaubs in Österreich. Sie hatten sich in einem Bauernhof einquartiert, als die Veränderung eintrat. Es war die alte Bäuerin, die sie beim ersten Frühstück lange ansah und dann meinte: »Warum stopfst du jeden guten Gedanken in deinen Sorgensack? Willst untergehen?« Rebecca erschrak zutiefst über die Hellsichtigkeit der Frau. Sie wollte etwas erklären, doch die Bäuerin winkte ab. Dafür lud sie sie auf einen Spaziergang durch den Wald ein. An einem großen Ameisenhaufen sagte sie: »So, jetzt spuck's aus!« Wieder wollte Rebecca etwas sagen. Doch die Bäuerin wollte nichts hören. Also spuckte sie in den Ameisenhaufen. Die Bäuerin ermunterte sie, damit fortzufahren. Rebecca spuckte weiter aus. Hatte sie anfangs noch Hemmungen, dies zu tun, wurde ihr von Mal zu Mal leichter und sie empfand Lust dabei, sich so den Kummer aus der Seele zu lösen. Schließlich meinte die Bäuerin, dass es genug sei. Das erste Übel sei aus ihr heraus, jetzt könne man sich den Rest anhören.

Abends saß Rebecca dann bei der Bäuerin und erzählte ihr von ihrem Glück und Unglück und von ihrer Sorge, die sich so bitter bewahrheitete. Die Bäuerin hörte ihr zu und stickte dabei an einem Tuch. Sie stellte ihr Fragen, und wenn ihr die Antworten missfielen, spuckte sie aus. So half sie Rebecca, sich nicht wieder in das alte Gespinst düsterer Erwartungen einzuweben.

Am Tag ihrer Abreise ging die Bäuerin mit Rebecca nochmal in den Wald. Am Ameisenhaufen angelangt zog sie das Tuch aus ihrer Rocktasche und reichte es ihr. »Schau Kind, das ist dein Sorgentuch. Da habe ich all dein Unglück hineingenäht.« Es war ein hübsches Tuch geworden. Rebecca wollte es schon in ihre Hosentasche stecken, doch da überlegte sie es sich anders und ließ es auf den Ameisenhaufen fallen. Wieder heimgekehrt stellte sich allmählich das verlorene Glück wieder ein.

Anmerkungen zur Rebeccas Geschichte

Die Einsicht, dass sie sich mit ihrer Furcht vor dem Unglück das Unglück herbeisehnte, um sich vor ihm nicht mehr schrecken zu müssen, half Rebecca nicht, sich von der Furcht zu lösen. Dazu hatte sie ihrer Furcht schon zu viel Energie zugeleitet und sich entsprechend konditioniert. Die Bäuerin sah den unheilvollen Schatten auf Rebecca liegen, weil sie selbst eine glückliche Frau war. Diese Form der Hellsicht ist den meisten glücklichen Menschen eigen. Ebenso wie sie das Glück erkennen, erkennen sie auch das Unglück. So können sie ihm rechtzeitig ausweichen, aber auch anderen Menschen bei ihrer Glückssuche helfen.

Es waren drei elementare Rituale, die Rebecca durchlebte, um sich von ihrer Furcht zu lösen. Es war das Ausspucken, das Besprechen und die Anfertigung des Sorgentuchs. Schlechtes auszuspucken ist ein archetypischer Zauber, der rund um die Welt verstanden wird. Denken Sie einen bösen Gedanken und spucken Sie danach sofort aus, werfen Sie ihn von sich und befreien sich so von seiner dunklen Macht. Noch kräftiger ist der Bann, wenn Sie Ihren Mund mit einem Schluck Wasser spülen und ihn dann mit vollen Backen ausprusten. Sprechen Sie dazu: »Was ungesagt sei in die Erd vertagt!«

Ebenso ist das Besprechen der Sorgen ein ebenso urwüchsiger Zauber. Indem wir unsere Angst und Not gegenüber einem Zuhörer formulieren, nehmen wir ihrer Bedrängung die Kraft. Wir teilen die Furcht und reichen sie weiter, damit sie abgeleitet und durch den Zuspruch anderer gemindert wird. So sprechen wir uns frei. Vor allem in den Abendstunden ist die Wirkung des Sichfreisprechens auffällig. Es liegt sicher an der Geborgenheit der Dämmerung, die uns manches zu sagen erlaubt, was wir bei Tage lieber verschweigen.

Das Sorgentuch der Bäuerin ist vergleichbar mit der mütterlichen Geste, einem Kind die Sorgen von der Stirn zu blasen. Sie lieh Rebecca ihr Ohr, während sie gleichzeitig die vernommene Not in das Tuch nähte. So blieb sie selbst frei von schlechten Energien. Als Muster bei dieser Art des »Abnähens« empfehlen sich die üblichen Glückssymbole. Die Bäuerin stickte für Rebecca ein Muster aus blauen Herzen und roten Mondsicheln in das Tuch. Es war ihr Empfinden für Rebeccas Not.

Spielarten von Sorgenbrechern

Sich von seiner Not befreien, heißt, sich für das Glück öffnen. Es ist darum vertane Energie, seine Sorgen zu negieren und vor sich selbst zu verschweigen. Je ehrlicher wir mit uns selbst umgehen, desto schöner erscheinen wir dem Glück. Sich für das Glück schön zu machen, ist ein entscheidender Schritt, um ihm zu begegnen. Denn das Glück ist eine Kraft, die Gefallen an allem Schönen hat. Sie verbindet sich dauerhaft mit der Schönheit. Ein Grund, warum die Betrachtung der Naturschönheit uns glücklich stimmt, liegt darin, weil sie in uns ein gleichartiges Potenzial, nämlich unser Glücksgut anspricht. Schönheit besteht darum nur zu einem Bruchteil aus dem Äußeren eines Menschen. Weit mehr von seiner Schönheit strahlt aus seinem Inneren und umglänzt ihn. Diese Schönheit ist es, die dem Glück entspricht. Sprechen wir uns selbst gegenüber offen unsere Befürchtungen, Sorgen und bösen Gedanken aus, nehmen wir einen Schatten von uns und erlauben unserem inneren Glanz, nach außen zu strahlen. Uns wird leichter ums Herz, wir fühlen uns befreit und sehen mit Zuversicht in den Tag. Wir lassen Licht in unsere seelischen Verließe und beginnen, unsere Rumpelkammern zu entrümpeln.

Das Gerümpel, das wir in uns ansammeln, ist dabei meist recht gewöhnlich und taugt selten für eine Geschichte am Kamin. Prüfungsangst, Liebeskummer, Geldsorgen, Verlustangst,

Neid, Eifersucht, Überforderung, Faulheit, Eitelkeit, Rachsucht, Herzlosigkeit. Dies sind nur einige Namen für den Ballast, den wir mit uns tragen und der uns davon abhält, uns vom Glück beschwingen zu lassen.

Der Akt der Öffnung der inneren Rumpelkammer geschieht am wirksamsten durch ein Ritual. Unsere Seele braucht die äußere Form des Rituals, um in sich die Anstöße zu bewirken, durch die die Lösung dunkler Verhaftungen möglich wird. Die äußere Reinigung ermöglicht somit auch den inneren Glanz. Die folgenden Rituale helfen Ihnen, in Ihrer Seele Raum für die Aufnahme Ihres Glückes zu schaffen.

Sorgentuch. Eine weitere Möglichkeit, seine Sorgen in einem Tuch zu sammeln, besteht darin, sich mit einem Taschentuch die Stirn und die Handflächen abzuwischen, sobald man sich schwere Gedanken macht. Sprechen Sie dazu noch Ihren Kummer laut aus, wirkt dieser Vorgang noch klärender. Es ist übrigens eine unbewusste Geste, die häufig von sorgenbeladenen Menschen durchgeführt wird. Diesmal führen Sie sie jedoch bewusst durch, mit dem Effekt, dass Sie Ihre Glückshindernisse konkret durchdenken. Was davon unberechtigte Sorge ist, verwischen Sie. Zurück bleiben die handfesten Gründe, die Sie an Ihrem Glück hindern. Die haben Sie indessen durch das Ritual so weit gelöst, dass Sie sie infrage stellen können, was ein erster Schritt zu ihrer tatsächlichen Lösung ist. Denn nun werden Sie beginnen, die dunklen Fesseln, die Sie von Ihrem Glück abhalten, zu durchtrennen. Befreien Sie sich darum auch sichtbar von der dunklen Energie, indem Sie das Sorgentuch, mit dem Sie Ihre schlechten Gedanken einsammelten, mit der Hand auswaschen.
Grundsätzlich empfiehlt es sich, stets das gleiche Tuch für dieses Ritual zu verwenden; seine klärende Wirkung verfeinert sich dadurch. Sie können mit ihm dann auch fremde Gegenstände, die Sie in Besitz nehmen, von negativen Anhaftungen

befreien, oder auch anderen Menschen Sorgen abwischen. Dies geht auch indirekt, indem Sie zum Beispiel mit dem Sorgentuch über das Bild eines Freundes wischen.

- **Sorgenstein.** Für wenig Geld werden »Worry Stones« aus Irland angeboten, kleine ovale Steinplättchen aus grünem Marmor mit einer kleinen Vertiefung darin. Ein solcher Sorgenstein wird in der Hand gehalten und der Daumen in die Mulde gelegt. Hat man Sorgen, denkt man an sie und reibt gleichzeitig den Daumen in der Mulde. Hierdurch werden die Sorgen sanft weggerieben. Wer sich öfter von schweren Gedanken befreien muss, trägt seinen Sorgenstein praktischerweise in der Hosentasche.
  Eine andere Art, seine Sorgen auf einen Stein zu übertragen, besteht darin, sich statt eines Glückssteines einen Stein zu suchen, der der Stein sein soll, der einem vom Herzen fällt. Halten Sie also bei Ihrem nächsten Spaziergang Ausschau nach einem Stein, der die Last verkörpert, die Sie auf ihrem Herzen tragen und mit der Sie Ihre Mitte für das Glück blockieren. Der Stein sollte nicht größer als zwei Fäuste sein, damit er noch handlich genug ist. Sie werden den Stein, den Sie suchen, unter tausend Steinen erkennen. Er wird Sie in Form und Farbe ansprechen, und Sie werden in ihm zweifelsfrei die Last erkennen, von der Sie sich befreien wollen. Nehmen Sie den Stein an sich und betrachten Sie ihn rundum. Sprechen Sie die Ähnlichkeiten mit Ihrer Last, von der Sie sich befreien wollen, an. Sagen Sie ihm, wie er Ihren Kummer verkörpert und in sich trägt. Benennen Sie einzelne Strukturen an ihm, die Ihren Sorgen gleichen. Sie werden spüren, wie Ihre Sorgen in sie übergehen und wie der Stein allmählich schwerer wird und Sie sich zunehmend erleichtert fühlen. Ja, der Stein ist nun das Hindernis, das Ihrem Glück im Wege liegt. Rollen Sie ihn fort. Heben Sie ihn schließlich auf und werfen Sie ihn ins Wasser oder weit von sich. Wenden Sie sich ab und wandern Sie leichten Herzens nach Hause.

✲ **Sorgenpuppe.** Es ist bereits Glück, wenn man eine Freundin oder einen Freund hat, denen man seine Kümmernisse erzählen kann. Doch nicht alles, was einen bedrückt und gegenüber dem Glück verschließt, will man auch erzählen. Das liegt zum Teil daran, dass man kein langes Für und Wider erörtern will, sondern einfach nur seinen Missmut wegsprechen möchte. Hier ist eine Puppe ein guter Zuhörer.

Eine selbst gemachte Sorgenpuppe schwingt auf Ihrer Wellenlänge.

Fertigen Sie sich aus Wolle oder Stoff eine Sorgenpuppe. Sie sollte ungefähr einen Finger groß und möglichst einfach sein. Aus einem Strang Wolle oder einem Streifen Stoff ist sie schnell gedreht und gebunden. Fühlen Sie sich bedrückt, teilen Sie Ihre Sorgen am Abend der Puppe mit und legen Sie sie anschließend ins Fenster. Dort reicht die Puppe sie an die Nachtgeister weiter, die sie weit forttragen. Am nächsten Morgen sollten Sie sich entsprechend erleichtert fühlen. Ist Ihre Sorge vorbei, hat auch das Püppchen seinen Zweck erfüllt. Falls Sie später neue Sorgen drücken, sollten Sie sie einem neuen Püppchen erzählen. Heben Sie die verbrauchten Püppchen nicht auf, sie würden Sie nur an Dinge erinnern, die Sie besser vergessen wollten.

✲ **Sorgen abschneiden.** Schneiden Sie sich einen längeren Zweig von einer Hecke oder einem Baum. Setzen Sie sich anschließend hin und schnitzen Sie eine Spitze in ein Ende des Zweigs. Denken Sie an Ihre Befürchtungen, und sprechen Sie

sie an, während Sie unverdrossen an der Spitze weiterschnitzen. So bringen Sie zum einen mit der sich immer wieder neu formenden Spitze Ihre Sorgen auf den Punkt. Gleichzeitig verringern Sie deren Macht von Schnitt zu Schnitt. Je kleiner der Zweig wird, desto kleiner werden auch Ihre Sorgen werden. Ist der Zweig nur noch eine knappe Handbreit, drücken Sie ihn in die Erde. Damit sind Sie Ihre Sorgen los.

Das Sorgenabschneiden hilft vor allem bei Prüfungsangst, indem Sie Span um Span Ihre Angst abschneiden. Nehmen Sie einen abgeschnittenen Span mit in Ihre Prüfung. Er soll Sie, falls sich die Angst wider Erwarten doch wieder rührt, daran erinnern, dass Sie ihr die Kraft genommen haben. Sie liegt verhäckselt und verstreut in der Flur. Eine andere Empfehlung gegen Prüfungsangst ist, sich einen Spickzettel mitzunehmen, den man dann in der Prüfung nicht benutzen muss.

- **Wegknoten**. Oft sind es viele kleine, ungenannte und vor allem einem kaum bewusste Widrigkeiten, die uns gegenüber unserem Glück verschließen. Wir sind einfach nur missmutig und tragen eine Stimmung wie einen Regentag mit uns herum. Bemerken wir unsere Verstimmung, wünschen wir uns in aller Regel, dass sich unser Gemüt rasch klärt und die Sonne unsere Seele wieder bescheint.

Mit einem kleinen Ritual verfestigen Sie diese Gemütsklärung. Schneiden Sie sich an einem solch trüben Tag von einer Paketschnur eine gute Armlänge ab. Ziehen Sie sich zurück, und beginnen Sie, einen Knoten nach dem anderen in den Bindfaden zu schlagen. Ziehen Sie die Knoten straff zu. Sie werden sie nicht mehr lösen wollen. Denn mit jedem Knoten binden Sie auch etwas von Ihrer Verstimmung und deren vagen Ursachen weg. Sie werden alsbald spürbar heiterer und am Ende mit guter Laune die letzten Knoten in die Schnur flechten.

Das Knotenknäuel dürfen Sie dann noch eine Weile betrachten und sich dazu Ihre guten Gedanken machen, ehe Sie es in die Tonne werfen und damit auch Ihre unbewusste Miesepetrigkeit versenken.

- **Wunschbaum.** Bäume besitzen alte Seelen und können deswegen einem Menschen zum weisen Gefährten werden. Sie lauschen unseren Sorgen und geben uns mit ihrem Flüstern und Knarzen auch Antworten. Seine Wünsche einem Baum mitzuteilen ist deshalb ein um die ganze Erde verbreiteter Brauch.
  Der Baum bewahrt den Wunsch und lässt ihn wachsen, bis er stark genug ist, Wirklichkeit zu werden. Das Glück weht mit dem Wind durch seine Äste und pflückt die so gereiften Wünsche.
  Haben Sie einen Wunsch, der sich nur mit ein bisschen Glück realisieren lässt, etwa als einer unter mehreren Bewerbern für eine Anstellung genommen zu werden, sollten Sie ihn auf einen weißen Zettel schreiben und Ihrem Wunschbaum zustecken. Formulieren Sie dazu Ihren Wunsch eindeutig in ein bis zwei Sätzen. Falten Sie den Zettel und platzieren Sie ihn in den Borken der Rinde oder in einer Astgabel. Oder schreiben Sie den Wunsch auf einen Streifen Papier, den Sie dann an einen Zweig knoten.
- **Vierzehn Nothelfer.** Seit dem Mittelalter gelten vierzehn Heilige als Helfer aus großer Not. Befindet man sich in großer Bedrängnis, soll man sie um Hilfe anflehen. Zahlreiche Berichte von wundersamen Wendungen des Geschicks stehen für die Wirksamkeit eines solchen Gebetes. Die Namen der vierzehn Heiligen sind: Achatius, Ägidius, Barbara, Blasius, Christophorus, Cyriacus, Dionysius, Erasmus, Eustachius, Georg, Katharina, Margaretha, Pantaleon und Vitus.
  Befinden Sie sich in einer Notlage und sehen keinen Ausweg, rufen Sie die vierzehn Heiligen mit der ersten Strophe des Vierzehnheiligenliedes an. Sie werden Sie dann beschützen, auf dass Sie die Bedrängnis heil durchstehen.

Vierzehnheilige Schutzpatrone für die Welt an Gottes Throne,
starke Helfer in der Not, mächtig, hoch geehrt bei Gott!
Lasst uns eure Hilfe sehen, lasst uns nicht vergebens flehen,
Vierzehnheilige, auserwählt, uns von Gott zum Heil bestellt.

Der heilige Eustachius gilt unter den vierzehn Nothelfern als der Heilige für Hilfe bei Not in allen Lebenslagen. Dies liegt daran, dass Eustachius selbst ein schweres Schicksal hatte und durch viele Nöte ging, ohne seinen Glauben zu verlieren. »Heiliger Eustachius, hilf!«, ist darum ein Stoßgebet, das man öfter hört, wenn sich jemand in einer verzwickten Situation befindet, in der er eigentlich alles nur noch schlimmer machen kann.

Gierring: Manchmal fühlen wir uns nicht glücklich, weil wir das Gefühl haben, dass uns etwas zum wahren Glück fehlt. Wir wissen zwar nicht, was dieses wahre Glück sein soll, aber es muss in jedem Fall mehr als ein banales Glücklichsein sein. Es muss uns umwerfen, die Sinne rauben und uns richtig schweben lassen.

Ein solcher Wunsch ist freilich unreif, weil er das Glück verkennt, das niemals Fülle, sondern stets selige Beschwingung ist. Glück bleibt Leichtigkeit, eine helle Farbe, ein freundlicher Ton, die gemeinsam Herz und Gemüt erheben. Wer Fülle und Gipfelpunkte anstrebt, ersehnt Bewusstlosigkeit statt Glück.

Doch wir wären keine fehlbaren Menschen, wenn wir das nicht hin und wieder wollten. Von solchen Irrungen kuriert uns dagegen ein Gierring. Es ist ein einfacher Ring aus schwarzem Papier oder Pappe. Hadern Sie mal mit Ihrem Glück, dann halten Sie sich einen solchen handtellergroßen Ring mit beiden Händen und gestreckten Armen vor. Durch ihn sehen Sie die Welt und ihr ganzes Glück. Die Welt birgt die absolute Fülle, nach der Sie sich sehnen. Greifen Sie durch den Ring, greifen Sie in diese Fülle hinein. Ziehen Sie darauf-

hin Ihre Hand aus dem Ring zurück. Was Sie dabei von der Welt auf Ihre Seite nehmen konnten, wird Ihnen darauf auf Dauer bleiben.
Sagen Sie nur ja nicht, dass Sie nichts in Ihrer Hand haben werden. Lassen Sie sich nämlich beherzt auf diesen Zauber ein, werden Sie am Ende zumindest etwas zum Staunen haben.

Sich das Glück an die Fersen heften

Ein wenig sollten auch Sie von den Glücksräubern lernen, die sich so heimlich vom Glücksgut ihrer Zeitgenossen bedienen. Denn es ist eine immer wieder zu beobachtende Tatsache, dass man in der Umgebung glücklicher Menschen selten Pechvögel findet. Es scheint so, als ob sich das Glück lieber ans Glück heftet, als dass es das Unglück vertreibt. Offenbar gibt es, so wie es eine Unglücksspirale gibt, auch im wahren Leben eine Glücksspirale. Suchen Sie deshalb die Nähe glücklicher Menschen. Durch solche Kontakte rücken Sie dem Glück recht nahe und haben dann alle Chancen, dass die folgenden Vorschläge ihre Wirksamkeit entfalten.

Locken Sie Ihr Glück mit Glück herbei, denn das Glück gesellt sich mit sich selbst am liebsten.

- **Süßes Glück:** Wann haben Sie sich zuletzt selbst beschenkt? Wann sich selbst verwöhnt? Wann sich im Geiste selbst in den Arm genommen? Seine Seele zu streicheln und sich selbst zu beglücken, ist ein gutes Mittel, um das Glück zu locken. Gerade dann, wenn es einem nicht besonders gut geht, ist dies nicht nur ein Ausgleich wider die schlechten Gefühle, sondern auch ein notwendiger erster Schritt hin zu einem beschwingten Energieniveau. Falls es Ihnen schwerfällt, sich selbst so in den Mittelpunkt Ihrer Aufmerksamkeit zu setzen, beginnen Sie mit einem Stück **Schokolade**. Doch, bitte, gönnen Sie sich hier bereits ein wenig mehr als sonst, und wählen Sie sich eine besondere Qualität und keine Allerweltsschokolade aus dem Supermarkt, bei der wenigstens die Hälfte des Preises kalkulatorische Werbekosten sind.

- **Glückliche Entspannung:** Sich zu verwöhnen heißt aber nicht, sich Teures zu leisten. Denn machen Sie Schulden für Ihr Glück, oder müssen Sie für den Rest des Monats den Brotkorb höher hängen, sind das denkbar schlechte Voraussetzungen für Ihr Glück. Nein, sich zu verwöhnen heißt, gut mit sich zu sein und sich zu pflegen. In erster Linie bedeutet dies, für sein körperliches und seelisches Wohlbefinden zu sorgen. So gönnt sich eine Freundin von mir einen **Badetag** in einem Spa, wenn sie wieder zu sich kommen möchte, während eine andere Freundin einen Tag mehr oder minder schlafend im **Bett** verbringt. Am anderen Tag sind beide jedenfalls wieder so weit auf dem Damm, dass sie genau wissen, was ihnen zu ihrem Glück noch fehlt und was davon sie sich selbst schenken können.
  Auffällig bei beiden ist, dass ihr Einstieg ins Glück kein großes Allotria ist, sondern eine Phase der Ruhe und Einkehr. Suchen Sie also Ihr Glück, sollten Sie es sich ebenso kompromisslos gönnen, **zu sich** zu **kommen**. Schalten Sie Ihr Handy ab, schalten Sie den Anrufbeantworter ein, lassen Sie Fernsehen, Radio und CD-Spieler aus und verweigern Sie sich Ihrem Computer. Gönnen Sie sich einen Tag ohne jegliche Beschallung und Allerweltshektik. Sie werden sich wundern, welch eine Zauberkraft Sie in solcher Ruhe entwickeln.
- **Glücksschleifen:** Machen Sie sich auch Ihr Glück sichtbar, wenn Sie sich wohlfühlen. Binden Sie eine Glücksschleife an einen Busch in ihrem Garten oder um ein Bein Ihres Esstisches. Eine solche Glücksschleife ist nur ein schlichtes Zeichen dafür, dass Sie sich an diesem Tag glücklich gefühlt ha-

ben. Nehmen Sie sich vor, einen Monat lang für jeden glücklichen Tag eine Glücksschleife zu binden. Die Farben Ihrer Glücksschleifen sollten Rot und Gold sein. Diese Farben stehen traditionell für Glück. Am Ende des Monats werden Sie sich womöglich wundern, dass sie viel glücklicher sind, als Sie angenommen haben. Lassen Sie die Schleifen noch eine Weile hängen und erfreuen Sie sich an dem Anblick Ihres Glücks.

- **Glücksbekenntnisse:** Auch sollten Sie sich angewöhnen, offen zu bekennen, wenn Sie glücklich sind. Fragt man Sie, wie es Ihnen geht, so antworten Sie freiweg: »**Ich bin glücklich!**«, anstatt zu sagen »ich bin zufrieden« oder »ganz gut«. Damit geben Sie Ihrem Glücksgefühl nur einen Dämpfer und reihen sich ein in die grauen Schatten der Alltäglichkeit. Ihr Bekenntnis hingegen weckt bei Ihren Mitmenschen Freude. Sie ist das Echo, das Ihr eigenes Glücksgut verstärkt. Man lächelt Ihnen zu und Sie lächeln zurück.
  Vergessen Sie deshalb auch nie die **Magie des Lächelns**. Bewahren Sie sich ebenso den Zauber Ihres inneren Lächelns. Lachen Sie, wenn es etwas zu lachen gibt, und lachen Sie auch das Unglück freiweg aus, sofern Sie seine komische Seite entdecken. Schließlich steckt in so manchem Unglück auch eine Menge fataler Komik. Dass Sie ein Unglück verlachen können, beweist Ihren Sinn für Humor. **Humor** aber ist eine Grundtugend der Glücklichen. Er bedeutet auch, sich nicht zu wichtig zu nehmen und sich nicht über andere zu stellen und den Wert eines friedlichen Miteinanders und der Freundschaft zu schätzen. Wer dies kann, kann als Erster auch **über sich selbst lachen**. Ein solches Lachen aber ist eine der schönsten Herausforderungen für das Glück. Achten Sie bei nächster Gelegenheit darauf. Kaum dass das Lachen verklingt, werden Sie feststellen, wie Sie sich befreit und glücklich fühlen.
- **Glückliche Versöhnung:** Eine weitere Grundtugend der Glücklichen ist ihr Versöhnungswille. Sie wissen, dass Glück Frieden braucht, um sich entfalten zu können. Ja, selbst das Kriegs-

glück bleibt ohne die Aussicht auf Frieden nur ein kleines Licht im Unglück. Für das persönliche Leben bedeutet dies, dass wir bereit sein sollten, aufeinander zuzugehen und eine zur Versöhnung ausgestreckte Hand nicht auszuschlagen. Verzeihen und sich versöhnen zu können führt unmittelbar zum Glück. Dies weiß im Übrigen jeder Dramaturg, der sein Publikum zu Glückstränen rühren möchte. Rache ist dagegen nur ein kurzes Glück. Auch der finsterste Rächer würde sich lieber versöhnen, als sich am Strohfeuer seiner Schandtat zu wärmen.
Allerdings ist es auch ein Glück, wenn sich die Gelegenheit zur Versöhnung ergibt. Sehnen Sie eine Versöhnung herbei, sollten Sie deshalb dieses Glück beschwören. Schreiben Sie dazu mit weißer Farbe Ihren Namen und den Namen Ihres Gegners auf ein weißes Papier. Ziehen Sie darum einen Kreis und sagen Sie dazu, dass Sie sich gerne mit ihrem Gegner in einem solchen Kreis treffen würden, um den Zwist beizulegen. Legen Sie das Blatt in Ihr Fenster und bereiten Sie sich auf die Gelegenheit zur Versöhnung vor. Sie wird sich wenige Tage später ergeben.

Die Prüfungsangst vertilgen

Sicher, man besteht so manche Prüfung auch mit Angst, doch ebenso ist es manches Mal die Angst, die einen nicht die Note erreichen lässt, die der eigenen Leistungsfähigkeit entspricht. Und manches Mal ist es schlicht und einfach Glück, das einen eine Prüfung bestehen lässt, weil man trotz ungenügender Vorbereitung die richtigen Fragen gestellt bekommt. Folglich besteht das eigentliche Glück in einer Prüfung aus fehlender Prüfungsangst und den passenden Fragen. Beides lässt sich in einem Ritual ansprechen, sodass Sie atmosphärisch auf die Prüfung einwirken.

Anneliese stand vor ihrer Diplomarbeit. Mit jedem Tag, mit dem die Prüfungen näher rückten, wurde ihr flauer im Magen, obwohl sie den Stoff gut beherrschte. Schließlich wurde ihre Angst so groß, dass sie wirklich glaubte, die Prüfungen nicht durchstehen zu können. Also bat sie Jonas, einen ihr bekannten Magier, ihr bei der Prüfung zu helfen.

Als Erstes verlangte er von Anneliese, ihm drei Tage vor den drei Prüfungstagen drei knospende Rosen zu bringen. Er beschnitt die Blumen und stellte sie in eine Vase. Dazu versicherte er ihr, dass sich zu jedem der drei Prüfungstage eine Blüte in ihrer ganzen Pracht öffnen würde. Dies sei ein Symbol für die Zauberkraft der passenden Fragen, die ihr gestellt würden. Die aufgehenden Blüten seien auch vorweggenommene Zeichen der Freude an ihrer bestandenen Prüfung. Damit diese Freude sich ungehindert entwickeln könne, müsse er nur noch ihre Angst einfangen.

Hierzu nahm Jonas eine leere Dose, öffnete sie und ließ Anneliese fünfmal in sie hineinhauchen. Dann sprach er in die Dose hinein:

Vor was sie sich fürchtet,
ist wonach sie dürstet.
Was sie hineingehaucht,
wird schnell verbraucht.
Ihr bleibt allein die Kraft,
dass sie die Prüfung schafft.

Anschließend zündete er etwas trockenes Moos und Wermut an und ließ beides in die Dose fallen. Nachdem die Räuchermischung verglüht war, verschloss er die Dose. Damit war Annelieses Prüfungsangst eingefangen.

Für die Prüfung selbst gab er ihr eine schwarze und eine weiße Perle mit, damit sie in sich ausgeglichen bliebe und aus einer harmonischen Atmosphäre heraus wirken würde. Zusätzlich zündete Jonas an den Prüfungstagen über der Dose eine Kerze an und richtete ihr reinigendes und ermutigendes Licht gedanklich auf Anneliese.

Anneliese war erstaunt, wie gelassen sie durch die Prüfung ging und war sogar etwas enttäuscht, weil sie die Prüfung so wenig als Herausforderung empfand, da die gestellten Fragen von ihr mühelos beantwortet werden konnten.

Anmerkung zum Prüfungszauber

Wie so viele weißmagische Zauberrituale setzt sich auch dieses aus einer Reihe einzelner Zauberhandlungen zusammen, die erst zusammen einen mächtigen Zauber in die Welt setzen. Was bei diesem Glückszauber vor allem auffällt, ist, dass nicht das Glück beschworen wird, sondern ihm nur die Hindernisse aus dem Weg geräumt werden. Somit ist dieser Zauber von Grund auf positiv gestimmt, indem er einen Raum für das Glück öffnet. Dass das Glück auch in ihn einziehen wird, steht dabei von Anfang an außer Zweifel. Eine solche positive Intention ist für jeden Glückszauber wichtig. Nur dann schöpfen Sie auch reine Zauberkraft. Sie wirkt wie reines Sonnenlicht auf einen Setzling; er kann sich dieser Kraft nicht entziehen.

Dass Jonas Annelieses Angst in der Dose einfangen konnte, lag vor allem an dem Räucherwerk aus Moos und Wermut. Es ist ein Duft, der komplementär zur Angst wirkt. Mit ihm lassen sich auch andere Formen der Angst binden. Anneliese hauchte in die Dose, damit das Ziel ihrer Angst eindeutig bestimmt war. Gleichzeitig befreite sie sich so bereits von einem Großteil ihrer Angst. So ist *Ausblasen* auch ein ganz natürliches Mittel, um sich aus Angstzuständen zu lösen und wieder zu klaren Gedanken zu finden.

Die schwarze und die weiße Perle bewirken energetische Harmonie. Dadurch dass sie zueinander im Gegensatz stehen, gleichen sie die Kräfte aus. Die schwarze Perle zieht die Schatten der Angst auf sich, die weiße Perle zieht die Zuversicht auf sich.

Damit gleichen sich die Seelenkräfte aus und die Schwankungen im Gemüt legen sich. Anneliese stabilisierte sich und konnte ihre Angelegenheiten mit klarem Kopf angehen. Zum anderen hatte sie mit den beiden Perlen auch eine greifbare Beziehung zu dem arrangierten Zauber. Sie musste in Phasen der Unsicherheit nur die beiden Perlen berühren, um die beschworene Kraft zu spüren.

Schließlich war da noch das Arrangement mit der Kerze auf der Dose. Es ist zum einen ein starkes Symbol für die Zaubermacht, mit der die Angst in Bann gehalten wird. Gleichzeitig ist es ein ebenso starkes Zeichen der Zuversicht. Jonas hätte die Kraft des Lichtes noch konzentriert, hätte er hinter die Kerze einen weißen Schirm – einen halbrunden Karton – gestellt und diesen auf ein Bild von Anneliese ausgerichtet. Er verzichtete jedoch darauf, weil er sich sicher war, dass sein Zauber Anneliese erreichen würde. Ein Richtschirm wäre dagegen ein Eingeständnis von Zweifeln gewesen und hätte die Kraft seines Zaubers reduziert.

EIN GLÜCKLICHES JAHR

Glück ist eine Zeitspanne. Je länger sie währt, desto mehr wirkt ihre heilsame Kraft auf unser Gemüt. Wir fühlen uns heiter und ausgeglichen, blicken ohne Schrecken zurück und mit Zuversicht voraus. Es ist ein glücklicher Ton, der uns begleitet. Viele meinen, dass sie, wenn sie auf Dauer von einer solchen Woge des Glücks getragen werden, das Empfinden für seine Kraft verlieren würden. Das Glück reduziere sich dieser Ansicht nach dann auf Zimmertemperatur. Es wäre nicht mehr kalt und nicht mehr heiß, sondern angenehm lau.

Solches Glücksempfinden wäre gefährlich für das Glück, denn es würde ihm keine Aufmerksamkeit zuteil und es zöge sich zurück. Wir verlören es allmählich und unser Glücksgut schmölze ab. Aus Glück würde Zufriedenheit und aus Zufriedenheit Gewohnheit. Wir vergäßen das Glück, und solange uns kein wirkliches Unglück zustieße, bemerkten wir gar nicht, dass wir es mit dem Vergessen auch verloren haben. Daraus leiten wir die Vorstellung ab, dass das Glück ein wogendes Auf und Ab sei und wir es nur dann empfinden, wenn es uns nach oben hebt, oder nur dann vermissen, wenn wir im Wellental dümpeln. Dieser Gedanke ist allerdings falsch.

Bleiben wir dem Glück gegenüber aufmerksam, wird es unsere Aufmerksamkeit erregen. Verlieren wir unsere Aufmerksamkeit, verlieren wir das Glück.

Glück und Glücksempfinden ist eine Sache breiter Aufmerksamkeit und nicht der Fokussierung auf die Sensation seiner Gipfel- oder Tiefpunkte. Solange wir unser Glück bemerken und uns über sein Dasein freuen können, solange bleibt es uns nicht nur erhalten, sondern beglückt uns auch zunehmend. Es ist wie mit der Schönheit: Sobald wir unsere wahre Schönheit, nämlich unsere innere Schönheit entdecken, wirken wir noch schöner. Sprechen wir also unser Glück laut an. Benennen wir es, wo es uns gerade mal ins Auge fällt. Sagen Sie also Ihrem Partner, was für ein Glück es für Sie ist, ihn lieben zu dürfen. Preisen Sie das Glück, dass Sie gesund sind, ein regelmäßiges Einkommen, ein schönes Zuhause und liebe Freunde haben. Sie werden merken, mit Ihren Worten rückt Ihnen das Glück wieder näher. Sie empfinden es wieder als gegenwärtig und stiften mit diesem Glücksempfinden neues Glück.

Damit Sie Ihrem Glück gegenüber nicht abstumpfen und es vergessen, sollten Sie den Jahreslauf und die Bewegungen der Sterne bewusst verfolgen. Achten Sie auf den Lauf der Sonne, wie sie langsam von ihrem Winterpunkt im Süden zu ihrem höchsten Stand im Sommer im Norden rollt. Betrachten Sie dazu den konträren Lauf des Mondes am Nachthimmel. Entdecken Sie den neuen Mond im Westen und verabschieden Sie den alten Mond im Osten. Verfolgen Sie den Wandel des Sternenhimmels, beobachten Sie, wie die Sommersternbilder den Wintersternbildern weichen und wie diese im Frühjahr wieder verschwinden. Nehmen Sie wahr, wie sich die Natur verändert, und sprechen Sie darüber.

Hierdurch finden Sie sich in einen größeren Zusammenhang gebettet und bewahren Ihren Sinn für die Feste und Festtage des traditionellen Jahreslaufs. Betrachten Sie diesen Jahreslauf unter dem Aspekt des Glückszaubers, so werden Sie entdecken, dass das Jahr rundum Gelegenheiten bietet, sein Glück zu erneuern. Es ist ein beständiges Anrufen himmlischer Mächte und das Auffrischen des eigenen Glücksgutes. Es ist somit echte Glückspflege, die hier geschieht. Vor allem sind die auf uns gekommenen Feste starke Tage. Starke Tage deshalb, weil sich an ihnen günstige Energien ballen, da sie schon über Jahrtausende im gleichen guten Geist begangen wurden. Folgen Sie diesen Traditionen, folgen Sie der Spur des Glücks.

Machen Sie sich glückliche Gedanken

Bevor Sie sich auf die Fährte des Glücks im Jahreslauf setzen, sollten Sie sich mit der Zauberkraft Ihrer Gedanken vertraut machen. Schließlich ist unser Glücksempfinden und damit die Ausstrahlung unseres Glücksgutes davon abhängig, wie wir über unsere Welt denken. Gleich und Gleich gesellt sich gern, das ist eine einfache Wahrheit; Missmut zieht folglich Missmut und Freude Freude an. Ein glücklicher Gedanke ist demnach auch ein Stück Glück.

Achten Sie darum auf Ihre Gedanken. Achten Sie darauf, ob Sie gute oder schlechte Gedanken in sich bergen. Allerdings bemerken wir oft erst im Nachhinein, wenn die Gedanken verflogen sind und wir mit unserer verbliebenen Stimmung konfrontiert sind, in welche Richtung wir unsere Gedanken gelenkt haben. Darum lohnt es sich in jedem Fall, regelmäßig zurückzuschauen, ob Sie sich die rechten Gedanken gemacht haben. Hierzu bietet sich ein Sonntag an, der den alltäglichen Trott unterbricht und somit der ideale Zeitpunkt ist, um auf die vergangene Woche zurückzublicken.

Zünden Sie eine Kerze an und ziehen Sie sich zur inneren Einkehr ein Viertelstündchen zurück. Fragen Sie sich dann, wann Sie die vergangene Woche glücklich und unglücklich waren, wann Sie Schönes und Hässliches erfahren haben und was davon Sie selbst provoziert haben. Gewöhnen Sie sich eine solche kleine sonntägliche Bilanz an, werden Sie sehr bald Ihre Aufmerksamkeit eher dem Guten und Erbauenden als dem Schlechten und Zerstörerischen widmen. Damit öffnen Sie sich zugleich ein Stück mehr der vom Glück beschienenen Seite des Lebens.

Vermeiden Sie ungute Gefühle. Neid, Gier, Hass, Rache, Zorn, Groll und Schadenfreude sind Empfindungen, die Ihr Gemüt und Ihre Gedanken verdunkeln. Es sind Untugenden, die Ihnen Glückskraft rauben und Sie für das Glück unattraktiv machen. Verbieten Sie sich allerdings solche Gedanken nicht. Sie würden sie damit nur verdrängen, sich aber nicht ihrer negativen Wirkung entledigen. Seien Sie nur aufmerksam, wenn Sie in diese dunkle Richtung abgleiten. Bedenken Sie die Ursache, warum Sie dies tun, und versuchen Sie, einen anderen Blick auf die Angelegenheit zu gewinnen. Verurteilen Sie sich auch nicht, falls Sie Ihr Gemüt mit negativen Energien belasten.

Verzeihen Sie sich stattdessen selbst, sobald Sie bemerken, dass Sie sich auf schlechte Gefühle eingelassen haben. Gehen Sie auf diese Weise gütig mit sich um, werden Sie mit gleicher Milde Ihre Welt betrachten und ein gleichwertiges Echo erhalten.

Denken Sie sich darum lieber glücklich. Sagen Sie sich: Ich mag mich so, wie ich bin! Ich will mein bester Freund sein! Ich bin gut! Ich bin glücklich! Ich wandle auf einem guten Pfad! Ich schaffe es! Ich freue mich über den Erfolg der anderen! Ich will verzeihen! Ich vertraue meiner himmlischen Führung! Ich glaube an mein Glück! Ich freue mich über das, was ich habe! Ich liebe dich! Ich danke dir für deine Liebe!

Dieserlei Gedanken schmücken Sie und vertreiben die Schatten aus Ihrem Gemüt. Vergessen Sie dabei nicht den Zauber Ihres inneren Lächelns. Mit ihm verfestigen Sie den positiven Impuls. Üben Sie dieses innere Lächeln, werden Ihnen auch andere Gedanken leichter. Sind Sie zum Beispiel kreativ tätig, werden Sie bemerken, dass Sie mit einem inneren Lächeln weit bessere Einfälle haben werden als mit angestrengtem Grübeln. Sie können diesen Effekt mit einem kleinen Zauberspruch verstärken.

Sprechen Sie den Zauber, sobald das Lächeln Ihre Mundwinkel umspielt, und Sie spüren, wie es in Ihr Herz sinkt und Ihr Gemüt erhellt.

Umspielt dies Lächeln meinen Mund,
Beglänzen mich die guten Sterne,
Erhellen meines Herzens Grund,
Entzünden meines Glücks Laterne.

Glücksrituale im Jahreslauf

Was machen Sie mit Ihren Glückwunschkarten, die Sie zu Weihnachten, Silvester, Ihrem Geburtstag oder Namenstag erhalten? Werfen Sie sie weg, wenn das Fest vorbei ist und der Alltag Sie wieder im Griff hat? Es wäre kein gutes Zeichen, das Sie damit stiften, denn Sie würden die erhaltenen Glückwünsche, die Ihnen für ein Jahr gelten sollten, vorzeitig abweisen. Heben Sie darum Ihre Glückwunschkarten bis zum nächsten Jahr auf. Vielleicht nehmen Sie hierzu ein kleines Kästchen, das Sie nur für diesen Zweck benutzen. Dieses Kästchen wird dadurch zu einem Glückskästchen, in dem die guten Wünsche Ihrer Freunde und Bekannten vereint sind. Hierdurch entsteht ein eigenständiges Glücksgut, dessen Kraft für Sie strahlt. Legen Sie ab und zu Ihre Hand auf das Kästchen und spüren Sie dieser Kraft nach. Lassen Sie sie auf sich einwirken, sie ist warm und aufmunternd. Lesen Sie auch hin und wieder die Glückwünsche nach, Sie werden Ihr inneres Lächeln anregen und Sie so Ihrem Glück spürbar näher rücken.

Ich selbst pflege seit Langem ein kleines Glücksritual, das mir fast täglich mein Glück bewusst macht. Dazu habe ich zwei schöne durchbrochene Holzdöschen auf meinem Schreibtisch, in denen ein Stück Amber liegt. Amber ist mein Glücksduft. Für ein paar Atemzüge halte ich mir eins der Döschen an die Nase und schnuppere an diesem mich beglückenden Duft. Hierdurch wird mir mein Glück gegenwärtig und mein Glücksgut erfährt einen Impuls.

Mit diesen Duftdöschen löse ich auch so manche Sorge, die mein Herz verdunkelt. Ein wenig erinnern diese Döschen an die Riechfläschchen der Damen aus vergangenen Zeiten. Auch diese waren, sofern in ihnen ein angenehmer Duft bewahrt wurde, kleine Zauberfläschchen für glückliche Empfindungen zwischendurch.

Den Glücksduft griffbereit haben oder die Glückwunschkarten aufbewahren – beides sind zwei kleine unter vielen Ritualen, mit denen Sie übers Jahr Ihr Glück auffrischen können. Die folgende Jahresübersicht verweist auf bedeutende Tage, an denen das Glück allgemein beschworen wird. Versäumen Sie an diesen Tagen diese Chance nicht, denn zu diesen Zeiten ist der Zugang zum Glück ein wenig leichter als sonst. So weiß ich von manchen, die ich auf diese Möglichkeiten aufmerksam gemacht habe, dass sie eine Unglücksphase just an einem solch besonderen Tag wirksam unterbrechen konnten.

Silvesterbräuche

Zu keinem anderen Zeitpunkt sind die alten Glücksrituale noch so lebendig und so mannigfach in Erinnerung wie zum Jahreswechsel. Auch wer ein Silvestermuffel ist und mit der terminierten Ausgelassenheit der meisten Leute nichts anzufangen weiß, sollte zu dieser Zeit auf einige Glücksrituale nicht verzichten, da die magische Sphäre aufgrund der zahlreichen ausgeführten Rituale ungewöhnlich dicht ist. Sie schöpfen praktisch aus einer Quelle voll sprudelnder Glückskraft.

Von daher ist der Silvesterabend ein günstiger Zeitpunkt für eine **Glücksmeditation**, zu der Sie sich für eine kleine Weile zurückziehen, um Rückschau zu halten, und danach Ihren Blick nach vorne richten und bedenken, was Sie beibehalten, was Sie verbessern und was Sie lassen wollen. Machen Sie sich dazu keine guten Vorsätze, die den Abend kaum überstehen werden, sondern bitten Sie sich mit dem Glück eine Kraft zur Seite, die Sie langfristig bei der Verfolgung Ihrer Ziele unterstützen soll. Formen Sie dazu den Glücksring (siehe Seite 94) mit Ihrer linken Hand, indem Sie Daumen und Ringfinger mit den Spitzen zusammenhalten und dann die Glückskraft pulsieren lassen. Spüren Sie, dass Ihr Glück gegenwärtig ist, benetzen Sie mit der Zunge Ihren linken Ringfinger und setzen Sie ihn zur Besiegelung auf eine Glückwunschkarte, die Sie sich selbst widmen und zu den anderen Karten in Ihr Glückskästchen legen.

Selbstverständlich gehört der Austausch von Glückwunschkarten zu den üblichen Verpflichtungen zum Jahreswechsel. Gleichwohl sind sie uns wichtig, und wir beachten sehr genau, wer uns einen individuellen Glückwunsch zukommen ließ und wer uns vergaß. Ist dieser Glückskartenversand längst internationaler Brauch, gibt es von Land zu Land Silvesterbräuche, ohne die der Jahreswechsel ein schlechtes Omen wäre. So isst man in Spanien zum Glockenschlag reife Weintrauben, in Italien trägt man etwas Rotes und wirft Porzellan zum Fenster hinaus, während man andernorts zur Mitternacht auf die Stühle steigt, um dem Himmel näher zu sein. Böllerschüsse sind hierzulande die Norm, während man in England oder Spanien davon weitgehend verschont bleibt.

- **Bleigießen.** Hiermit werden der Blick in die Zukunft gerichtet und Prognosen gestellt. Das Bleigießen ist ein weit verbreiteter Brauch. Schmelzen Sie dazu über einer Kerzenflamme ein kleines Glückssymbol aus Blei in einem Löffel und gießen Sie es dann in eine Schüssel mit Wasser, in der es zischend erstarrt.

Das gegossene Stück Blei deuten Sie daraufhin, indem Sie es drehen und wenden und dabei in ihm Formen, Zeichen und Gestalten suchen, aus denen sich Hinweise für die Zukunft ablesen lassen. Heben Sie das Bleistück übers Jahr als Talisman auf. Es soll das in ihm gesehene Glück locken und behüten.

- **Glücksgreifen.** Ein anderer Glücksbrauch ist das Glücksgreifen, bei dem Sie zuvor geschriebene Lose aus einem zugedeckten Korb ziehen, auf denen Wünsche stehen, die sich im neuen Jahr erfüllen sollen. Häufig werden statt Papierlosen symbolträchtige Gebäckstücke in den Korb gelegt, die nach der Ziehung auch gleich verspeist werden, damit die Erfüllung des Wunsches ganz auf Sie übergeht. Üblich sind Symbole die Glück in der Liebe, Geld, Gesundheit, Erfolg im Beruf oder berechtigte Hoffnungen versprechen. Herz, Ring, Münze, Brot, Leiter und Anker sind bekannte Symbole. Ein Pentagramm, das in dem Korb nicht fehlen darf, steht hierbei nicht für Zauberei, sondern für Gesundheit; diese Symbolik trägt es schon seit der Antike.
- **Karpfen.** Falls ein Karpfen zu Silvester serviert wird, sollten Sie eine Schuppe des Fisches unter jeden Teller legen. Werden nach dem Mahl die Teller abgedeckt, darf ein jeder dann die Schuppe in seinem Geldbeutel verwahren, auf dass ihm im kommenden Jahr das Geld nicht mehr ausgeht.
- **Neujahrstag.** Am Neujahrstag sollten Sie sich Ruhe gönnen, und das wenige, was Sie tun, sehr bewusst tun. Denn die Handlungen vom Neujahrstag setzen sich durchs Jahr hindurch fort. Zählen Sie beispielsweise Geld, werden Sie öfter im Jahr Geld zählen. Zetteln Sie einen Streit an, wird auch das Jahr unfriedlich werden. Tun Sie sich deshalb viel Gutes an, pflegen Sie sich, hören Sie schöne Musik, lesen Sie ein paar schöne Gedichte, essen Sie etwas Feines und denken Sie über schöne Dinge nach, die Sie sich gerne in diesem Jahr erfüllen wollen. Je mehr Sie dabei Machbares bedenken, desto

eher stärken Sie Ihr Glücksgut und erlauben dem Glück, Ihre Ziele mit guter Kraft zu unterstützen.

- **Dreikönigstag.** Am Dreikönigstag haben Sie eine bedeutende Gelegenheit, das Glück übers Jahr an Ihr Haus zu binden. Denn an diesem Tag ziehen die Sternsinger als Weise aus dem Morgenland verkleidet von Haus zu Haus, um die Zeichen »C+M+B«, eingefasst von der Jahreszahl, mit Kreide an die Haustüren zu malen. Im Volksmund stehen die Buchstaben für die heiligen drei Könige Caspar, Melchior und Balthasar. Im kirchlichen Sprachgebrauch bedeuten sie »Christus mansionem benedicat«, zu deutsch: Christus schütze dieses Haus. Unheil wird hierdurch ferngehalten und das Glück eingeladen.
- **Geweihte Kreide.** Einen Tag vorher findet in vielen Kirchen eine Kreideweihe statt, bei der mitgebrachte Kreide vom Pfarrer geweiht wird. Mit dieser geweihten Kreide können Sie das Segenszeichen selbst an Ihre Haustüre zeichnen, nachdem Sie am Vorabend das vorjährige Zeichen abgewischt haben. Diese geweihte Kreide eignet sich auch für andere kleine Glücksrituale im Jahr. So können Sie mit ihr auf einer Schiefertafel dringende **Wünsche** an das Glück schreiben. Sie erfüllen sich dann leichter, als wenn Sie sich nur auf stilles Hoffen verließen. Falls Sie an einem Tag besonders viel Glück brauchen, zeichnen Sie mit der Kreide ein **Glückssymbol** auf Ihr Fensterbrett, Ihren Küchentisch oder in die Diele. Hierdurch erhöhen Sie Ihre Chancen spürbar. Mit einem **Schutzkreis** aus Kreide können Sie sich oder Ihren Freunden Kraft zukommen lassen und sie vor negativen Energien oder Glücksräubern schützen. Meist sind es besondere Situationen wie Prüfungen, Bewerbungsgespräche oder zweifelhafte Verabredungen, zu denen man sich einen verstärkten Schutz wünscht. Ziehen Sie dazu auf einem Holztisch einen Kreidekreis und stellen Sie das Bild der betroffenen Person in ihn hinein. Hierdurch ist sie vor schlechten Kräften abgeschirmt und ihre guten Energien können sich entfalten.

Den Winter vertreiben, das Glück einladen

Auf dem Land sind die Bräuche, mit denen man den Winter auszutreiben versucht, noch sehr lebendig, während sie in den größeren Städten zunehmend verkümmern. Dabei sind diese Bräuche wirksame Reinigungsrituale, die Schatten aus der Seele lösen und hierdurch Belastungen und Sorgen nehmen. Wir finden die Kraft, altes Denken abzulegen und neue Ideen mit Zuversicht anzupacken. Zum Beispiel ist ein so harmloses Alltagsritual wie das nackte Wälzen im Schnee nach einem Saunagang ein Impuls, der unsere Tatkraft und mit ihr unser Glücksgefühl stärkt. In diesem Sinne sollten wir die alten Winterbräuche neu betrachten und für uns persönlich neu inszenieren. Denn so unterhaltsam und urwüchsig etwa ein Perchtenlauf aus der touristischen Perspektive anzuschauen ist, er wird uns, selbst wenn wir einen Hieb abbekommen, kaum innerlich berühren. Stecken wir jedoch selbst unter der Fratze im Strohkostüm und dürfen andere erschrecken und dazu die Trommel schlagen und die Rasseln schütteln, ist das ein Erlebnis, das uns in eine andere Sphäre hebt und uns für magische Energien sensibilisiert. Wir spüren die Kraft des Glücks und können uns mit ihr verbinden.

Eine Perchtenmaske. Mit dem Schrecken das Schreckliche verschrecken ist ein altes magisches Prinzip.

- **Fasching, Fastnacht, Karneval.** Die tolle Zeit beginnt nach dem Dreikönigstag und endet mit dem Faschingsdienstag. An den Bällen, Umzügen und Sitzungen teilzunehmen ist eine

lebendige Form, sein Glücksgut aufzufüllen. Wir amüsieren uns, lachen und feiern, trinken und speisen mit anderen Menschen gemeinsam. Wir sind glücklich! Und so manche Faschingsveranstaltung ist der Beginn fortwährenden Glücks, weil man auf ihr den Partner fürs Leben gefunden hat.
Nützen Sie vor allem die Gelegenheit, in der Faschingszeit in eine andere Rolle schlüpfen zu können. **Maskieren** Sie sich nicht langweilig als Matrose oder Strandnixe, sondern nehmen Sie bewusst eine Figur an, hinter der Sie sich verbergen können, um ganz und gar ein anderer zu sein. Sie können hierbei Züge ausleben, die Sie im normalen Leben wohlweislich verbergen. Sie sollten diesen Rollenwechsel aber nicht zu sehr psychologisieren, denn Sie sind im normalen Leben auch aus gutem Grund nicht diejenige, die Sie im Karneval für einen Abend lang sein wollen. Dennoch wirkt die konträre Rolle, das Gegenstück zu dem womöglich braven Menschen, der Sie im Grunde Ihres Herzens sind, befreiend. Sobald Sie in den Alltag zurückkehren, wissen Sie, warum Sie die sind, die Sie sind. Sie nehmen sich in Ihrer Alltagsrolle wieder an und schaffen sich so eine gute Grundlage für Ihr Glück. Denn mit sich eins zu sein ist die Voraussetzung gesunder Selbstliebe, die wiederum wesentliche Bedingung für unser Glücksempfinden ist.
In dieser Zeit sind **Duftbäder** im Kerzenschein wirksame Mittel, um die üblen Geister, die sich in den langen Nächten bemerkbar machen, von sich fernzuhalten. Sie fühlen sich wohl im warmen duftenden Wasser. Kerzenlicht bescheint Sie und lässt die Wassertropfen wie Sterne auf Ihrer Haut blitzen. Das ist das Kleid, das das Glück Ihnen näht. Sie besinnen sich auf sich und Ihre Freunde, und wenn Sie nach dem Bad ausruhen, wissen Sie sich mit der Welt wieder eins. Dies ist ein stiller Zauber und beinahe ein Alltagsritual.
Damit er Letzteres jedoch nicht ist, weil er sonst seine Zauberkraft einbüßen würde, sollten Sie ihn mit einer kleinen

Geste aufwerten und aus dem üblichen Rahmen herausheben. Legen Sie ein silbernes Glücksamulett in die Wanne, verwandeln Sie das Wasser in einen Glücksquell. Es ist dann nicht nur die zauberhafte Stimmung, die Sie ins Glück hebt, sondern die Magie des Wassers, das die Schwingung des Glücks in sich trägt. Sie baden in **Glückswasser**!
Benutzen Sie das Amulett ausschließlich für derartige Ritualbäder, schaffen Sie sich mit ihm einen besonders kräftigen Glücksbringer. Als spezielles **Badeamulett** empfiehlt sich ein silberner **Delfin**. Seit dem Altertum gilt der Delfin als ein kluges, friedfertiges und glückliches Tier. Er ist der Begleiter der Venus, die er nach ihrer Geburt im Meer auf seinem Rücken an Land trug, so wie er dies mit zahlreichen Schiffbrüchigen getan haben soll. In die andere Richtung soll er auf seinem Rücken die verstorbenen Seelen ins Jenseits getragen haben. Glück und Liebe sind deswegen die Schwerpunkte seiner Symbolkraft.

Der Winter lädt dazu ein, sich ein Licht anzustecken. Geschieht dies mit Bedacht, leuchten wir das Glück herbei.

Mariä Lichtmess. Mariä Lichtmess fällt auf den 2. Februar. In guten Jahren kann man um diese Zeit bereits ein wenig das kommende Frühjahr ahnen. In vorchristlichen Zeiten war dieser Tag bereits ein Lichtertag, der der Reinigung und Sühne diente. Man zog mit Fackeln um die Siedlungen, um die zunehmende Sonne zu stärken. Dieser Lichterbrauch erhielt sich auch an Lichtmess. In den Kirchen werden Kerzen geweiht. Mit den brennenden Kerzen finden innerhalb der Kirchen Lichterprozessionen statt.
Die **geweihten Kerzen** besitzen eine heilsame Kraft, weswegen sie übers Jahr aufgehoben und in besonderen Fällen angezündet werden. Schlechte Geister fürchten ihr Licht. Schlechte

Energien werden von der brennenden Kerze verzehrt. Auch uns zugedachtes Übel verbrennt die Flamme. Dem Kranken wird die Kerze angesteckt, damit er bald wieder gesundet. Als **Gewitterkerze** bewahrt sie das Haus vor Blitzeinschlag. Haben Sie einen besonders dringlichen Wunsch an Ihr Glück, sollten Sie Ihre Lichtmesskerze anstecken und ein Gebet sprechen, in dem Sie um seine Erfüllung bitten.

Zum Glückszauber an Lichtmess zählt auch frisches **Schmalzgebäck**. Es stärkt unser Glücksgut, weil es uns für die restliche Winterzeit kräftigt. Vor allem mit Freunden getauschtes Schmalzgebäck spricht das Glück an, weil man in harter Zeit gibt und beschenkt wird.

Schließlich ist die Nacht auf Lichtmess auch eine **Lauschnacht**, bei der man etwas über kommende Entwicklungen erfahren kann. Dazu müssen Sie sich jedoch ein stilles Plätzchen aussuchen, von dem aus Sie in die Natur lauschen und aus den nächtlichen Geräuschen deuten. Sofern Sie ein wenig paranormal begabt sind, können Sie in einer solchen Nacht tatsächlich das Flüstern Ihres Schutzengels hören.

Aschermittwoch. Am Aschermittwoch ist der Karneval zwar zu Ende, doch ganz ist der Trubel noch nicht vorbei. Beim Fischessen und mit deftigen Reden, bei denen man sich gegenseitig Strafpredigten hält – bekannt sind die Aschermittwochsreden der Politiker in Bayern –, richtet man sich auf die beginnende Fastenzeit ein. In den Kirchen hingegen wird an diesem Tag Buße und Einkehr gepredigt und den Gläubigen das **Aschenkreuz** aufgelegt; die Asche stammt von den Palmzweigen des vorjährigen Palmsonntags. Es ist eine Demutsgeste, die wir annehmen. Wir gestehen uns ein, dass wir nicht die Herren unseres Geschicks sind, sondern von einer himmlischen Macht gelenkt werden und dass unser Glück letztlich immer ein Geschenk dieser Kraft sein wird. Diese Geste im Rahmen des Gottesdienstes zu vollziehen ermöglicht uns die rechte Besinnung. Es ist zudem kein privates Ritual, sondern der offen gezeigte Wille zur Reinigung und das Fügen in den angestammten Platz innerhalb der himmlischen Ordnung. Hierdurch bleiben wir auch für das Glück attraktiv, denn das Glück schätzt die Bescheidenheit.

Munterer ist das **Geldbeutelwaschen.** Dieser Brauch bedeutet zwar einerseits, dass über den Fasching das Geld draufgegangen ist, andererseits ist es auch eine Einladung an das Glück, den frisch gewaschenen Geldbeutel wieder mit neuem Geld zu füllen. Aus diesem Grund geschieht in manchen Gegenden das Geldbeutelwaschen auch traditionell in der Silvesternacht.

Mit dem Aschermittwoch wird auch der Fasching begraben. Dieser Brauch macht auch heute noch Sinn. Denn das **Begraben** ist ein Reinigungs- und Ablassritual. Schmücken Sie ein Stück Holz mit bunten Bändern. Während Sie die Bänder an das Holz knüpfen, sollten Sie zugleich über jene schlechten Eigenschaften nachdenken, die Sie gerne ablegen würden. Auch andere belastende Dinge, unter die Sie einen Schlussstrich ziehen möchten, sollten Sie hierbei bedenken und auch hörbar ansprechen. Mit den Knoten geht die düstere Kraft auf die Bänder und das Holz über. Begraben Sie danach das **Fastnachtholz**, vergraben Sie auch diese Sorgen. Sie werden es an der milderen Stimmung bemerken, die Sie danach erfasst. Mit ihr haben Sie dem Glück ein Bett bereitet.

Liegt an Aschermittwoch Schnee, sollten Sie einen **Schneeball** mit ins Haus nehmen und ihn in einer weißen Schale schmelzen lassen. Dieses Schneewasser gilt nämlich als Glückswasser. Lassen Sie es verdunsten, oder gießen Sie mit ihm einen Blumenstock, bewahren Sie sich seine Kraft in Ihrem Haus.

Der Frühling ist ein Glücksbote

Die Zeit vor Ostern ist die mit dem Aschermittwoch beginnende vierzigtägige Fastenzeit. Diese Fastenzeit war für die Menschen über Jahrtausende hinweg eine beinharte Wirklichkeit. Denn mit dem Frühling gingen die Vorräte allmählich zu Ende und mussten deshalb gut eingeteilt werden. Schmalhans war nun Küchenmeister. Heute beginnt mit dem Frühling für viele Menschen die Frühjahrsdiät. Sie ist, losgelöst von jedem spirituellen Hintergrund und Brauch, eher ein Geschäft der Zeitgeistvermarkter. So mancher verweigert sich dem und fastet tatsächlich ausschließlich mit Wasser für ein, zwei oder drei Wochen.

- **Fasten.** Dieses Fasten, bei dem keine feste Speise zu sich genommen wird, ist eine sehr existenzielle Erfahrung, die wir heutzutage nur selten erleben. Wir entdecken dabei unseren Körper in seiner Stärke und Verletzlichkeit. Im Verzicht erfahren wir, welche Segnung unser täglich Brot ist. Dazu erleben wir eine ungeahnte geistige Klarheit und Schärfe, ja wir wähnen uns dem Himmel ein Stück näher. Bei solchem Fasten entstehen vermehrt Glückshormone. Wir sind glücklich. In dieser Zeit schärft sich auch unser Glücksempfinden und wir erneuern unser Wissen von einer glücklichen Lebensführung. Folglich wird auch die Zeit nach einem solchen Fasten eine überaus glückliche Zeit sein. Bevor Sie eine solche Heilfastenkur durchführen, sollten Sie sich jedoch gründlich informieren und Ihren Hausarzt konsultieren, ob bei Ihnen keine gesundheitlichen Bedenken dagegensprechen. Nicht jeder ist für ein solches Fasten fit genug.
- **Palm.** Zu Ostern werden viele alte Glücksbräuche, mit denen der lang ersehnte Frühling begrüßt wird, heute noch begangen. Vielfach wird am Palmsonntag, dem Sonntag vor Ostern, in der Kirche der Palm geweiht. Da bei uns echte Palmblätter selten sind, werden von den Priestern in der

Kirche als Ersatz kleine Sträuße aus Palmkätzchen geweiht. Diese Palmkätzchen sind Schutzbringer, die schlechte Kräfte fernhalten und gute Kräfte anziehen. Stecken Sie sie in Ihrer Wohnung hinter das Kruzifix oder deponieren Sie sie an Ihrem Kraftplatz. Dort belassen Sie sie bis zum nächsten Frühjahr.

- **Osterstrauch.** In den Wochen vor Ostern malen wir ausgeblasene **Eier** an und hängen sie an frisch geschnittene Palm- oder Forsythienzweige, die wir in eine Vase stellen. Die Blüte der Zweige und ihr frisch aufkeimendes Grün sind Glückszeichen. Je prächtiger ein Zweig blüht, desto satter wird sich unser Glück entwickeln. Halten Sie sich an diesen Brauch, sollten Sie mindestens ein Ei am Osterstrauch mit frühlingshaften Glückssymbolen schmücken, also mit singenden Vögeln, blühenden Zweigen, Lämmchen, Häschen oder einem krähenden Hahn. Binden Sie sie mit roten Schleifen an, verknüpfen Sie zugleich auch ein wenig von dem herbeigelockten Glück.

Frühling ist die Zeit der Reinigung. Werfen wir jetzt Ballast ab, werden wir leicht für das Glück, das uns tragen will.

- **Osterwasser.** Seit jeher gilt das Osterwasser als besonders zauberkräftig. Es soll Heilkräfte besitzen und wie ein Jungbrunnen wirken. Nur ganz Abgehärtete werden am Ostertag in einer Quelle baden, obwohl dies als besonders reinigend und belebend gilt. Schöpfen Sie am Ostermorgen mit der Fließrichtung etwas Wasser aus einer Quelle oder einem Bach, erhalten Sie einen Krug voll Zauberwasser. Gehen Sie barfuß durchs taunasse Gras zur Quelle, sind Sie rein genug, um die ganze Zauberkraft des Osterwassers zu heben. Jetzt müssen Sie das Wasser nur noch schweigend nach Hause tragen. Auch nur ein Wort unterwegs nimmt dem Wasser seine

Kraft. Daheim bespritzen Sie alle Ecken Ihrer Wohnung mit ein paar Tropfen Wasser. Hierdurch klären Sie ihr Haus und bannen schlechte Energien. Meist sind es abgestandene Kräfte, die Sie damit wie beim Frühjahrsputz aus den Zimmern fegen. Bewahren Sie das restliche Wasser in einer Flasche auf. Es ist ein Glückswasser, das ähnlich wie Weihwasser zauberverstärkend wirkt. Weihen Sie mit ihm ein Amulett, wird es für das Glück besonders empfänglich. Versprengen Sie etwas Osterwasser während eines Glückszaubers, geben Sie Ihrem Ritual eine seriöse Stimmung und verbessern seine Wirksamkeit.

Haben Sie manchmal das Gefühl, dass Sie eine dunkle Kraft bedrängt, spritzen Sie mit dem Wasser hinter sich und das Übel verflüchtigt sich. Solche dunklen Gefühle entstehen oft, wenn wir uns von einer anderen Person in unangenehmer Weise bedrängt fühlen, oder wissen, dass sie uns Schlechtes wünscht. Ist dies der Fall, nennen Sie dabei den Namen der Person, die Sie bedrängt, und ihre schlechte Energie wird neutralisiert. Sie kann Ihnen nichts mehr anhaben.

Schließlich können Sie Ihren Puls mit Osterwasser betupfen, falls Sie einmal glauben, eine Extraportion Glück nötig zu haben.

- **Osterfeuer.** Suchen Sie an den Ostertagen auch ein Osterfeuer auf. Es ist nicht nur eine Geselligkeit, bei der nach altem Brauch die Kraft der Sonne beschworen wird, damit nach langem Winter das Leben wieder einkehrt, sondern auch ein archaisches Ritual, bei dem die reinigende und belebende Kraft des Feuers auf Sie übergehen soll. In diesem Sinne ist es ein unmittelbares Glückserleben, in kühler Frühlingsnacht gemeinsam mit anderen um das Osterfeuer zu tanzen und von den lodernden Flammen erwärmt zu werden. Sprechen Sie diesen Zauberspruch, wenn Sie am Feuer stehen, und denken Sie danach an Ihren Herzenswunsch. Sie vermitteln ihm hierdurch einen kräftigen Impuls.

Hoch zum Mond die Flammen schlagen,
Locken aus der Nacht den Sonnenwagen.
Kaum dass die Tage länger werden,
Senkt sich ein Blütenkleid auf Erden.
Lebenskraft drängt in jungen Trieben,
Dies ist die Glut, das Glück zu schmieden.

Nehmen Sie sich, wenn das Fest vorbei ist, ein Stück Holzkohle vom niedergebrannten Feuer mit. Sie birgt die heilsame Kraft des zunehmenden Lichts in sich. Schreiben Sie mit ihr daheim eine Glücksformel auf weißes Papier, falten Sie den Bogen zu einem Brief und versiegeln Sie ihn. Sie haben nun einen starken **Glückssegen** zur Hand. Mit ihm können Sie einem Freund durch direkte Berührung oder indirektem Kontakt mit seinem Bild Glückskraft übertragen. Für Sie selbst wirkt der Glückssegen, wenn Sie ihn auf Ihren Glücksaltar legen. Er ist ein weiteres Glied in der Kette guter Zeichen, die Sie für sich arrangieren.

Walpurgisnacht. Die Nacht vor dem 1. Mai ist Walpurgisnacht. Die Bräuche zu dieser Freinacht rücken in jüngster Zeit wieder vermehrt in Erinnerung. Es sind vor allem die neuen Hexen, die in dieser Nacht Umzüge veranstalten und Maifeuer anstecken. Sie besetzen den Begriff der »Hexe« positiv als spirituelle Naturverbundenheit. Früher hingegen fürchtete man sich vor den Hexen und Geistern, die in der Walpurgisnacht ungehindert durch die Lüfte fegten und sich auf dem Blocksberg zu einem Hexensabbat trafen. Sie verfolgten auch die heilige Walpurga, deren Gebeine am 1. Mai 870 in die nach ihr benannte Klosterkirche in Eichstätt überführt wurden. Wer deswegen in der Nacht auf den 1. Mai sein Fenster einen Spalt offen ließ, damit die Heilige vor ihren Verfolgern ins sichere Haus schlüpfen konnte, dem entlohnte sie diese Hilfe gerne mit einem kleinen Klumpen Gold.

In Anlehnung an diesen alten Brauch sollten Sie für die Heilige in der Walpurgisnacht ein goldfarbenes Döschen offen stehen lassen und ihr damit einen Zufluchtsort bieten. Verschließen Sie das Döschen am kommenden Morgen, bergen Sie damit die Kraft der Heiligen. Wann immer Sie sich im Lauf des Jahres von schlechten Kräften bedrängt fühlen, öffnen Sie das Walpurgadöschen und vertreiben hierdurch das Übel. Diese Abwehr geschieht fast augenblicklich, da sich die im Kästchen gehortete Kraft potenziert und deshalb mit viel Schwung hervortritt. Sofern Sie einen Wunsch haben, der sich unbedingt erfüllen sollte, schreiben Sie ihn auf einen kleinen weißen Zettel, rollen ihn zusammen und verwahren ihn im Walpurgadöschen. Damit stärken Sie Ihre Wunschkraft, wodurch Ihr unbewusstes Hinwirken auf seine Erfüllung neue Impulse erfährt.
Weil Walpurga diejenigen, die sie beschützten, einst mit einem Batzen Gold belohnte, können Sie das Döschen auch für einen Geldzauber verwenden. Hierzu legen Sie in das Walpurgadöschen die größte Münze Ihrer Währung und verschließen es. Sollte sich in den nächsten sieben Tagen Ihr Kontostand beleben, konnte Walpurga etwas für Sie tun.
Zum **1. Mai** sollten Sie in jedem Fall ein Tänzchen unterm frisch aufgestellten Maibaum wagen. Es stärkt Ihr Glücksgut und verjüngt Körper und Geist. Sind Sie am Morgen gar noch barfuß durch eine taufrische Wiese geschlendert, tragen Sie das Glück ohnehin schon in Ihrem Herzen. Ein Sträußchen Maiglöckchen rundet den Glückszauber für diesen Tag ab.
Pfingsten folgt fünfzig Tage nach Ostern und fällt auf einen Tag zwischen dem 10. Mai und dem 13. Juni. Zu Pfingsten ergoss sich der Heilige Geist über die Jünger im Tempel, und sie predigten in vielen Zungen, so berichten die Evangelisten. Damit meinten Sie, dass jeder im Tempel, egal welche Sprache er sprach, die Jünger verstehen konnte. Dies war der Beginn der Missionierung.

Viele Pfingstbräuche betonen den Sieg des Frühlings über den Winter. Schlagen Sie sich zum Beispiel gegenseitig mit einer **Rute** aus Birkenzweigen, die Sie in frisches Wasser getaucht haben, verjüngen Sie sich mit jedem Streich, den Sie erhalten. Die Düsternis aus der dunklen Winterzeit fällt von Ihnen ab, und Sie blicken wieder mit Zuversicht in die Welt. **Kehren** Sie dazu noch vor Ihrer Schwelle, kehren Sie auch unbemerkte Lasten und schlechte Schwingungen, die sich über die dunkle Zeit ansammeln konnten, fort. Räuchern Sie ergänzend alle Räume in Ihrer Wohnung mit Ihrem Lieblingsduft und öffnen Sie danach die Fenster. So fährt frischer Wind in Ihr Haus, vertreibt die schlechten Energien und lässt Sie wieder richtig durchatmen. Dieserart Befreiungsrituale sollten Sie nicht gering schätzen, Sie vermitteln Ihnen einen Schwung positiver Energien, durch die Sie sich in der Tat frühlingshaft verjüngen.

Zum Abschluss eines solchen Reinigungsrituals stellen Sie einen Strauß aus **neunerlei Wiesenblumen** in eine Vase. Damit ziehen Sie die strotzende Kraft des Frühlings in Ihr Haus. Atmen Sie tief ein und riechen Sie den Duft des Glücks!

Golden ist ein Sommer voll Glück

Im Sommer lässt sich leicht glücklich sein. Die Sonne lockt uns ins Freie und wir freuen uns auf den Urlaub. Er ist in der Tat eine goldene Zeit, sofern wir es verstehen, ihn richtig zu genießen, wobei der wahre Genuss in der goldenen Mitte zwischen Ausspannen und Aktivität, zwischen Mäßigung und Forderung liegt. Gelingt es uns, diese Mitte zu finden, kehren wir gestärkt und voll innerem Glück in unseren Alltag zurück.

* **Johannis.** Der erste Höhepunkt des noch jungen Sommers ist der Johannistag am 24. Juni. In der Nacht davor wird der Mittsommer mit **Johannisfeuern** gefeiert. Jetzt steht die Sonne am höchsten und scheint dennoch der Erde am nächsten zu sein. Das Feuer wird umtanzt und Feuerräder werden geschwungen. Strohpuppen werden verbrannt und mit ihnen die bösen Geister, die uns schaden und ins Unglück stürzen wollen. Binden Sie sich selbst ein kleines **Strohpüppchen** und flechten Sie dabei Ihre Sorgen mit ein. Bedenken Sie all das, wovon Sie sich lösen wollen. Jetzt ist die Zeit, an der sich einengende Bande am leichtesten trennen lassen. Werfen Sie das Püppchen ins Johannisfeuer, befreien Sie sich von der seelischen Last.

  Wollen Sie sich aus einer erkaltenden Bindung lösen, zerschneiden Sie ein rotes Band und werfen Sie es mit in das Feuer. Es wird die Anhaftungen lösen und Sie von dem Schatten befreien. Am kommenden Morgen werden Sie darauf ohne üblen Streit den Schlusspunkt setzen, wodurch Sie wieder freier atmen und etwas von Ihrem Glücksgut zurückgewinnen werden. Andererseits bietet das Johannisfeuer auch die beste Gelegenheit, sich wieder zu versöhnen. Denn in dieser Nacht wirken die weißmagischen Kräfte besonders milde und ausgleichend. Für diesen Fall binden Sie sich ein rotes Band um Ihr linkes Handgelenk; es ist dem Herzen ein Stückchen näher. Sie haben demnach die Wahl, sich entweder in Verständnis zu trennen oder in Harmonie einen Neuanfang zu wagen.

  In jedem Fall sollten Sie ein Stück Holzkohle vom Johannisfeuer mit nach Hause nehmen. In ihm steckt die ganze Kraft der Mittsommersonne. Legen Sie das Holz in einen Blumentopf oder in Ihr Blumenbeet. Die Pflanzen werden daraufhin besser gedeihen und mit ihrer Blütenpracht Ihrem Glück einen angemessenen Empfang bieten.

Die Krone des Johanniskrauts mit ihren zahlreichen gelben Blüten ist getrocknet ein ausgezeichneter Nerventee.

Wollen Sie dagegen neue Bande knüpfen, ist der Johannistag bestens geeignet, um Ihrem Liebesglück magisch auf die Sprünge zu helfen. Suchen Sie neunerlei verschiedene Wiesenblumen und winden Sie aus ihnen einen kleinen Kranz. Ein Zweig vom **Johanniskraut** sollte in jedem Fall mit dabei sein. Haben Sie bereits jemanden im Auge, schenken Sie ihm den Kranz und laden Sie ihn zum Johannisfeuer ein. Ansonsten schreiben Sie sich eine Kontaktanzeige, in der sie alle Ihre Wünsche für den Traumpartner festhalten und legen Sie sie in die Mitte des Kranzes. Lassen Sie einmal die Sterne darüberscheinen, danach werfen Sie den Kranz in die Wiese zurück. Ihr Wunsch wurde indessen von den Sternen gelesen. Sind Sie Ihnen hold, wird Ihnen das Liebesglück noch in diesem Sommer lachen. Das Johanniskraut ist ohnehin ein **Glückskraut**. Es vertreibt bekanntermaßen die trüben Stimmungen und lässt uns wieder munter in die Welt schauen. Pflücken Sie neun Halme vom Johanniskraut in der Mittagsstunde des Johannistages und binden Sie sie zu einem kleinen Strauß. Dieses Sträußchen hängen Sie in Ihrer Wohnung oder an Ihrem Haus zum Trocknen an die Sonnenseite. Es ist ein Symbol für das Glück, das Ihnen mit jedem Sonnenstrahl zufließen soll. Gleichzeitig beschützt dieses sonnige Arrangement Ihr Haus. Und sollte einmal schlechte Luft in ihm herrschen, können Sie von dem getrockneten Kraut ein wenig räuchern und damit die Atmosphäre wieder zum Glücklichen wenden.

In den Nächten um Johannis schwärmen auch die **Glühwürmchen** aus. Fangen Sie sich eines dieser kleinen Käferchen und flüstern Sie ihm einen Wunsch zu, dessen Erfüllung Sie beglücken würde. Lassen Sie es anschließend wieder frei, wird es das Glück auf Sie aufmerksam machen. Achten Sie in diesen Nächten auch auf Ihre **Träume**. In den kurzen Nächten werden die Träume luzid, das heißt, es sind Wahrträume. Damit sie auch glückliche Entwicklungen anzeigen, legen Sie sich ein paar Blüten vom Johanniskraut unter Ihr Kopfkissen.

In den hellen, warmen Sommernächten können wir das Glück atmen, denn sein Duft liegt jetzt in der Luft. Atmen wir das Glück tief ein, wird es uns durch und durch beleben.

Frauendreißiger. Mitten im August haben wir mit **Mariä Himmelfahrt** einen Feiertag, der auch als großer Frauentag bekannt ist. Er läutete die Zeit des Frauendreißigers ein. Damit sind die kommenden dreißig Tage bis zum 12. September, dem Tag Mariä Namen, gemeint. Je nach Gegend variiert das Ende des Frauendreißigers, mal wird auch der 8. September (Mariä Geburt), mal der 13. oder 16. September genannt. Diese Zeit ist besonders mild und satt, die große Hitze ist vorbei und die Früchte reifen. Von ihrem Temperament her ist es eine ganz und gar weibliche Zeit. Wir fühlen uns wohl und meinen so manches Mal, so müsste der Himmel auf Erden sein. Und irgendwie scheint das Paradies der Erde tatsächlich etwas näher als sonst, denn so leicht und so oft wie während des Frauendreißigers wähnen wir uns selten glücklich. Kein Wunder, wo doch der Legende nach in diesen Tagen die Gottesmutter auf Erden wandelt.
Die **Kräuterweihe** zu Mariä Himmelfahrt ist ein zentrales Ritual an diesem Tag. Auf den Märkten werden Kräuterbüschel angeboten, noch besser ist es, Sie gehen selbst auf die Wiesen

und an den Waldrändern entlang und sammeln einen Strauß aus wenigstens neun Kräutern. Diese Kräuter nehmen Sie mit in die Kirche zum Gottesdienst und der damit verbundenen Kräuterweihe. Danach hängen Sie die Kräuter zum Trocknen auf. Mit ihnen können Sie zu jeder Zeit die glückliche Stimmung dieser Spätsommertage wieder herbeirufen. Geben Sie etwas von den Kräutern in Ihre Räucherschale, verbreitet sich der schöne Zauber und fördert eine zufriedene Stimmung. Fahren Sie mit dem Kräuterbüschel über das Bild eines Freundes, senden Sie ihm gute Kraft. Hierdurch können Sie ihn bei anstehenden Aufgaben unterstützen und seine Glückskraft anheben.

Während des Frauendreißigers können Sie Ihr materielles Glück positiv beeinflussen, sofern Sie Ihre Wünsche durch einen Goldring sprechen. Legen Sie dazu einen Goldring in eine weiße Schale mit Wasser und lassen Sie sie vom Vollmond bescheinen. Bestenfalls wird während des Frauendreißigers zweimal Vollmond sein. Hat der Vollmond den Ring im Wasser beschienen, besitzt er Zauberkraft. Der erste Wunsch, der durch ihn gesprochen wird, findet Erfüllung. Sprechen Sie hingegen keinen Wunsch durch den Ring, sondern stecken ihn sich nur schweigend an den Finger, haben Sie sich mit dem Glück verlobt. Sie tragen jetzt einen **Wunschring**. Er bewirkt, dass Ihnen fortan einiges leichter von der Hand gehen wird.

Scheint am letzten Tag des Frauendreißigers die Sonne, können Sie die Kraft des Glücks, das in den vergangenen dreißig Tagen wirkte, noch einmal gebündelt auf sich beziehungsweise in Ihr Haus lenken, auf dass es Sie in magischer Weise lange über die Zeit hinaus bescheint. Stellen Sie hierzu einen Spiegel so in ein von der Sonne beschienenes Fenster, dass der Sonnenschein auf die Decke in der Zimmermitte gelenkt wird. Anschließend entzünden Sie eine Räucherschale oder drei Räucherkerzen direkt unter dem Sonnenfleck auf der

Decke. Der Rauch wird den Lichtkegel allmählich sichtbar machen. Sobald Sie den Lichtstrahl vom Fenster bis zur Decke erahnen können, sprechen Sie diesen Zauberspruch:

Heilige Maria Mutter Gottes,
Eh dir der Mond zu Füßen sinkt,
Senk deine Kraft in meinen Raum.
Dein Licht scheint, als ob das Glück mir winkt.
Du bist gebenedeit unter den Frau'n.

Die segensreiche Zeit des Frauendreißigers ist eine gute Gelegenheit, um über sich und seine Ansprüche an das Glück nachzudenken. Rasten Sie an einem sonnenwarmen Tag im Schatten eines Baumes und denken Sie darüber nach, ob Ihre Forderungen an das Glück von edler Natur sind, oder ob Sie womöglich nur aus einer unschönen Unzufriedenheit herrühren, die eher der Gier und dem Neid verwandt ist. Denn allzu häufig verharren Menschen in scheinbarem Unglück, weil sie aus dünkelhaften Motiven mit ihrem Schicksal hadern und die Schönheit ihres Lebens nicht erkennen wollen. Sie wären glücklich, würden Sie nur einen Blick auf das werfen, was ist und nicht maßlose Wünsche als ferne Ziele projizieren und sich dadurch den Augenblick vergällen.

Im Herbst ist auch das Glück gereift

Der Herbst schmückt die Landschaft mit vielen Farben und beschert uns, ehe sich der lange Winter einstellt, noch intensive Sonnentage. Wir strecken uns wohlig in ihrem milden Licht, auch wenn es uns manchmal wehmütig stimmt, da wir wissen, dass es mit jedem Tag mehr vergehen wird. So erinnert uns der Herbst mit seiner Pracht wie seinem Niedergang an unsere eigene Vergänglichkeit. Er zeigt uns, wie das uns beschiedene Glück unser Leben auf Erden zur Freude macht. Gleichzeitig mahnt er uns, hierüber unser Seelenglück nicht zu vergessen. Denn wirklich glücklich ist, wer am Ende in Trost und Frieden scheiden kann. Dies sollten wir bei allem Glück, das wir empfinden, bedenken, damit kein furchtsamer Schatten einen Winkel unseres Gemüts bedeckt und damit das Glück letztlich doch an seiner vollkommenen Entfaltung hindert.

- **Erntedank.** Das erste große Herbstfest im Jahreskreis ist das Erntedankfest, das auf den ersten Sonntag im Oktober fällt. Früher war es von großer Bedeutung: Die Ernte war glücklich eingebracht und der Winter konnte kommen. Folglich zeigte man seine Dankbarkeit, indem man etwas von der Ernte den Göttern opferte und die letzte Garbe auf dem Acker stehen ließ. Heute werden die Altäre in den Kirchen mit Früchten und Gemüse geschmückt. In diesem Sinne ist Erntedank auch heute noch ein Opferfest. Wir danken für die Gaben der Natur und bitten um ihren Erhalt.

  Bringen Sie ebenfalls einen Dank für Ihr Glück zum Ausdruck, indem Sie etwas geben. Geben Sie einem Bedürftigen, stiften Sie eine Kerze, spenden Sie für eine Hilfsorganisation, bieten Sie einem Verwandten oder Freund Ihre tatkräftige Hilfe an. Machen Sie sich Gedanken, wofür Sie sich mit Ihrer Gabe bei Ihrem Schicksal bedanken wollen. So geben Sie nicht achtlos, sondern überlegt. Ihr Glück wird diese Achtsamkeit belohnen.

  Räuchern Sie am Abend und verbrennen Sie dazu eine Ähre als symbolisches Opfer an Ihre Glücksgeister. Die **Asche** sollten Sie sich aufheben, sie ist zauberkräftig. Streuen Sie etwas von ihr vor und nach einem Ritual aus, bei dem Sie das Glück beschwören oder jemandem Heilkraft senden, so geben Sie unmittelbar etwas von Ihrem Glücksgut mit in den Zauber und kräftigen ihn hierdurch.

Harmonie stiftet Glück und Glück stiftet Harmonie. Wo das eine ist, ist auch das andere. Im Herbst reift beides.

Totengedenktage. Mit **Halloween** bürgert sich hierzulande ein neuer Herbstbrauch ein. Es ist die Nacht auf den 1. November, in der auf Gruselpartys dem Schrecken des Todes die Lebenslust entgegengehalten wird. Jetzt beginnt die Zeit, wo sich mit den Herbstnebeln der Himmel auf die Erde senkt und man einst glaubte, die Ahnen kehrten zurück, um ihre übers Jahr verstorbenen Anverwandten ins Jenseits zu begleiten. Mit **Allerheiligen** und **Allerseelen** werden heute noch die uralten Totengedenktage gefeiert. Man zieht hinaus auf die Friedhöfe, schmückt die Gräber und zündet für die Toten Lebenslichter an. Es ist eine Geste der Versöhnung wie des Bannes. Wir wollen uns mit den Toten gut stellen und sie doch in ihr Reich bannen, damit sie uns im Diesseits nicht nachstellen. Nach dem Gang auf den Friedhof setzen wir uns zu einem guten Mahl zusammen und reden über die Dahingeschiedenen. Hier haben wir Gelegenheit, ihnen zu gedenken und zu danken.

Der Kürbiskopf symbolisiert Jack O'Lantern. Sein unsteter Geist findet weder im Himmel noch in der Hölle Zuflucht. Mit dem Kürbiskopf werden er und andere Wiedergänger gebannt und somit auch das Böse ausgeschlossen.

Für unser Glück bedeutet dieser Brauch, dass wir uns unverstellt unseres Lebens erfreuen und doch das Band zu unseren Wurzeln erhalten und pflegen. Denn die Versöhnung mit den

Verstorbenen ist für unseren Seelenfrieden und damit für den Erhalt unseres Glücksgut entscheidend. Wir sollten hierbei zwar nichts unter den Teppich kehren, schließlich sind die wenigsten unserer Ahnen Heilige gewesen. Jedoch sollten wir sie nicht anklagen, denn damit forderten wir sie nur zur Rechtfertigung auf und würden beginnen, sie an uns zu binden. Dies würde bedeuten, dass wir den Jenseitigen die Ruhe rauben und sie uns ihrerseits nachzustellen beginnen. Sie würden von unserer Energie zehren und unser Glück würde sich verschatten. Zünden Sie darum in diesen Tagen ganz bewusst Kerzen und Räucherwerk für die Verstorbenen an. Treten Sie mit ihnen in Gedanken ins Gespräch, verzeihen Sie ihnen dabei und bitten Sie sie zugleich ebenso um Verzeihung. So wirken Sie über Gräber hinweg versöhnend und stiften einen guten Grund für Ihr weiteres Glück.

Martinstag. Kurz nach Allerseelen ist am 11. November Sankt Martinstag. Er ist ein Lichterfest und eine Demonstration der Lebendigkeit. Jetzt wird der erste junge Wein ausgeschenkt und der Beginn des Karnevals gefeiert. Die Kinder ziehen abends mit Laternen durch die Straßen und in den Wirtshäusern steht die **Martinsgans** auf den Speisekarten. Die Gänse sind übrigens um diese Zeit, weil noch jung und zart, am besten. Die Brustgabel der verspeisten Gans wird häufig als Glückslos benutzt. Dazu ziehen zwei Personen so lange am Gabelknochen, bis er zerbricht. Wer danach das größere Stück in Händen hält, wird das kommende Jahr auch die größere Portion Glück abbekommen. Vergraben Sie zudem einen Knochen der Martinsgans in Ihrem Garten, pflanzen Sie den Samen für kommendes Glück. Vergessen Sie nicht, einem Bedürftigen am Martinstag etwas Geld zuzustecken, es wird Ihnen nämlich dreifach vergolten werden.

Sehen Sie um den Martinstag noch eine blühende Rose, kann dies für Sie ein glückliches Zeichen sein. Denn eine solche **späte Rose** verspricht eine lange währende Liebe. Pflücken und trocknen Sie sie. Geben Sie beim Räuchern ein paar Blütenblätter in die Räucherschale, beschwören Sie ihren Zauber und damit Ihr Liebesglück.

- **Andreastag.** Am 30. November ist Andreastag und die Nacht zuvor die Andreasnacht. Sie ist eine bedeutende **Losnacht**. Das heißt, dass man in dieser Nacht ohne große Mühe in die Zukunft schauen kann. Das bedeutet aber auch, dass die Zeichen und Vorkommnisse in dieser Nacht nicht zufällig sind, sondern mehr oder minder versteckte Hinweise auf künftige Ereignisse sind. Man muss sie nur richtig zu deuten wissen. Mithin können Sie aus den Zeichen dieser Nacht auch Ihr künftiges Glück lesen und es mit ein wenig weißmagischem Geschick auch zu Ihren Gunsten beeinflussen. Jedenfalls sollten Sie beides, das Deuten und Bezaubern, nicht unversucht lassen.
  Legen Sie sich die Karten und fragen Sie nach möglichen Erfolgen und guten Wendungen in Ihren Angelegenheiten. Auch mit einem Pendel in der Hand können Sie künftigen Entwicklungen nachspüren. Insbesondere im Liebeszauber lassen sich in der Andreasnacht magische Verbindungen knüpfen und trennen. Wer geschickt ist, blickt dabei in eine Glaskugel, um seinen künftigen Schatz und damit sein mögliches Liebesglück zu erahnen.
  Auch das **materielle Glück** lässt sich in der Andreasnacht beleben, suchte man doch einst in ihr intensiv nach verborgenen Schätzen. Legen Sie fünf der nominal höchsten Münzen Ihrer Währung in eine mit Wasser gefüllte Silberschale und stellen Sie sie über Nacht auf das Fensterbrett. Dieser kleine Zauber soll Ihr Geldvermögen langfristig schützen und kurzfristig beleben. Ob er gewirkt hat, sollten Sie spätestens bis zum Frühjahr an Ihrem Kontostand ablesen können.
- **Barbaratag.** Am Barbaratag, dem 4. Dezember, holt man sich frisch geschnittene Obstzweige ins Haus und stellt sie in eine Vase. Blühen die Zweige an den Weihnachtstagen, ist dies ein

glückliches Zeichen. In Familien wird jedem Familienmitglied ein Zweig zugelost und mit einem angehängten Zettelchen gekennzeichnet. Wessen Zweig am ehesten blüht, der wird im kommenden Jahr das meiste Glück haben.
Die heilige Barbara ist eine der vierzehn Nothelfer und Patronin der Artilleristen. Sie schützt Soldaten vor feindlichen Kugeln. Darum kann man sich mit einer silbernen Kugel, die man der heiligen Barbara geweiht hat, vor Angriffen aller Art schützen. Fühlen Sie sich von jemandem ungerechtfertigt ins Visier genommen, wärmen Sie die Silberkugel in Ihrer Hand und sprechen dazu diese Bitte:

Heilige Barbara,
gegen mich weht ein böser Sturm
drum erbitt ich Zuflucht
bei dir in deinem Turm.

Eines der Attribute der Heiligen ist ein dreifenstriger Turm, in dem sie bis zu ihrem Märtyertod eingesperrt gewesen war. Den Schutzspruch können Sie auch ganz spontan sagen, wenn Sie sich bedrängt fühlen, Sie werden daraufhin für Ihre Gegner so weit »unsichtbar«, dass Sie von Ihnen ablassen werden.

Advent. Der Barbaratag fällt bereits in den Advent. Die vier Adventssonntage bieten eine gute Gelegenheit, unser Glücksgut zu pflegen. Sie laden dazu ein, über uns und unser Glück zu meditieren und Freunde an einem Adventsnachmittag zu Tee und Plätzchen einzuladen.
Es ist die pure Gemütlichkeit, nach einem Spaziergang durch die winterliche Landschaft bei Kerzenschein in der warmen Stube am Kaffeetisch zu sitzen. Es zeigt uns auch, wie wenig es für das Glück braucht. Bedenken wir dies, finden wir auch übers Jahr immer wieder leicht einen Zugang zu glücklichen Momenten.

✤ **Thomasnacht.** Das Ende des kalendarischen Herbstes ist der Thomastag. Es ist die Wintersonnenwende am 21. Dezember. Die Nacht davor heißt Thomasnacht und ist die längste Nacht im Jahr. Dem Apostel Thomas, der bekanntlich der ungläubige Thomas genannt wird, ist dieser Tag gewidmet, da er lange in der Finsternis seines Unglaubens verharrte. Erst als er die Wunden des Heilands berühren durfte, glaubte er an den Auferstandenen. In der Thomasnacht rumoren die Geister, und die Zukunft liegt für denjenigen offen, der sie zu sehen versteht.

Blinzeln Sie in einen Handspiegel, werden Sie womöglich Dinge sehen, die Ihnen bald in Wirklichkeit begegnen können. Dies gelingt vor allem dann, wenn Sie nur für einen kurzen Moment in den Spiegel sehen und dabei heftig blinzeln. Stellen Sie sich dazu noch einen schönen Wunsch vor, und versuchen Sie, ihn im Spiegel zu erblinzeln. Können Sie ihn dabei als verwischten Schatten erahnen, wird es nicht mehr lange dauern, bis er sich erfüllen wird.

Scheint die Sonne am Thomastag, sollten Sie ihr Licht mit einem Spiegel in Ihr Zimmer umlenken und den Lichtfleck dort möglichst lange halten. Dies bindet das Glück an Ihr Haus und vertreibt die schlechten Geister. Vergessen Sie auch nicht zu räuchern, um die bösen Geister dieser dunklen Tage aus Ihrem Haus zu bannen.

In der Thomasnacht sollten Sie wenigstens eine **frische Kerze** bis zum Stumpf abbrennen lassen, damit sich bei Ihnen keine schlechten Energien einnisten können. Die Kerze dürfen Sie jedoch nicht ausblasen, sie sollte vielmehr von selbst verlöschen.

Sie können die besondere Schwingung dieser langen Nacht auch dazu nutzen, um einen direkten Kontakt zu Ihrem Glück aufzubauen. Dazu benötigen Sie einen polierten schwarzen **Onyx**. Er sollte mindestens daumengroß sein. Blicken Sie auf den Stein und formen Sie einen Glücksring (siehe Seite 94) mit Daumen und Ringfinger der linken Hand. Spüren Sie, wie die Glückskraft in dem Ring pulsiert, konzentrieren Sie Ihren Blick noch mehr auf den Onyx. Ist Ihnen das Glück hold, werden Sie goldene Funken über die Oberfläche des Steins huschen sehen.

Womöglich erlaubt Ihnen auch das Glück, es berühren zu dürfen. Legen Sie dazu den Onyx in Ihre offenen Hände und betrachten Sie ihn. Nach einer Weile kann es geschehen, dass Sie auf der Oberfläche des Steins die Farbe Ihres Glückes sehen, so wie es sich Ihnen während Ihrer Meditation (siehe Seite 83) zeigte. Sie halten daraufhin Ihr Glück buchstäblich in Ihrer Hand und dürfen voller Zuversicht in Ihre Zukunft blicken.

Glückstage

Geburtstag, Namenstag, Kennenlerntag und Hochzeitstag sind ganz persönliche Glückstage, die wir nicht nur gerne feiern, sondern an denen wir uns in aller Regel auch wirklich glücklich fühlen und es uns entsprechend gut gehen lassen. Neben diesen persönlichen Glückstagen empfinden wir auch die großen Festtage wie Ostern, Maifeier, Christi Himmelfahrt, Pfingsten oder Weihnachten meistens als Glückstage. Der Umstand, dass wir diese Feste im Kreise unserer Lieben und Freunde feiern, ist bereits ein Glück für sich. Daneben gibt es ebenso schöne Zeiten, die wir selbst zu Glückstagen erheben, etwa Urlaubstage oder größere Familienfeste wie Taufen, runde Geburtstage oder Hochzeiten. All diesen Glückstagen ist gemein, dass wir sie glücklich gestalten, weil wir sie von vornherein als besondere Tage empfinden und entsprechende Hochgefühle erwarten. Nur selten werden wir dabei enttäuscht. Dies bedeutet wiederum, dass das provozierte Glücksempfinden keine esoterische Angelegenheit ist, die nur Eingeweihte beherrschen. Vielmehr haben wir Menschen offenbar ein natürliches Wissen darüber, was wir brauchen, um uns glücklich zu fühlen, und wie wir über dieses Glücksempfinden tatsächlich Glück herbeilocken.

Gestalten Sie sich einen angenehmen Tag,
gestalten Sie Ihr Glück,
denn Wohlsein stiftet Glücksempfinden.
Ihm folgt das wahre Glück.

Beachten wir den heutigen Tag. Achten wir an ihm auf uns und unsere Mitwelt, können wir aus jedem Tag einen Glückstag machen, so wie dies den Sonntagskindern nachgesagt wird, deren Leben angeblich von Haus aus etwas glücklicher verläuft, da sie an einem Glückstag geboren wurden. Vor allem sollten wir unser Glück und Wohlergehen nicht mit einem egoistischen Wohlbefinden auf Kosten anderer verwechseln. Wer in dieser Weise sein Wohl sucht, wird sein Glück alsbald verlieren. Denn wir Menschen sind, um glücklich zu sein, auf das Wohl unser Mitmenschen angewiesen; schließlich sind wir soziale Wesen, die ihr wahres Glück nur in der Gemeinschaft finden. Verleugnen wir dies, verleugnen wir unsere Natur und damit auch unser natürliches Glücksempfinden. Daran würde auch ein Glückszauber nichts ändern. Wir blieben womöglich satt in unserem Selbstbefinden, aber dennoch unzufrieden und somit unglücklich.

Neben den persönlichen und festtäglichen Glückstagen gibt es etliche Glückstage, die durch die Tradition bestimmt werden und deshalb seit Jahrhunderten eine günstige Schwingung mit sich tragen. Lassen wir uns auf sie ein, verbinden wir uns mit ihrem Glück. So gelten grundsätzlich die Sonntage und Dienstage als günstig. Dazu alle Marienfeiertage und besonders hervorgehobene Tage wie Lichtmess, Valentinstag, Walpurgis, alter Maifeiertag, Michael, Martinstag, Barbara- und Lucientag und andere mehr. Demnach sind folgende Tage im Jahr besonders gut für ein Glücksritual geeignet:

1. Januar, 23. Januar,
2. Februar, 11. Februar, 14. Februar,
25. März,
26. April,
1. Mai, 12. Mai, 17. Mai, 24. Mai,
24. Juni, 29. Juni,
2. Juli, 30. Juli,
5. August, 15. August, 22. August,
8. September, 12. September, 15. September, 29. September,
11. November, 21. November, 30. November,
4. Dezember, 8. Dezember, 13. Dezember, 18. Dezember,
21. Dezember.

Darüber hinaus gelten noch alle vier Jahreszeitenanfänge und jeder dritte Tag eines Monats, in Anlehnung an die Dreifaltigkeit, als Glückstage. Hinzu kommen noch zwei bewegliche Glückstage, nämlich der Weiße Sonntag, das ist der erste Sonntag nach Ostern, sowie der Tag »Unbeflecktes Herz Mariä« am Samstag nach dem zweiten Sonntag nach Pfingsten. Damit noch nicht genug: Auch die Tage des Faschings, des Frauendreißigers und des Advent werden als günstige Zeiten eingeschätzt. Außerdem werden noch die Neu- und Vollmondtage als offene Tage für das Glück betrachtet. Wobei man generell der Ansicht ist, dass das Glück im schwindenden Mond jene Angelegenheiten begünstigt, die schwinden sollen, zum Beispiel eine erkaltete Liebschaft, während das Glück im zunehmenden Mond allem hold scheint, das ebenfalls zunehmen soll. Alles in allem lassen sich somit rund einhundert spezielle Glückstage zählen.

Ritual für einen Glückstag

Wollen Sie Ihr Glück an einem Glückstag beschwören, um von seiner besonderen Kraft an diesem Tag teilzuhaben, sollten Sie sich zuerst auf die Schwingung des Glücks einstellen. Lassen Sie dazu eine Weile kaltes Wasser aus dem Hahn laufen, bis es richtig frisch ist. Füllen Sie eine Glasschale mit dem frischem Wasser und legen Sie eine Blüte hinein. Stellen Sie die Schale mit der Blüte auf einen Tisch und setzen Sie sich mit dem Gesicht nach Osten davor. Klopfen Sie nun mit einem bereitgelegten Silberlöffel an den Rand der Schale. Sie hören den klingenden Ton und sehen zugleich die Bewegung von Wasser und Blüte in der Schale. Lassen Sie die Bewegung ausklingen und schlagen Sie danach noch zweimal gegen den Glasrand.

Versuchen Sie, Ton und Bewegung als einen Gefühlsausdruck wahrzunehmen. Empfinden Sie mit Ihrem Sonnengeflecht, sprich: Ihrem Bauch, die Einheit von Blüte, Duft, Klang und Bewegung. Empfinden Sie es, fühlen Sie sich von dieser umfassenden Schwingung getragen.

Formen Sie jetzt einen Glücksring (siehe Seite 94), indem Sie Daumen und Ringfingerspitzen Ihrer linken Hand zusammenhalten, werden Sie den Puls dieser Schwingung augenblicklich wahrnehmen. Die Verbindung zu Ihrer Glückssphäre ist hergestellt.

Nun gilt es, den Glücksimpuls, der mit diesem Tag verbunden ist, auch in den Tag zu lenken und mit ihm Ihr Glücksgut dauerhaft zu stärken. Behalten Sie die Mudra des Glücksringes in Ihrer linken Hand bei und nehmen Sie mit Ihrer rechten Hand einen zuvor bereitgelegten Glücksbringer auf. Ziehen Sie mit dem Glücksbringer dreimal im Uhrzeigersinn einen Kreis um die Glasschale mit der Blüte. Sie beginnen und enden im Osten. Damit ziehen Sie die Kraft des Glücks in den Kreis. Legen Sie den Glücksbringer ebenfalls im Osten vor die Glasschale in den gezogenen Kreis. Besinnen Sie sich erneut intensiv auf die Schwingung des Glücks. Sie werden sie, sofern Sie sensibel veranlagt sind, nun im Kreis um die Blüte und das Amulett als farbigen Schleier flammen sehen. Es ist die Aura des Glücks, die Sie gebunden haben. Sprechen Sie langsam dreimal hintereinander den Zauberspruch:

Glück im Kreis
Glück vom Tag
Weil ich's weiß
Wohl ich's trag
Geht's aufs Stück
Wird's mein Glück.

Damit fließt das Glück auf den Glücksbringer über. Sie können dies womöglich an der Bewegung der Glücksaura sehen. Lassen Sie den Glücksbringer bis zum nächsten Morgen an seinem Platz liegen. Danach haben Sie ein kräftig aufgeladenes Amulett. Das Glück für diesen Tag ist Ihnen ohnehin gewiss, denn Sie wurden von seiner Sphäre berührt, kaum dass Sie den Kreis gezogen haben. Mit dieser Berührung haben Sie einen kräftigen Glücksimpuls erhalten. Meist ist er mit einem angenehmen Wärmegefühl in der Magengegend auch körperlich wahrnehmbar.

In gleicher Weise können Sie auch für gute Freunde ein Amulett weihen und haben damit ein hübsches Geschenk. Allerdings sollten Sie, wenn Sie einem Freund einen solch geladenen Glücksbringer überreichen, ihn auch darauf aufmerksam machen, dass Sie ihn mit purer Glücksenergie geladen haben. Diese Mitteilung regt sein Glücksgut in unterbewusster Weise an, sodass sich der Impuls auf ihn überträgt und das Amulett seine Wirkung ganz entfalten kann.

GESUNDHEIT UND GLÜCK

Zum Jahresende und zum Geburtstag wünschen wir uns Gesundheit und Glück. Sich beides bewahren zu können, ist wirkendes Glück. Wobei wir bei dieser Wunschformel vor allem irdisches Glück meinen. Dazu zählt auch ab und an ein kleiner Geldregen. Doch darüber schweigen wir eher vornehm, denn über Geld spricht man nicht. Deswegen hat so mancher Hemmungen, sobald es darum geht, den Geldfluss ganz bewusst mit etwas Magie anzuregen. Man hält es für verwerflich, seine übersinnlichen Kräfte für schnöden Mammon einzusetzen. Oder man meint, man fröne womöglich der Todsünde der Gier, würde man sich mit einem kleinen Zauber aus einer finanziellen Notlage befreien.

Dabei ist ein Geldzauber ein ebenso nützlicher Zauber wie der, mit dem man sein Haus vor schlechten Geistern schützt.

Geld ist ein notwendiges Tauschmittel. Wir tauschen unsere Arbeitskraft gegen Geld und bestreiten mit ihm unseren Lebensunterhalt und sind am Ende froh, wenn wir noch etwas davon auf die hohe Kante legen können. Geld besitzt eine Art Mittlerkraft. Es kann viel Gutes auslösen und manch Schlechtes verhindern. Es kann aber wie so viele Kräfte auch falsch eingesetzt werden und großes Unheil anrichten. Es liegt an uns, wie wir seine Kraft schöpfen und verwenden. Schöpfen und verwenden wir magische Kraft zum Guten, fließt eine gute Energie.

»Ich wünsche mir, dass es meiner Familie besser geht«, ist ein positiver Wunsch. Wünsche ich mir hierzu auch Geld, weil es das Mittel ist, um zum Beispiel die Chancen meiner Kinder zu verbessern und ihre Talente zu fördern, ist dies ein ebenso edler Wunsch wie der, dass ich meinen Kindern Gesundheit wünsche und alles dafür tue, um sie zu erhalten. Wende ich hierfür einen kleinen Geldzauber an, ist dies eine gute Zauberhandlung. Sie ist ebenso gut wie die Zauberhandlung, mit der ich mein Geld vor Dieben und Betrügern schütze. Schlage ich zum Beispiel eine Münze mit einem **Nagel** unter den Küchentisch, damit ich das letzte Geld nicht verliere, ist auch dies ein Geldzauber, gegen den selbst jene nichts dagegen hätten, die beim Beschaffungszauber Gewissensbisse bekämen.

Geld ist Energie und Energie will fließen. Geldzauber ist die Kunst, diesen Energiefluss zu lenken. Ist das Motiv hierfür edel, ist auch der Zauber edel.

Ein magischer Spendenfluss

Eines Abends lauschte Lena in einem Restaurant dem Gespräch am Nebentisch. Ein Paar unterhielt sich über Esoterik und tauschte seine Erfahrungen aus. Man sprach über einen Klienten, der in Geldnot war. Als der Mann zu seiner Begleiterin meinte, sie solle doch für ihn einen Geldzauber machen, lehnte sie das entschieden ab. »Ein Geldzauber ist hier völlig sinnlos. Er ist für seine Schulden selbst verantwortlich!«

Lena war bei diesem Satz wie elektrisiert und wandte sich spontan den beiden zu. Sie bat um Entschuldigung für ihr Lauschen und ihre Einmischung und fragte die Frau geradeaus: »Wenn Sie wissen, dass ein Geldzauber sinnlos ist, gehe ich da-

von aus, dass Sie einen Geldzauber beherrschen?« Sie bejahte, und Lena erzählte ihr, dass sie für die Restaurierung eines alten Theatersaales in ihrer Stadt schon länger Geld sammle. Die Sammlung sei aber ins Stocken geraten, und es bestände die Gefahr, dass nicht ausreichend Geld zusammenkäme und damit der bestehende Bauschaden noch größer würde. Ob sie denn einen Zauber für sie wirken könnte?

Angelika, so der Name der Magierin, lachte: »Dadurch dass Sie mich so offenherzig angesprochen haben, haben Sie bereits einen starken Zauber angestoßen. Und weil Ihr Vorhaben so selbstlos ist, will ich ebenso selbstlos sein und mache Ihnen einen Zauber.« Mit diesen Worten nahm sie einen größeren Geldschein aus ihrer Börse, rollte ihn zusammen und blies durch ihn hindurch in die Flamme der Tischkerze. Sie flackerte, ging aber nicht aus. Sie strich den Geldschein wieder glatt und zeichnete auf ihn ein kleines, kaum sichtbares Zeichen. Dann reichte sie ihn Lena und meinte: »Zahlen Sie ihn ein, er wird noch viele Scheine nach sich ziehen.«

Lena war diese Spende und ihr Verhalten mit einem Male so peinlich, dass sie das Geld ablehnen wollte. Doch sie kam nicht dazu, denn Angelika las ihre Gedanken und sagte sehr ernst: »Wenn Sie dieses Geld ablehnen, verkehren Sie den Zauber und es wird kein Geld mehr fließen.« Mit roten Wangen und vielen Dankesworten nahm Lena den Schein an. Als sie ihn eingesteckt hatte, hielt ihr auch Horst, der Begleiter von Angelika, einen Schein als weitere Spende hin.

Damit war der Zauber schon in Fluss. Den beiden Scheinen folgte in wenigen Monaten der Rest der noch erforderlichen Summe. Drei Jahre später trafen sich alle drei bei der Gala zur Eröffnung des renovierten Theatersaales wieder. Wie es zu der glücklichen Wende bei der Spendensammlung kam, darüber schwieg Lena, und ihre beiden Ehrengäste hatten ebenso wenig Grund, ihre Mithilfe jemandem zu verraten. Ich erfuhr die Geschichte Jahre später von Lena.

Ein altes Zauberzeichen, durch das Kräfte in Bewegung gesetzt und auf einen Empfänger gelenkt werden.

Anmerkung zum Geldzauber

Bedeutsam ist die Feststellung von Angelika, dass ein Zauber sinnlos sei, solange man für seine Schulden selbst verantwortlich wäre. Damit spielt sie darauf an, dass ein Geldzauber nur wirkt, wenn die Umstände es zulassen. Dies wird bei jemandem, der sein Geld verschwendet, nicht der Fall sein. Denn je mehr Geld er in die Finger bekommt, desto mehr Geld gibt er aus; sprich: Seine Schulden wachsen mit dem Geld, das er bewegt. Diese Einschränkung gilt ebenso für den Bedarf. Denn wünschen wir das Geld nur für eine unbedeutende Lustbarkeit, werden wir kaum die Kraft in den Zauber legen, die für einen wirksamen Impuls notwendig ist. Dies war bei Lena offensichtlich nicht so. Ihre beherzte Ansprache war ein Zauber, der einen noch kräftigeren Zauber stiftete.

Angelikas Ritual war bescheiden, aber wirkungsvoll. Sie blies durch den Schein, um die Geldenergie in Fluss zu bringen. Die Kerzenflamme stand stellvertretend für das Ziel, Lenas lobenswertes Projekt. Es musste ebenso in Bewegung gebracht werden, damit sich Kraft und Ziel an ihrer zueinander strebenden Schwingung erkannten. Von gleicher Wirkung war das Zeichen, das Angelika auf den Schein zeichnete (siehe obige Abbildung). Es bestimmte in materieller Form das Ziel. Denn indem Lena diesen Schein bei der Bank auf das Spendenkonto einzahlte, installierte sie gewissermaßen die Leitung, über die das Geld fließen sollte.

Beide Zauberhandlungen zusammen, der imaginierte Geldfluss durch die Kerzenflamme und der tatsächliche durch die Einzahlung des Scheines auf das Zielkonto, bewirkten schließlich den Impuls. Hinzu kam, dass Lenas Temperament und Wille durch den Zauber wieder belebt wurden. Jetzt besaß sie wieder das Charisma, das die Menschen überzeugte, wenn sie für ihr Projekt warb.

Damit das Geld bleibt

Der häufigste Geldzauber, der vollführt wird, bezieht sich nicht auf die Geldbeschaffung, sondern darauf, das Geld zusammenzuhalten und zu schützen. Hier gibt es viele kleine Zauberhandlungen, die wir zwar gerne unter dem Stichwort Aberglauben abhandeln, sie aber dennoch mit Bedacht pflegen.

- **Fremdes Geld.** So achten viele darauf, dass ihre Geldbörse niemals völlig leer wird. Wenigstens eine kleine Münze sollte noch in ihr sein. Damit dies nicht vereitelt werden kann, stecken Sie sich am besten eine gültige **ausländische Münze** in Ihr Portemonnaie. Da Sie sie nicht ausgeben können, bleibt der Zauber erhalten.
  Auch eine **Kaurimuschel**, die einstmals in Asien ein Zahlungsmittel war und heute noch ein Glücksbringer ist, erfüllt diesen Zweck.
- **Gelbes Dreieck.** Ein dreieckiges Stück **gelbe Seide** in Ihrem Geldbeutel bewahrt Sie vor Langfingern und Betrügern, die Ihnen das Geld aus der Tasche ziehen wollen. Die gelbe Seide warnt die Diebe vor dem Fluch ihrer bösen Tat, schließlich zeigen heute ebenso wie früher gelbe Warndreiecke höchste Gefahr. Darüber hinaus ist ein Dreieck generell ein heilsames und schützendes Zeichen.
- **Glücksgeld.** Finden Sie eine Münze auf der Straße, **bespucken** Sie sie dreimal als Zeichen dafür, dass das Glück bei Ihnen bleiben soll, und lassen Sie sie in Ihren Geldbeutel fallen. Manch einer klebt seinen **Glückspfennig** in die Börse, damit Geld und Glück nicht ausgehen.
  Hören Sie bei einem Spaziergang durch den Wald einen **Kuckuck** rufen, schlagen Sie dreimal auf Ihren Geldbeutel. Er ist dann für eine gute Weile vor Dieben sicher und das Geld geht Ihnen nicht so leicht aus der Hand.

- **Diebesbann.** Hält man sich in zwielichtiger Runde auf, ist es besser, sein **Geld im Schuh** zu verstecken. Daraus mag wohl der Zauber entstanden sein, eine kleine Münze unter die Einlegesohle zu legen, damit einem die Geldbörse nicht gestohlen wird.
- **Altes Geld.** Münzensammler wissen, dass manche Münze erst dann wertvoll wird, wenn sie kein Zahlungsmittel mehr ist. Für den Zauber gilt Ähnliches, denn hier werden alte Silbermünzen gerne als Schutzamulette für das Geldvermögen genutzt. Zum Beispiel gilt ein **Maria-Theresia-Taler** als ein solch wertvolles Amulett. Er wird auch gerne als Trachtenschmuck und Glücksbringer getragen. Der Vermögenszauber entfaltet sich auch, wenn das Amulett zu Hause in einer Schatulle verwahrt wird.
- **Geld zählen.** Sie sollten ungefähr wissen, wie viel Geld Sie in Ihrem Portemonnaie haben. Sie dürfen es dazu auch zählen. Doch wenn Sie zu oft Ihr Bargeld zählen, rinnt es Ihnen schnell aus der Hand.
- **Alte Börse, gute Börse.** Seien Sie auch zurückhaltend mit der Anschaffung neuer Geldbörsen, denn ein alter Geldbeutel hält das Geld viel besser als ein neuer. Das Geld ähnelt da den meisten Menschen, die sich an alten gemütlichen Orten meist wohler fühlen als an unterkühlten neuen Lokalitäten.
- **Geldvermehrer.** An anderer Stelle wurden bereits die **Schuppe** vom Silvesterkarpfen und das **Glücksschweinchen** erwähnt, die im Münzfach Ihres Geldbeutels dafür sorgen, dass das Geld in ihm nicht ausgehen wird. Ähnliches bewirken drei harte **Brotkrümel**, eine **Knoblauchhaut**, ein **grüner Knopf**, ein Stück getrockneter **Meerrettich** oder etwas **Farnsamen.** Wobei der Farnsamen auch in der Geldschatulle zu Hause dafür sorgt, dass sich das Geld leichter vermehrt.
- **Spargeld.** Der Spargroschen bleibt erhalten, wenn Sie die erste Münze, die Sie in Ihr Sparschwein fallen lassen, ausgiebig im Mondlicht **behauchen.** Hierdurch soll sie bei Ihnen blei-

ben und diese Bindekraft auf alle anderen Münzen, die hinzukommen, übertragen.

- **Brautgeld.** Die Braut sollte neun Stück von der kleinsten Münze während der Trauung bei sich tragen, damit ihr später das Geld im Haus nie ausgeht. Den gleichen Zweck haben **Geldgeschenke** für das Brautpaar, sie sollen den Start in den eigenen Hausstand erleichtern. Wobei hier der Zauber in einer besonders originellen Präsentation liegt.
- **Geld im Haus.** Verstecken Sie eine Münze in der **Schreckmaske** im Hauseingang, die die bösen Geister und Diebe vom Haus abhalten soll. Dringt danach dennoch ein Dieb in Ihr Haus ein, wird er das Geld nicht finden. Vor allem aber verhindert dieser Zauber, dass Ihnen jemand in Ihrem Haus in betrügerischer Weise Ihr Geld abluchst.
- **Schutzgeld.** Falls Sie mal die berechtigte Sorge haben, dass Ihnen das Geld ausgehen könnte, **werfen** Sie im Freien eine **Kupfermünze** mit Ihrer rechten Hand über Ihre linke Schulter und drehen Sie sich nicht nach ihr um. Damit haben Sie dem Dämon geopfert, der Ihnen das Glück rauben will. Er wird daraufhin von Ihnen lassen und das übrige Geld wird Ihnen bleiben.

RITUAL: *Dem Geld einen sicheren Hafen geben*

Begreifen wir, dass Geld nicht nur Tauschmittel, sondern auch eine Form von Energie ist, ist ein Zauber sinnvoll, mit dem wir diese Energie hüten. Schließlich achten wir in vielen Dingen darauf, dass wir uns unsere körperliche und geistige Kraft erhalten. In gleichem Maße sollte es auch für das Mittel zum Zweck dieses Lebensunterhalts, nämlich das Geld, sein. Ein kleines Ritual, mit dem wir den Schutz unseres Geldes in den Mittelpunkt rücken und dabei gleichzeitig unser Wohlsein und Glücksgut ansprechen, sollten wir uns deshalb ab und an gönnen.

Vorbereitung: Sie benötigen für dieses Ritual eine Räucherschale, in der Sie mit Räucherkohle räuchern können. Nehmen Sie etwas Dammar oder Mastix als Grundstoff für Ihre Räucherung sowie etwas getrockneten Basilikum und eine Prise Zimt als Medium für den Geldzauber. Dazu einen weißen Teller oder besser noch eine Silberschale, auf der von jeder Münze Ihrer Währung eine liegt. Außerdem noch eine Schale mit frischem Wasser, falls Sie geweihtes Wasser oder Osterwasser haben, geben Sie hiervon ein paar Tropfen hinzu. Die Schale sollte aus Silber oder weißem Porzellan sein. Illuminiert wird das Ganze mit einer gelben und zwei weißen Kerzen. Vor die mittlere gelbe Kerze legen Sie einen Ihrer schönsten Glücksbringer. Richten Sie alle Utensilien auf Ihrem Tisch auf einem weißen Tuch aus.

Die Ritualhandlung: Durch die Vorbereitung der Ritualgegenstände auf dem weißen Tuch stimmen Sie sich auf das Ritual ein. Sie beginnen es, indem Sie Ihren Glücksbringer dreimal behauchen und vor die gelbe Kerze zurücklegen. Hierauf zünden Sie die Kerzen an, zuerst die gelbe Kerze, dann die linke und danach die rechte weiße Kerze. Anschließend zünden Sie die Holzkohle an und warten, bis sie gut glüht. In der Zwischenzeit besinnen Sie sich auf das Ritual. Denken Sie an den Stellenwert, den Geld für Sie hat. Fragen Sie sich, ob Sie es über- oder unterschätzen, und betrachten Sie Ihr Vermögen. Wo haben Sie Geld und Werte, wo haben Sie Verpflichtungen und Schulden? Betrachten Sie dies ohne jede Wertung, denn jetzt geht es nicht darum, bestehende Finanzprobleme zu lösen, sondern Ihr Geld vor unberechtigtem Zugriff zu schützen. Hierzu genügt ein kurzer gedanklicher Überblick über das, was Sie mit diesem Zauber schützen wollen.

Glüht die Kohle, geben Sie etwas von Dammar oder Mastix hinzu. Nehmen Sie den Teller mit den Münzen, und heben Sie jede Münze einzeln auf, führen Sie sie an den drei Kerzen von links nach rechts vorbei, und zwar mit der Kopfseite zur Flamme. Sprechen Sie dazu:

Dies ist mein Geld. Es blickt zum Licht, es zu schützen ist die Pflicht. Der abnehmende Mond zur Linken. Das Gold der Sonne zur Mitten. Der zunehmende Mond zur Rechten. Ihr seid die Wächter meines Guts bei Tag und Nacht. Entzieht es dem Blick der Neider mit aller Macht. Wer nach ihm greift, den soll sein Gewissen drücken und für die Zukunft nichts mehr glücken.

Die vor den Kerzen vorbeigeführten Münzen legen Sie mit der Zahl nach oben auf den Teller zurück. Ordnen Sie dabei die Münzen zu einem Kreis an. Streuen Sie das Basilikum und den Zimt in die Glut in der Räucherschale. Nehmen Sie den Teller mit den Münzen und halten Sie ihn in den aufsteigenden Rauch. Sprechen Sie dazu dreimal langsam hintereinander:

Ihr seid die Wächter meines Guts bei Tag und Nacht. Ich befehle euch, entzieht es dem Blick der Neider mit aller Macht.

Stellen Sie den Teller wieder vor sich ab. Nehmen Sie Ihren Glücksbringer und behauchen Sie ihn dreimal, halten Sie ihn vor die goldene Kerze und legen Sie ihn wieder zurück. Heben Sie den Teller mit den Münzen erneut auf und führen Sie ihn schweigend dreimal durch den Rauch. Anschließend lassen Sie die Münzen vom Teller in die Wasserschale gleiten. Geben Sie nochmals etwas Dammar oder Mastix in die Glut. Nehmen Sie die Münzen aus dem Wasser, trocknen Sie sie mit dem weißen Tuch ab und reihen Sie sie mit der Zahl nach oben vor den drei Kerzen auf. Beginnen Sie mit dem kleinsten Wert rechts und enden Sie mit dem größten Wert links.

Damit ist das eigentliche Ritual beendet. Lassen Sie die Münzen noch so lange liegen, bis die Kerzen niedergebrannt sind.

Den Zauber bewahren: Wollen Sie die Kraft Ihres Zaubers auf Dauer installieren, sollten Sie die Münzen, die Sie im Ritual verwendet haben, nicht wieder zurück in Ihren Geldbeutel geben. Heben Sie sie stattdessen in einem besonderen Kästchen auf. Es sollte ein wenig wie ein Schatzkistchen aussehen. Hierdurch verleihen Sie dem Zauber ein bleibendes Zeichen. Dieses Schatzkistchen besitzt zudem alle Eigenschaften eines Talismans. Es ist ein weiterer Glücksbringer in Ihrer Sammlung.

Gleichzeitig trägt der im Ritual verwendete Glücksbringer den Impuls des Zaubers ebenfalls mit sich. Ist er ein kleines Amulett, können Sie es bei Verhandlungen mit sich tragen und direkt von dem Schutzzauber profitieren, indem Sie keine unüberlegte oder verlustreiche Entscheidung treffen werden.

Anmerkung zum finanziellen Schutzzauber

Das Ritual ist mit seinen Bildern sehr klar aufgebaut, sodass der Zauber auch ohne besondere weißmagische Kenntnisse zu fließen beginnt.

Der Grundduft der Räucherung (Dammar oder Mastix) bewirkt eine klare und sachliche Atmosphäre; dies entspricht der Eigenheit des Geldes. Basilikum und Zimt sind Bindedüfte für das Materielle. Sie halten demnach auch das Geld zusammen.

Mit den einzelnen Werten der Münzen stellen Sie die verschiedenen Größen Ihres Vermögens dar, vom meist geringem Barvermögen bis hin zu den größeren Sachwerten. Mit einem weißen beziehungsweise silbernen Teller betonen Sie die neutrale Eigenschaft der Geldenergie. Gleichzeitig sprechen Sie auch die materiellen Kräfte an, die über die symbolische Entsprechung von Silber und Mond zur Geltung gelangen. Diese Symbolik wiederholt sich in den weißen Kerzen, denen sich mit der gelben Kerze noch eine Entsprechung zum Gold zugesellt. Silbern- und goldfarbene Kerzen entsprächen dem Zauber noch mehr. Schließlich zentrieren Sie mit der Symbolik von Gold, Silber und Geld in der magischen Sphäre eine gleichwertige Energie.

Das Münzbad im geweihten Wasser bindet den Zauber und bewahrt Ihr Geld vor negativen Energien. Dadurch wird man es sehr schwer haben, es Ihnen abzugaunern. Außerdem geben Sie der neutralen Energie des Geldes einen positiven Impuls. Ihr Vermögen erhält hierdurch einen Segen aus himmlischen Sphären, der für Sie auch eine Verpflichtung ist. Lösen Sie sie indes nicht ein, wird der Zauber rasch vergehen.

Damit das Geld kommt

Antonio ist ein glücklicher Mensch. Er hatte lange Zeit ein Restaurant um die Ecke. Dann kochte er für eine Kirchengemeinde. Heute kocht er für eine reiche Familie in Italien. Als ich eines Tages bei ihm im Restaurant saß, fragte er mich, ob ich nicht wüsste, wie er seinem Glück ein wenig auf die Sprünge helfen könnte. Das Geschäft liefe nicht mehr so gut, und er überlegte sich, wie er es verbessern könne. Aber alles, was er versuche, bliebe wirkungslos, und das genau seit dem Tag, wo er seinen ersten in dem Restaurant verdienten Schein aus einer Laune heraus an einen Gast verkaufte. Der Gast wollte sich damit finanzielles Glück kaufen.

Ich riet Antonio Verschiedenes, aber er hörte mir nicht richtig zu. Im Laufe des Gesprächs fragte er mich schließlich, was ihn wirklich umtrieb. Ob man denn die Lottozahlen auspendeln könne, wollte er wissen. Ich antwortete, ja, man könne es, sofern einem ein Lottogewinn bestimmt sei.

Vier Wochen später zog mich Antonio in sein Restaurant und zeigte mir einen Lottoschein vom Mittwochslotto. Er hatte nur zwei Felder angekreuzt und in beiden Feldern hatte er den Haupttreffer beider Ziehungen. Ich gratulierte ihm, doch er winkte ab. »Du hast gesagt, wenn es einem bestimmt sei, kann man die Zahlen erpendeln. Mir war es nicht bestimmt. Sieh, den Schein habe ich gestern, am Mittwoch, aufgegeben, weil es Mittwochslotto heißt. Die Nacht davor saß ich mit dem Pendel über den Zahlen und habe sie getippt. Heute sehe ich die Zahlen, zwei Haupttreffer. Ich denke: ›Antonio, jetzt bist du ein paar Millionen schwer‹ und laufe sofort ins Lottogeschäft. Die Frau schaute sich den Schein an und sagte schließlich: ›Antonio, du bist ein echter Pechvogel. Du hättest den Schein am Dienstag abgeben müssen, damit er für die Ziehung vom Mittwochabend gültig gewesen wäre. Dieser Schein gilt für die Ziehung am kommenden Mittwoch.‹«

Als ich Antonio trösten wollte, winkte er wieder ab. »Nein, ich danke dir, Matthias, du hast mir das Glück wiedergegeben. Ich weiß jetzt, dass mir kein Lottogewinn bestimmt ist. Das Pendel hat mir gesagt, ›Antonio, vergiss den Blödsinn, auf irgendeinen Gewinn zu hoffen. Pack dein Leben an, dann greifst du ins Glück.‹ Ja, und das mache ich jetzt. Ich verkaufe den Laden und koche demnächst in der Kirchengemeinde. Da bin ich unter lauter fröhlichen Menschen.«

In der bundesdeutschen Lottogeschichte ist ein Fall bekannt, dass ein Gewinner des Hauptgewinns das richtige Ergebnis ausgependelt hatte. Antonio hatte zwar auch das richtige Ergebnis erpendelt, aber den Schein am falschen Tag abgegeben. Er zählt damit eigentlich zu jenen Fällen, bei denen Menschen am Hauptgewinn vorbeischlitterten, weil sie vergaßen, ihren Tippschein abzugeben. Die Moral aus dieser Geschichte ist, dass nur die künftigen Gewinner die richtigen Lottozahlen erpendeln können. Ihnen muss dieses finanzielle Glück bestimmt sein. All jene aber, denen es nicht bestimmt ist, Lottomillionär zu werden, müssen deshalb keine unglücklichen Menschen sein, wenn sie verstehen, ihr wahres Glück zu ergreifen. Antonio ist das beste Beispiel dafür.

Das bedeutet allerdings nicht, dass ein Geldvermehrungszauber fruchtlos wäre. Schließlich fließt einem das wenigste Geld durch Glücksspiele zu. Vielmehr ist es nach aller Lebenserfahrung umgekehrt. Wer meint, sein Geld durch das Glücksspiel mehren zu können, wird Haus und Hof verlieren und am Ende mit erdrückenden Schulden dastehen. Warum aber im alltäglichen Leben der eine eher ein goldenes Händchen besitzt als der andere, liegt häufig an der selbstverständlichen Zuversicht, dass einen das Glück auch in materieller Hinsicht nicht vergisst. Es ist ein aus dem eigenen Glücksgut begründeter herzlicher Anspruch, der hier dem Glück vorgetragen wird; weswegen er wohl vom Glück auch nicht übersehen wird.

Zu Ihrem Glücksgut zählt auch das feste innere Wissen, dass Sie das Glück nicht übersehen wird. Es lässt Sie leuchten und macht Sie so für Ihr Glück erkennbar.

TEST: *Bin ich der Typ für einen Geldzauber?*

Ein Zauber sollte auf fruchtbaren Boden fallen, damit er seine ganze Wirkung entfalten kann. Gerade beim Geldzauber ist es wichtig, dass Sie sich für die Zauberhandlung öffnen, damit sich die angestoßenen Schwingungen zu einer wirkmächtigen Energie verdichten können. Nur so kann eine Atmosphäre entstehen, die das Glück anregt und den Hauch des Goldes mit sich trägt. Ebenso kommt es auf die Kraft Ihres Glücksgutes an, damit ein Geldzauber sich entfalten kann.

Je stärker die natürliche Schwingung Ihres Glückes ist, je mehr Sie eine positive Glückserwartung besitzen und je spürbarer glückliche Momente Ihr Leben bestimmen, desto kräftiger ist Ihr Glücksgut und desto eher wird auch der Impuls eines Geldzaubers auf fassbaren Grund stoßen, von dem aus er seine Wirkung entfalten kann.

Wie es um die Macht Ihres Glücksgutes steht, und wie weit Sie prinzipiell für einen Geldzauber offen sind, können Sie mit diesem Test überprüfen. Schließlich ist die Wirksamkeit eines Geldzaubers entscheidend davon abhängig, ob Sie die nötige Wirkkraft in ihn hineinlegen. Sie ist letztlich die Hefe, die den Zauber aufgehen lässt.

Beantworten Sie die folgenden zwölf Fragen.

1. *Wer Lotto spielt, will gewinnen. Wie sieht das bei Ihnen aus?*
a) Ich gewinne hin und wieder ein Sümmchen.
b) Ich habe bislang mehr eingesetzt als gewonnen.
c) Bei der geringen Chance gewinne ich, wenn ich nicht spiele.

2. *Es gibt in Wahrheit keinen Zufall. Man bekommt am Ende doch nur das, was einem bestimmt ist. Wie stehen Sie zu dieser Aussage?*
a) Es gibt in der Tat keinen Zufall. Dafür aber fällt mir das zu, was ich durch mein Verhalten und meine Einstellung anziehe.
b) Das ist der pure Fatalismus, so könnte ich nicht leben.
c) Diese Aussage könnte von mir sein.

3. *Manchmal träume ich von einer schönen Sache, die bald danach auch eintritt. Trifft diese Aussage auf Sie zu?*
a) Ja, genauso geht es mir.
b) Hin und wieder könnte ich das meinen.
c) Wer dies glaubt, hat Tagträume.

4. *Wenn Sie ein Los ziehen, versuchen Sie dann mit Ihrer Hand zu fühlen, ob es ein Treffer oder eine Niete ist?*
a) Ja, deswegen ziehe ich selten Nieten.
b) Ich versuche es, aber es gelingt mir selten.
c) Ich greife ohne Hokuspokus in die Lostrommel.

5. *Wenn ich um eine Gehaltserhöhung nachsuche, wird sie mir meistens gewährt. Was sagen Sie zu dieser Einstellung?*
a) Ja, so erlebe ich es auch.
b) Leider passe ich nicht immer den rechten Zeitpunkt ab.

c) Gehaltserhöhungen sind Verhandlungssache, da entscheiden Leistung und Zeitpunkt.

6. *Konnten Sie schon öfter ein Prüfungsergebnis mit einem Zauber verbessern?*
a) Ja, ich wäre dumm, wenn ich das nicht machte.
b) Habe ich noch nie ernsthaft probiert.
c) Ich verlasse mich lieber auf das, was ich weiß.

7. *Wurde Ihnen schon mal spontan geholfen, wenn Sie sich mit einem schweren Koffer abmühten?*
a) Ja, ich kann mich auf die Hilfe anderer verlassen.
b) Ja, aber ich frage meist, wenn ich Hilfe brauche.
c) Ja, aber ich schaffe es lieber alleine.

8. *Wenn Sie einen neuen Job suchen müssten, wie würden Sie bei Ihrer Bewerbung vorgehen?*
a) Ich würde mich umhorchen und auf mich aufmerksam machen. Danach könnte ich mir das passende Angebot aussuchen.
b) Ich würde zuvor sehr genau auswählen, welche Stelle für mich infrage käme, ehe ich mich gezielt bewerbe.
c) Ich würde jede Menge Bewerbungen losschicken, damit ich eine Auswahl an Firmen erhalte.

9. *Finden Sie öfter Geld auf der Straße?*
a) Ja, es gibt manchmal Tage, da scheint das Kleingeld für mich auf der Straße zu liegen.
b) Ich denke, nicht mehr als andere.
c) Nein, ich suche auch nicht danach.

10. *Wünschen Sie sich manchmal etwas so fest, dass es auch wirklich in Erfüllung geht?*
a) Viele meiner Wünsche gingen so in Erfüllung.

b) Es ist schon eine Weile her. Aber ich sollte es mal wieder tun.
c) Wenn ich mir was wirklich wünsche, tue ich etwas dafür, sonst geschieht gar nichts.

11. *Stimmt es, dass das, was man anderen tut, einem dreimal vergolten wird?*
a) Ganz und gar, im Guten wie im Schlechten.
b) Im Schlechten ja, im Guten selten.
c) Nein, denn gälte das Gesetz, müsste es den meisten sehr schlecht gehen.

12. *Jemand bittet mich am Bahnhof um 40 Euro, damit er heimfahren kann. Er verspricht mir, das Geld zu schicken.*
a) Ich gebe ich ihm das Geld und meine Adresse.
b) Ich schenke ihm das Geld.
c) Ich rate ihm, zur Bahnhofsmission zu gehen.

Auswertung

Zählen Sie Ihre Antworten nach den Buchstaben a, b oder c zusammen und tragen Sie die Summen unten in die freie Zeile ein. Multiplizieren Sie die Summen wie vorgeschrieben mit der Zahl dahinter. Addieren Sie die drei Ergebnisse, und lesen Sie die Antwort, die Ihrer Gesamtpunktzahl entspricht.

Anzahl der Antworten a:	____	× 5 =
Anzahl der Antworten b:	____	× 3 =
Anzahl der Antworten c:	____	× 2 =

24 bis 32 Punkte: Ihnen fehlt das Vertrauen in Ihr Glücksgut, und Sie sind zu skeptisch gegenüber den Möglichkeiten der weißen Magie. Deshalb kann sich bei Ihnen ein Geldzauber nicht wirksam entfalten. Ein solches Zauberritual ist für Sie allenfalls der Anlass, dass Sie sich mit Ihrer Situation konkreter befassen und hierdurch positive Handlungen setzen. Durch diese tätige Zuversicht mag es Ihnen letztlich gelingen, das Glück herbeizuziehen, wodurch sich eine glückliche Wendung ergibt. Ein Glückszauber wäre dies allerdings nicht.

33 bis 41 Punkte: Eine gesunde Skepsis gegenüber dem Irrationalen ist durchaus gesund, allerdings sollten Sie sich entscheiden, auf welcher Seite Sie stehen. Soll weiße Magie gelingen, sollte sie aus einer eindeutigen Stimmung heraus angestoßen werden. Zweifeln und zaubern ist verschwendete Energie. Da bleibt jeder Zauber ohne den notwendigen Impuls. Bejahen Sie Ihren Glauben an die Macht der weißen Magie, dürfen Sie auch mit einem Geldzauber das Glück herausfordern. Es könnte die Herausforderung annehmen, um Sie von Ihren magischen Talenten zu überzeugen. Was in der Tat ein großes Glück für Sie wäre.

42 bis 51 Punkte: Im Grunde sind Sie glücklicher, als Sie es sich eingestehen. Sie haben eine gute Hand, um Ihr Geschick zu lenken, und wissen, das Glücksrad auch ohne großes Ritual allein mit ehrlicher Zuversicht in Schwung zu halten. Allerdings fehlt Ihrem Glück der letzte Glanz, weil Sie es nicht wagen, Ihr Glück ganz zu bejahen. So verhindern Sie oft indirekt, dass der mögliche Erfolg Ihren Zauber krönt. Dagegen würden Sie nichts beschreien, wenn Sie Ihr Glück benennen. Sagen Sie also: Ich bin glücklich, und lassen Sie durch die Kraft Ihr Glücksgut in Ihren Augen leuchten. Hierdurch aber werden Sie zu einem Anziehungspunkt für die Kraft des Glücks. Ein gelungener Geldzauber wird dann auch für Sie zu einer Selbstverständlichkeit werden.

52 bis 60 Punkte: Ihr Glücksgut schenkt Ihnen sonnige Gefühle. Sie wissen, dass Sie die Kraft besitzen, die Dinge zum Guten zu wenden, und Sie werden dies auch tun. Ein Geldzauber ist für Sie dabei kein Problem. Er ist eine von vielen Möglichkeiten der weißen Magie, um Ihr Glücksempfinden stabil zu halten. Schließlich ist Geld für Sie nichts anderes als ein greif- und messbarer Ausdruck von Energie. Dass es in Ihren Händen zu einer gedeihlichen Kraft wird, liegt an Ihrer lebensbejahenden Grundhaltung. Das Glück ist Ihnen hold, lassen Sie sich von ihm versuchen!

Das Geld glücklich locken

Wenn es stimmt, dass das Geld einem zufließt, wenn es einem bestimmt ist, würde sich eigentlich jeder Zauber erübrigen. Dem ist allerdings nicht so, wie uns die alltägliche Lebenspraxis zeigt. Allein die Zahl der Menschen, die auf einen Lohnsteuerausgleich verzichten, obwohl sie aus ihm hübsch Geld zurückerstattet bekämen, ist beachtlich. Das Geld ist für sie bestimmt, doch sie holen es sich nicht ab. Die meisten Betroffenen wissen dies sogar und kümmern sich trotzdem nicht darum. Dies bedeutet für das alltägliche Leben wie im magischen Wirken, dass wir selbst aktiv werden müssen, damit die Quelle zu sprudeln beginnt. Als Erstes müssen wir die Quelle entdecken. Denn solange wir nicht wissen, dass da ein Topf mit Geld nur darauf wartet, von uns gehoben zu werden, werden wir blind an ihm vorübergehen. Der nächste Schritt ist dann, die Quelle zu fassen und ihr Wasser auf unsere Mühle zu leiten. Dies wird der Zauber sein, mit dem wir das Geld in unsere Tasche lenken.

Doch vor beidem steht häufig ein einfaches Reinigungsritual, um mögliche schlechte Energien von sich fernzuhalten. Denn unbestritten ist Geld das Ziel von Neid und Gier. Beides weckt zudem niedere Instinkte. Diese wiederum erzeugen destruktive Schwingungen, die als negative Energien unser Handeln beeinflussen und uns von positiven Kräften isolieren. Deshalb sollten Sie sich vor einem Geldzauber zur Klärung Ihrer Aura den Rücken freihalten, denn die schlechten Kräfte greifen uns meist von hinten an.

Ein Reinigungsritual für das gute Geld

Suchen Sie sich einen stillen Platz, an dem Sie sich ungestört auf sich und Ihre Kraft besinnen können. Schließen Sie die Augen, und versuchen Sie, Ihre Aura zu empfinden. Sehen Sie vor Ihrem inneren Auge, wie sie sich in den Raum dehnt. Sie umspannt Sie etwa eine Armlänge weit zu allen Seiten. Denken Sie sich in Ihren Lichtkörper hinein, werden Sie den Eindruck gewinnen, über Ihre Haut in den Raum hineinfühlen zu können. Empfinden Sie so, empfinden Sie Ihre Aura!

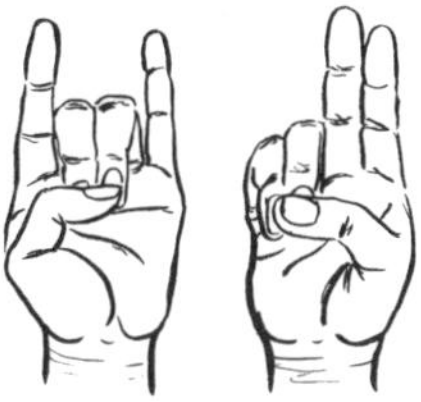

Mit dieser Mudra lösen Sie negative Energien aus Ihrer Aura.

Öffnen Sie wieder Ihre Augen und formen Sie mit Ihren Händen die in der Zeichnung abgebildete Mudra. Mudras sind Handhaltungen, mit denen Sie feinstoffliche Energie beeinflussen und lenken können, so wie Sie dies mit dem Glücksring bereits öfter getan haben.
In der rechten Hand berühren sich Daumen und Fingerspitzen von Ring- und kleinem Finger, während Zeige- und Mittelfinger gestreckt sind. In der linken Hand liegt der Daumen an den Spitzen von Mittel- und Ringfinger. Zeige- und kleiner Finger sind gestreckt.

Atmen Sie nun tief und langsam ein. Stellen Sie sich dabei vor, dass eine positive und reinigende Kraft über Ihre rechte Hand in Sie fließt und sich in Ihrer rückwärtigen Aura verteilt. Sie können diese Kraft trotz offener Augen vor Ihrem geistigen Auge sehen. Es ist ein heller Schein in Ihrem Rücken. In diesem Licht erkennen Sie auch die Schatten in Ihrem Rücken, kleine graue, wolkige Gebilde. Sie werden vom Licht umhüllt.

Atmen Sie nun zügig aus. Stellen Sie sich dabei vor, wie die umhüllten Verschattungen über Ihre linke Hand abfließen. Entleeren Sie Ihre Lunge mit einem kräftigen letzten Atemstoß. Mit ihm entweichen weitere Schatten aus Ihrem Rücken.

Atmen Sie wieder ein wie zuvor. Wiederholen Sie diese reinigende Atmung, bis Sie in Ihrem Rücken keine Verschattungen mehr sehen, sondern nur die reine positive Energie. Nun können Sie sich unbefangen Ihrem Geldzauber widmen, denn jetzt setzen Sie ausschließlich positive Impulse. Übrigens ist diese Form der energetischen Reinigung eine Yogaübung, die Yogis zur Vorbereitung auf Ihre Meditation praktizieren.

Das Geld kommen sehen

Wer einen Geldzauber stiften möchte, sollte eine gewisse Sinnlichkeit für das Geld mitbringen. Wem Geld wenig bedeutet, dessen Zauber wird auch für das Geld relativ bedeutungslos sein. Entwickeln wir jedoch ein gutes Gefühl für das Geld, wirkt so mancher Zauber wie eine Frühlingssonne, die den Schnee zum schmelzen bringt. Das, was an finanziellem Potenzial wirklich und möglich ist und nur durch die Umstände eingefroren scheint, kommt ins Fließen, und mit ihm fließt uns dann mehr und mehr zu. Denn Geld zieht Geld an, dies ist eine weitere Eigenschaft seiner Energie.

Wie aber sehen Sie, dass die Zeit für eine Geldzauber günstig ist, dass da eine Quelle darauf wartet, von Ihnen erschlossen zu werden? Schließlich gibt es viele Möglichkeiten, wie das Geld Ihnen zufließen kann. Eine Gehaltserhöhung, eine Erbschaft, ein guter Handel, eine ertragreiche Geschäftsidee und dergleichen mehr, allesamt bringen sie Geld ein. Doch welche soll es sein?

Dies ist jedoch nicht die Frage, die Sie sich stellen sollten, wenn Sie die Chancen für einen Geldzauber erkunden wollen. Diese Frage findet ihre Antwort meist unmittelbar nach einem Ritual. Dann wirkt der Zauber und Ihr Bemühen geht wie von selbst in die richtige Richtung. Die Frage, die jedoch davor von Bedeutung ist, lautet: Welche Zeichen verraten mir, ob sich ein Geldzauber lohnt?

Geldzeichen am Horizont

Ein erstes Signal ist der Beginn monetären Tauwetters! **Fließt** Ihnen unversehens **Geld** zu, ist dies häufig nur der Anfang eines größeren Zuflusses. Machen Sie darum einen Geldzauber, wenn Sie Geld erhalten, und nicht, wenn Sie Geld ausgegeben haben.

- **Vom Geld träumen.** Träumen Sie nachts von Geld, das Sie geschenkt bekommen, finden, gewinnen oder anderen abnehmen, ist dies ebenfalls ein Zeichen für einen Vermögenszuwachs. Auch wenn Sie von einem harmlosen Feuer träumen, zum Beispiel einem Lagerfeuer oder von vielen brennenden Kerzen, steht Geld ins Haus. Das Gleiche gilt, wenn Sie von Trauben träumen oder in Ihrem Traum viel glitzert. Sie können sich auch vor dem Einschlafen vornehmen, von Geld zu träumen. Träumen Sie dann tatsächlich von Geld oder einem eindeutigen Geldsymbol, ist dies zweifelsfrei ein gutes Zeichen.
- **Geld haben.** Fragt man Sie öfter, ob Sie jemandem **Geld leihen** können, dürfen Sie davon ausgehen, dass Ihnen bald Geld zufließen wird. Ebenso ist es, wenn man in Ihrer Gegenwart offen über sein privates Vermögen spricht. **Finden** Sie eine größere Münze auf der Straße, oder gibt man Ihnen an der Kasse zu viel heraus, sind dies ebenfalls positive Signale. Freilich sollten Sie das zu viel gegebene Geld wieder zurückgeben, ansonsten haben Sie Ihre Chance durch Ihre Gier verwirkt.

- **Sternschnuppe.** Auch eine Sternschnuppe ist ein Glückszeichen, bei dem wir uns bekanntermaßen etwas wünschen dürfen. Zählen Sie sieben Sternschnuppen in einer Stunde, sollten Sie sich aufmachen, den Topf mit Gold zu suchen, der angeblich dort vergraben ist, wo die Sternschnuppe niedergeht.
- **Glücksbringer.** Aus der Natur lassen sich auch andere glückliche Zeichen für einen Geldfluss herauslesen. Zum Beispiel kündet eine **Elster** auf dem Kamin des Nachbarhauses oder ein **Marienkäfer**, der auf Ihrer Hand landet, von baldigem Geld. Selten dürfte es vorkommen, dass Sie ein **Vogel** im Flug bekleckert, wobei eine Stadttaube nicht zählt. In einem solchen Fall wird Ihnen das Glück auch unabhängig vom möglichen Geldsegen länger hold sein. Und falls an Ihrem Haus Schwalben nisten, müssen Sie sich um das Glück im Allgemeinen und das finanzielle Glück im Besonderen keine Sorgen machen.
- **Geldlose.** Sie können das Schicksal aber auch direkt nach einer günstigen Gelegenheit für einen Geldzauber befragen. Hierfür bieten sich viele Hilfsmittel an wie zum Beispiel Pendel oder Glaskugel. Sehr geeignet sind auch **Tarot-Karten**, um die Chancen für einen Zauber zu erkunden. Mischen Sie ein Spiel gut durch und ziehen Sie siebzehn Karten ab. Sind unter diesen siebzehn Karten die Münzkarten in der Überzahl, sollte sich ein Zauber lohnen. Sie können aber auch direkt Münzen werfen. Schütteln Sie sieben **Centstücke** in ihren hohlen Händen und lassen Sie sie danach fallen. Sehen Sie mehr Zahl- als Kopfseiten, dürfen Sie einen Geldzauber wagen.
- **Geldquellen.** Ob und aus welcher Quelle es sich für Sie lohnen würde, einen Geldzauber zu stiften, können Sie an einer **Kerzenflamme** ablesen. Zünden Sie eine weiße oder goldene Kerze an und beobachten Sie die Flamme. Denken Sie über die Möglichkeiten nach, die sich Ihrer Meinung nach bieten,

um an Geld zu gelangen. Flackert die Flamme bei einer dieser Möglichkeiten, sind Sie dem Geld wahrscheinlich auf der richtigen Spur.

Das Geld herbeizaubern

Machen Sie einen Geldzauber, wenn Sie Geld erhalten, und nicht, wenn Sie es ausgeben!

Nehmen Sie den Merksatz in allen Belangen ernst, werden Sie niemals Geld für einen Geldzauber ausgeben. Dies ist auch genauso gemeint! Lassen Sie sich auf kein Angebot ein, bei dem man Ihnen verspricht, Ihnen Geld für Geld herbeizuzaubern. Sie werden dabei nur Ihr Geld verlieren und womöglich dem verlorenen Geld noch weiteres gutes Geld hinterhertragen.

Ein Zauber, mit dem Sie Geld anziehen wollen, kann stets nur ein Anstoß sein, damit das Geld und Sie sich aufeinander zu bewegen. Das heißt, der Zauber wird Sie in Ihrer Aktivität unterstützen und den Geldfluss anregen. Er schafft die richtige Stimmung, damit das wertstiftende Ereignis eintreten kann. Er bewirkt aber nicht das Ereignis selbst. Dies bewirken Sie und die Umstände, aus denen heraus Sie handeln. Treten Sie in der rechten Weise zur rechten Zeit und am richtigen Ort auf, wird der Zauber sich erfüllen. Praktisch heißt dies, wenn Sie einen Lottogewinn beeinflussen wollen, müssen Sie einen Tippschein ausfüllen; streben Sie eine Gehaltserhöhung an, sollten Sie mit den passenden Argumenten das Gespräch mit Ihrem Chef suchen. Bedenken Sie dies, wann immer Sie einen Geldzauber beginnen. Denn grundsätzlich gilt, ein Geldzauber ist keine Wunschmaschine, bei der Sie oben den Zauber hineingeben und unten das Geld herausrollt. Auch wenn in selten glücklichen Fällen ein Geldzauber beinahe so funktionieren kann.

- **Geldfähnchen.** Die Möglichkeiten, einen Geldzauber zu stiften, sind wiederum sehr breit gefächert. Wollen Sie einfach nur, dass sich Ihre finanzielle Situation in absehbarer Zeit verbessert, können Sie es den Tibetanern nachmachen und ein Fähnchen aufstellen, das Ihr Gebet nach Geld mit dem Wind den Luftgeistern mitteilt. Hängen Sie hierfür einen gelben Wimpel in den Wind, bemalen Sie ihn mit einem Geldzeichen oder schreiben Sie schlicht Ihre Bitte »*Ich hätt gern Geld!*« auf das Tuch. Es ist ein schlichter, aber nicht zu unterschätzender Zauber, denn mit jedem Hinsehen auf das Fähnchen wissen Sie, dass Sie Kräfte beschwören, die mit Ihnen auf dieses Ziel hinwirken werden. So formen Sie eine beachtliche Allianz.
  Einen weiteren Windzauber, der sich auf Ihre Finanzen positiv auswirken wird, können Sie mit einem Strauß Papstgeld arrangieren. **Papstgeld** nennt man die silberfarbenen Samenhülsen des einjährigen Silberblattes (Lunaria annua), das Blumengeschäfte zur Straußdekoration verwenden. Der Volksmund nennt die an dünne Silbertaler erinnernden Samenblättchen deswegen Papstgeld, weil sie leicht zu pflücken und somit wohlfeil sind. Hängen Sie ein kleinen Strauß mit Papstgeld kopfüber an einen Baum oder an die Decke Ihres Balkons in den Wind, bläst Ihnen dieser mit jedem Hauch ein wenig Finanzkraft zu.
- **Dukatenkacker.** Sehr alt ist die Figur des Dukatenkackers. Sie zeigt ein kleines Männchen, das sein Geschäft verrichtet und dabei Münzen fallen lässt. Als finanzieller Glücksbringer hat es auch heute noch in vielen Wohnungen seinen Platz. Der Sage nach ist der Dukatenkacker ein Waldschrat, der mit dem Teufel im Bunde steckte und dank ihm seinen Dreck in Geld verwandeln konnte. Einmal eingefangen setzt er sein Tun für seine neuen Herren fort.
- **Glückspuppe.** Eine andere Figur, die in vielen Haushalten bekannt ist, ist die Glückspuppe. Meist ist es eine alte, schon ein wenig zerrupfte Puppe, die das Auf und Ab des Lebens kennt und deshalb weise ist. Sie wird mit Glückssymbolen, Glitzer

und Talmi behängt und immer wieder umdekoriert, damit ihr Zauber nicht verstaubt. Stecken Sie einer solchen Glückspuppe Monat für Monat eine neue Münze zu, wird sie Geld und Glück verbinden und beides mehren.

- **Traditionelle Geldvermehrung.** Überhaupt bietet das Brauchtum etliche kleine Zauberhandlungen an, die zur Geldvermehrung beitragen sollen. Legen Sie beispielsweise unter jeden Teller der **Weihnachtstafel** die größte gültige Münze, soll das Geld auch im nächsten Jahr nicht ausgehen. Früher buk man ein Goldstück als **Weihnachtstaler** in einen Krapfen. Wer es in seinem Krapfen fand, hatte sofort das Glück, dass er es behalten durfte, und darüber hinaus sollte ihm im neuen Jahr manches besser gelingen. Heutzutage ist dieses Glückszeichen meist eine besonders feine Konfitürenfüllung.
  Sind Sie als Pate für ein Kind auserkoren, war es einst üblich, einen **Patentaler**, das war ein größeres Silberstück, für den Täufling zu schenken. Heute gibt man eher ein kleines Kreuz als Glücksbringer, das vom Pfarrer geweiht wird. Ebenso ist das silberne **Patenbesteck** üblich. Ein silbernes Kinderbesteck aus Löffel, Gabel und Schieber symbolisiert, dass dieses Kind zumindest mit einem silbernen Löffel im Mund geboren wurde.
- **Glück im Spiel.** Falls Sie hin und wieder ein Glücksspiel wagen, sollten Sie sich einen **Diamanten** an einen Finger stecken, damit das Glück Sie auch erkennt und Ihnen zuspielt. Allerdings sollten Sie das Glücksspiel auch als Spiel auffassen. Das bedeutet zum Beispiel, dass Sie es in jedem Fall beenden, wenn Sie Ihren zuvor festgelegten Einsatz verloren haben. Denn eine Pechsträhne lässt sich bekanntlich kaum am selben Abend wenden. Geben Sie außerdem gewonnenes Geld für eine Weile nicht aus. Ziehen Sie damit weiteres Geld an, da dieses Geld die Schwingung monetären Glücks mit sich trägt.
- **Geld säen.** Wer Pfennige sät, wird Taler ernten, so die Vorstellung bei diesem kleinen Ritual, bei dem Sie Pfennige, heutzu-

tage sind es Centstücke, mit der linken Hand über Ihre Rechte Schulter auf die Straße werfen und, ohne sich umzusehen, liegen lassen. Dazu sagen Sie: »*Bring das Glück, das man pflückt, zu mir zurück!*«. Für jeden Cent, den jemand aufhebt und, wie es sich gehört, dreimal bespuckt, rückt Ihnen das finanzielle Glück ein Stückchen näher.
Sollten Sie einmal die **letzte Münze** aus Ihrem Geldbeutel ausgeben, so besprechen Sie sie mit diesen Worten: »*Mein lieber Letztling, geh gesegnet aus, und komm mit einer Karre voll nach Haus!*«
Falls Sie dringend Geld brauchen und der **zunehmende Mond** am Himmel steht, sollten Sie eine sternenklare Nacht nutzen und dann unter dem Mond Ihr Geld aus dem Geldbeutel zählen. Es soll daraufhin in den restlichen Tagen bis zum Vollmond ebenso zunehmen wie der Mond. Sagen Sie dazu folgenden Spruch: »*Mehre, mehre Mond. Nur was gezählt ist, sich zu mehren lohnt!*«

- **Schaltgeld.** Einen Glücksbringer, der Geld anzieht, stellt die kleinste aktuelle Münzeinheit dar, die in einem **Schaltjahr** geprägt wurde. Beim Centstück wäre dies erstmals für das Jahr 2004 gegeben, danach für 2008 und 2012. Ein Schaltjahr hat einen Tag mehr als das reguläre Jahr und dementsprechend mehr Kaufkraft. Ein wenig davon haftet dem Centstück an. Kleben oder heften Sie es in Ihre Geldbörse, damit Sie es nicht versehentlich ausgeben, so bleibt Ihnen sein Zauber sicher erhalten.

RITUAL: *Einen Geldkreis einrichten*

Mit sieben Centstücken aus einem Schaltjahr können Sie Ihrem finanziellen Glück einen starken Impuls vermitteln. Hierzu vollführen Sie an Ihrem **Glücksaltar** einen Zauber mit einer Opferhandlung für Ihr Glück.

Gestalten Sie Ihren Opferplatz für das Glück in Ihrem Fenster (siehe Seite 29). Legen Sie die sieben Münzen mit der Zahl nach oben zu einem Kreis um die Opferschale aus. Schmücken Sie die Porzellanschale mit goldenen und silbernen Bändern, die Sie um sie binden. Sie symbolisieren Reichtum und Glück. Ein wenig Klebstoff hilft Ihnen dabei.

Für das Glück im Allgemeinen heften Sie eine rote Schleife vorne an die Schale. Stellen Sie eine gelbe oder zartviolette Lilienblüte in einer Vase als Zeichen edlen Reichtums hinzu. Außerdem sollten Sie etwas Räucherkohle in Ihrer Räucherschale vorheizen.

Besinnen Sie sich nunmehr auf den finanziellen Impuls, den Sie erwarten. Versuchen Sie, ihn als einen goldenen Strahl vor Ihrem geistigen Auge wahrzunehmen; sehen Sie den Strahl, spüren Sie seine Dynamik auch körperlich. Lassen Sie diesen Kraftstoß in sich klingen und ausschwingen. Dies ist die Schwingung dieses Geldzaubers. Sie werden Sie wieder bemerken, wenn sich eine ertragreiche Gelegenheit ankündigt.

Sind Sie von der Kraft der empfundenen Schwingung überzeugt, geben Sie einen Löffel hellgelben Honig, zum Beispiel Akazienhonig, in die Opferschale. Sagen Sie dazu *»Geld und Gold, dem Glück zum Sold«* und gießen Sie sie mit grünem Tee auf. Damit fügen Sie dem Altar neben Bändern und Lilie zwei weitere Goldsymbole hinzu. Räuchern Sie anschließend mit ein wenig Bernstein, verbinden Sie an Ihrem Opferplatz fürs Glück fünf edle Goldzeichen.

Sprechen Sie nun Ihre finanziellen Wünsche offen aus und verrühren Sie dabei den Tee mit dem Honig. Hierdurch verbinden Sie Ihr Anliegen mit Ihrem Glücksopfer. Trinken Sie abschließend den Tee, und beenden Sie dieses kleine Opferritual, indem Sie Ihre beiden geöffneten Hände eine Weile über das Arrangement halten und dadurch die intensive Kraft des Zaubers aufnehmen.

Sprechen Sie dazu:

Das Opfer ist gegeben,
Glück wird mich umstreichen,
Mit seinem Glanz beleben
Und mir mein Geld zureichen.

RITUAL: *Ein Teller voll Geld*

Ein Teller **Linsen** kann ein köstliches Gericht sein, es kann aber auch ein Geldzauber sein. Schließlich braucht man nicht allzu viel Fantasie, um in Linsen auch viele kleine Münzen zu sehen. Nehmen Sie sich für dieses kleine Ritual ein wenig Zeit und lesen Sie die Linsen in Ruhe aus. Vielleicht denken Sie dabei an das Märchen von Aschenputtel, die auch immer Linsen lesen musste. Am Ende bekam sie dennoch den reichen Prinzen. Denken Sie auch daran, dass die Linsen Geld sein könnten, und fassen Sie sie in diesem Gedanken an. Lassen Sie sie dabei wie Münzen durch Ihre Finger gleiten. Empfinden Sie den Schatz. Sagen Sie ihm, für was Sie ihn verwenden wollen und wie gerne Sie ihn hätten.

Haben Sie die mageren Linsen und Steinchen ausgelesen, weichen Sie die Linsen wie üblich vor dem Kochen in Wasser ein. In dieses Wasser geben Sie ein paar Tropfen **Mondwasser**. Damit ist Wasser gemeint, das vom letzten Vollmond beschienen wurde. War der Himmel in dieser Nacht wolkenverhangen, wurde seine Kraft dadurch nicht geschmälert, schließlich wirkt die Mondkraft auch durch die Wolkendecke hindurch. Mondwasser verstärkt einen Zauber und durchdringt ihn mit seiner Energie, in diesem Fall ist es vor allem die Entsprechung von Mond und Silber und damit zum Geld, die hierbei zur Geltung gelangt.

Setzen Sie dann die Linsen mit frischem Wasser nach Ihrem Rezept auf und genießen Sie die sich entfaltende Kraft Ihres Zaubers.

RITUAL: *Die Energie des Geldes fühlen*

Wenn Sie einen Geldzauber vorhaben, sollten Sie Ihr Ziel positiv formulieren. Begehen Sie ihn also nicht, weil Sie zu wenig Geld besitzen, sondern weil Sie sich mehr Geld wünschen. Sie wünschen es sich, weil Sie ihm zuneigen und mit ihm etwas anzufangen wissen. Mit Geld können Sie viel Gutes gestalten. Können Sie das Ziel Ihres Zaubers so benennen, sind Sie schon beinahe am Ziel angelangt. Denn mit dieser Affirmation stiften Sie einen positiven Impuls, der für sich bereits zaubermächtig ist und Sie Ihrem Ziel schwungvoll entgegenführt.

Offenbaren Sie sich selbst Ihr gutes Gefühl für Geld, und gewinnen Sie Verständnis dafür, dass Geld auch ein Anstoß zum Glück sein kann. Nehmen Sie sich drei gleichwertige Geldscheine und legen Sie sie auf den Tisch. Einen an Ihre rechte Seite, einen vor sich und einen an Ihre linke Seite.

Zünden Sie eine Räucherschale an und geben Sie etwas Dammar oder Mastix als Räucherduft hinzu. Sobald sich der Duft entfaltet, streuen Sie zerriebene Lorbeerblätter darauf. Lorbeer steigert Ihre Intuitions- und Vorstellungskraft, zudem stützt er finanzielle Energien; das heißt, er fördert die Schwingung eines Geldzaubers.

Nehmen Sie den Schein zu Ihrer Linken und rollen Sie ihn zusammen. Umschließen Sie das Röllchen mit Ihrer linken Faust. Fühlen Sie, wie angenehm sich der Geldschein anfühlt, wie er Ihre Faust wärmt. Blicken Sie durch das Röllchen und spüren Sie dabei dem Puls des Geldes nach. Sie fühlen ihn in Ihrer Hand und gewinnen eine Ahnung von der Kraft, die Sie bezaubern wollen.

Halten Sie jetzt die Handfläche Ihrer rechten Hand eine knappe Handspanne vor die Öffnung des gerollten Scheines und hauchen Sie durch das Geldröllchen. Ihr Atem trifft auf die Handmitte Ihrer rechten Hand. Hauchen Sie mehrmals hintereinander hindurch, werden Sie spüren, wie sich Ihre Handmitte erwärmt und diese Wärme allmählich zunimmt, bis eine kleine Flamme in Ihrer Handmitte zu lodern scheint. Halten Sie hierauf Ihre geöffnete Hand vor sich und blicken Sie mit Ihrem inneren Auge in Ihre Handfläche, werden Sie in ihr in hellem Ocker die Aura dieser Flamme deutlich wahrnehmen.

Lassen Sie sie eine kurze Weile lodern, ehe Sie den gleichen Ablauf *seitenverkehrt* mit dem Schein zu Ihrer Rechten wiederholen. Danach halten Sie beide Hände offen vor sich. In beiden Händen werden Sie in der Handmitte die Flamme dieses Zaubers lodern sehen. Ihre Schwingung wechselt zwischen Wärme und angenehmer Kühle. Dies ist der Impuls des Geldes. Sachlich kühl und doch voll tiefer Leidenschaft. Es ist ein Mittel, die Welt zu gestalten. Es ist eine Kraft, die, von sich überzeugt, um ihre Stärke weiß.

Nehmen Sie nun den mittleren Geldschein auf und rollen Sie ihn zusammen. Halten Sie das Röllchen in Ihrer linken Faust, die Sie mit ihrer rechten Hand umspannen. Hauchen Sie erneut mehrmals hintereinander durch die Papierhülse hindurch. Sie werden sehr bald spüren, wie die Schwingung des Geldes in Ihre Aura übergeht. Vor ihrem inneren Auge nehmen Sie sie als milden blaugrünen Schein wahr.

Dank diesem Ritual erfahren Sie, was Sinnlichkeit für die Energie des Geldes ausmacht. Sie erleben sie in feinstofflicher Weise und lernen so das Temperament seiner Schwingung kennen. Hierdurch rücken Sie dem Geld näher als so mancher Banker. Der anfängliche Impuls verwandelt sich hiermit zu einer physischen Präsenz: dem Willen zum Geld. Sie riechen nun das Geld, im wahrsten Sinne des Wortes. Es scheint zum Greifen nah.

Wenden Sie sich ihm zu, wird es sich auch Ihnen zuwenden. Ja, Sie sind sich schon gegenseitig auf der Fährte!

RITUAL: *Geld wachsen lassen*

Bei diesem Ritual dürfen Sie darauf hoffen, dass Sie ernten werden, was Sie säen. Mit dem vorangegangenen Ritual haben Sie die Sinnlichkeit fürs Geld kennengelernt. Erinnern Sie sich während dieses Rituals, das sich über mehrere Tage hinzieht, immer wieder an diese Schwingung, bewahrt der folgende Zauber seine Kraft und verfälscht sich nicht durch alltägliche Stimmungsschwankungen.

Sie beginnen dieses Ritual mit der Reinigung Ihrer Wohnung, indem Sie in allen Räumen mit Sandelholz räuchern. Anschließend lüften Sie ausreichend und räuchern danach mit Mastix und Lorbeer an Ihrem Glücksaltar am Fenster. Dazu legen Sie die nominal größte Münze Ihrer Währung aus und verspritzen etwas Mondwasser, damit die Stimmung sich entwickelnder Finanzkraft über die Dauer des Rituals Bestand hat. Mondwasser ist das Wasser, das in der letzten Vollmondnacht vom Mond beschienen wurde. Füllen Sie dazu eine klare und unbeschriebene Flasche mit frischem Leitungswasser. Noch besser ist es, wenn Sie das Wasser direkt aus einer Quelle schöpfen.

Suchen Sie aus Ihrem Geldbeutel ein Zweicentstück, deren Jahreszahl die Quersumme 2 ergibt, wenn man sie auf eine Stelle herunterrechnet. Da es eine solche Münze erst mit dem Jahr 2009 geben wird, können Sie bis dahin den Zauber mit einer Münze aus dem Jahr 2002 vollführen, dem Jahr der Euroeinführung. Tauchen Sie die Münze in Weih- oder Osterwasser und legen Sie sie zu Ihrem Glücksaltar. Vom Tag dieser Münzweihe an geben Sie für sieben Tage wenigstens das Hundertfache, also zwei Euro, einem Bettler oder in einen Opferstock. Dazu stiften Sie an diesen Tagen in einer Kirche eine Kerze für den heiligen Laurentius. Laurentius wird oft mit einem Geldbeutel dargestellt, aus dem er den Armen gibt. Zudem sind nach ihm die Laurentiustränen, ein Sternschnuppenstrom, der regelmäßig um den 11. August auftritt, benannt. Sternschnuppen sind Glücks- und

Geldzeichen. Auf dem Weg von der Kirche nach Hause lassen Sie einen Cent auf die Straße fallen und murmeln dazu: »*Noch mehr Glück als andere finden, wird sich mit meinem Geld verbinden.*«

Geben Sie an jedem Tag der sieben Tage auch einen kleinen Löffel voll Hirse in die Opferschale an Ihrem Glücksaltar und räuchern Sie dazu mit etwas Mastix und Lorbeer. Entfernen Sie die Hirse aus der Schale erst am nächsten Tag, wenn Sie das Opfer wiederholen.

Mit dieser Ritualhandlung laden Sie Ihre magische Sphäre mit der Schwingung des Geldes auf. Sie schaffen so einen Raum, der finanziellen Zuwachs in sich trägt. Es ist eine magische Sphäre, die durch Ihr Wirken in die Wirklichkeit Ihres Alltages überfließt und sie verändert. Deshalb wird sich nach diesem siebentägigen Ritual Ihre finanzielle Situation merklich verbessern.

Kostbar ist das gesunde Glück

Es gibt eine Tradition wirksamen Gesundzaubers. Denn einst war die Iatromagie, so nennt man die medizinische Magie, die Medizin der Wahl. Bei dieser Medizin standen die Ähnlichkeiten verschiedener natürlicher Erscheinungen und der Krankheitssymptome im Mittelpunkt des diagnostischen Interesses des Arztes. Zum Beispiel brachte man schon in der Antike die an Blutstropfen erinnernde Färbung der Digitalis, dem Fingerhut, mit Herzschwäche in Verbindung und erzielte damit Heilerfolge. Diese Wirkung wurde als ein magischer Zusammenhang erfasst nach dem Motto »Wie oben, so unten; wie im Großen, so im Kleinen; wie innen, so außen« und dementsprechend auf viele andere Leiden übertragen. Somit war die Iatromagie zum Teil auch eine Kräutermedizin mit passablen Heilerfolgen. Sie war aber auch eine Medizin, bei der zum Beispiel erfolglos Zettel mit

Zaubersprüchen zur Heilung von Blinddarmdurchbrüchen verabreicht wurden.

Darum muss sich jeder, der sich der Gesundzauberei zuwendet, darüber im Klaren sein, dass ein Gesundzauber niemals den Weg zum Arzt ersetzen darf und kann. Es ist allein die moderne ärztliche Kunst, die der Menschheit in den letzten zwei Jahrhunderten eine zunehmend längere Lebenserwartung bescherte und heute Kranke überleben lässt, die noch vor wenigen Jahrzehnten an ihren Leiden gestorben wären. Gesundzauber, so wie er heute verstanden wird, heilt nicht den Körper, sondern allenfalls die Seele. Er aktiviert und unterstützt die psychosomatischen Selbstheilungskräfte eines Menschen, indem er eine Stufe höher angreift, nämlich in der übersinnlichen Verbindung eines Menschen mit dem magischen Raum. In diesem Raum wird durch das Ritual eine heile Gestalt erschaffen, die sich dem Menschen in geistiger Weise mitteilt und seine Seele kräftigt. Die gestärkte Seele wird ihrerseits zur Kraft, die den Körper stählt. Praktische Beispiele für diese Art des Gesundzaubers sind die Geistheiler, die sich als Vermittler einer heilsamen göttlichen Kraft verstehen. Außerdem wissen wir alle aus eigener Anschauung, wie wichtig unsere seelische Befindlichkeit für unser körperliches Wohlsein ist.

Auch die moderne Medizin bestreitet diese Zusammenhänge nicht, sondern setzt sie durchaus gezielt ein, zum Beispiel in der bewussten Abgabe von Placebos bei psychosomatisch bedingten Leiden oder bei der Besprechung von Warzen bei Kindern. Auch so manches Gehabe in der Medizin ist eher ein magisches Ritual als ein rationales Wirken; nicht umsonst nennt der Volksmund die Ärzte Halbgötter in Weiß. Folgerichtig beklagen wir heutzutage das zunehmend fehlende Gespräch zwischen Arzt und Patienten, das unbestritten als bedeutender Schritt auf dem Weg zur Genesung angesehen wird.

Gesundzauber kann, sofern er zur Genesung führt, ebenso ein Glückszauber sein. Doch noch wichtiger als ein Gesundzauber ist ein Glückszauber, der uns glücklich macht, weil er unsere Seele erheitert. Denn sind wir unglücklich, sind wir in jedem Fall auch leidend. Sind wir jedoch glücklich, wird uns selbst eine Krankheit nicht zur seelischen Last. Vielmehr ist unser Glücklichsein in aller Regel ein Signal dafür, dass wir unsere Krankheit überwinden werden. Das bedeutet, ein Gesundzauber sollte stets ein Glückszauber sein, der unsere Stimmung klärt und unser Glücksgut neu belebt.

Der Zauber der Berührung

Marianne hatte Ihre schwere Krankheit überwunden, zwei Operationen und eine längere Rehabilitationsphase waren notwendig, bis sie aus medizinischer Sicht als geheilt wieder in ihre Welt entlassen wurde. Doch Marianne fühlte sich alles andere als gesund. Sie war lustlos, griesgrämig und meinte, nicht wirklich auskuriert zu sein. Sie mied ihre Freunde und Bekannten und flüchtete sich in einsame sportliche Aktivitäten. So lief sie unter anderem sehr viel. Eines Tages beim abendlichen Joggen im Park rastete sie am Wegrand, als ein älterer Herr auf sie zutrat und sie ansprach: »Junge Frau, Sie sollten dem Schatten, der Sie begleitet, nicht davonlaufen.«

Marianne erschrak darüber und fragte, wie er so etwas sehen könne, und so kamen sie beide ins Gespräch, bei dem sie erfuhr, dass sie den Schatten der Krankheit mit ihrer Furcht, nicht auskuriert zu sein, nährte. Außerdem wirke sie sehr destruktiv auf andere Menschen und würde so wiederum destruktive Energien abschöpfen. Sie befände sich gewissermaßen in einer energetischen Abwärtsspirale, und deswegen würde sie der Sport nicht aufbauen, sondern nur weiter ermüden. Als Marianne wissen wollte, was sie dagegen tun könnte, fragte der ältere Herr sie, ob er sie berühren dürfe. Er sei ein Heiler und könne ihr womöglich helfen. Unsicher willigte Marianne ein. Da trat er vor sie und legte ihr seine rechte Hand auf den Scheitel. Eine Weile schwieg er dazu. Dann sagte er, dass er ihr Lebenskraft zufließen lasse, die die Schatten ausschwemme.

In der Tat hatte Marianne das Gefühl, als fließe ein mächtiger Strom durch sie. Sie empfand ihn als warm und kräftig. Mit einem Mal fühlte sie sich ganz leicht und glaubte, sie würde sich im Park verlieren. Erstmals seit langer Zeit war ihr wieder richtig wohl. Als der Heiler seine Hand wegnahm, rückte sie langsam in die Wirklichkeit. Jetzt erst kam ihr die ganze Absurdität dieser Situation zu Bewusstsein. Sie sprang auf, murmelte verlegen einen knappen Dank und lief davon. Sie lief so leicht wie nie zuvor und fühlte sich richtig beschwingt. Allmählich kam ihr auch das, was sie gerade erlebt hatte, gar nicht mehr so absurd vor, und sie konnte die Kraft annehmen, die sie immer noch durchströmte.

Das war der Beginn ihrer wirklichen Genesung. Sie wandte sich wieder ihrer Welt und ihren Freunden zu. Wenn sie durch den Park lief, hielt sie nach dem Heiler Ausschau, aber sie sah ihn niemals wieder. Die Kraft aber, die er ihr vermittelt hatte, blieb ihr erhalten.

Anmerkung zum Handauflegen

Das Handauflegen dürfte der älteste Heilzauber sein, den wir kennen. Wir können Ähnliches auch bei sozialen Tieren beobachten. So streicheln Elefanten ein krankes Tier der Herde mit ihren Rüsseln. In allen Kulturen gibt es Erzählungen von Heiligen, die Kranke durch Handauflegen heilten. In unserem Kulturkreis ist Jesus Christus das Vorbild für alle Heiler, weswegen viele von ihnen die Kraft für ihre Heilbemühungen im Gebet suchen und ihr Ritual mit Gebeten begleiten.

Wollen auch Sie Ihre Heilkraft beim Handauflegen versuchen, sollten Sie sich prinzipiell als ein Medium verstehen. Das bedeutet, nicht Sie heilen, sondern Sie verbinden sich mit einer himmlischen Kraft, die Sie dem Kranken zuführen. Sie sollten deshalb die Anwesenheit einer göttlichen

Macht auch tatsächlich empfinden und sich von ihr berührt fühlen. Achten Sie zudem darauf, dass Sie die Heilkraft über Ihre rechte Hand zuführen, während Sie gleichzeitig die ungesunde Energie über Ihre linke Hand ableiten. Sie dürften diesen Energiefluss deutlich in Ihren Händen spüren. Gleichzeitig spüren Sie auch, wie die ungesunde Energie abnimmt, die sich als leicht »nadelnde« Kraft in Ihrer rechten Hand bemerkbar macht.

Sobald Sie merken, wie zuführende und ableitende Kraft zum Ausgleich gelangen, beenden Sie den Heilzauber. Waschen Sie Ihre Hände oder reiben Sie sie aneinander, um sie zu neutralisieren und die angeregte hohe Feinfühligkeit auf Alltagsniveau zu reduzieren.

Sich gesund und glücklich zaubern

Eine der besten Möglichkeiten, sich gesund und glücklich zu zaubern, besteht darin, es sich ohne Gewissensbisse gut gehen zu lassen und kräftig auszuspannen. Allerdings ist dies eine Kunst, die heutzutage nur mehr wenige beherrschen. Denn meistens meinen wir, es ginge uns gut, wenn wir besonders aktiv sind oder irgendwelche Medien konsumieren und uns ablenken lassen. Dies hat jedoch nur selten etwas mit gut gehen lassen zu tun, dafür umso mehr mit der Abwesenheit vom Hier und Jetzt und von sich selbst. Wir meinen dann zwar, wir würden uns gut fühlen, obgleich wir uns kaum selbst empfinden und nur von der Vielfalt der Eindrücke überwältigt sind.

Entspannung zum Glück

Sich entspannen zu können und dabei das Glück des Nichtstuns zu empfinden, ist in der Tat ein außerordentlicher Glücks- und Heilzauber. **Autogenes Training** ist hierzu der beste Einstieg. Haben Sie es erst einmal öfter angewandt, werden Sie es so weit beherrschen, dass Sie von einem Augenblick zum anderen zur Ruhe finden. Aus dieser Ruhe werden Sie unglaublich viel Kraft schöpfen. Vielleicht legen Sie sich dafür später ein Schlüsselwort zu, durch das Sie in die gewünschte Trance fallen. Als Schlüsselwort eignen sich Begriffe wie »Glücksmond«, »Sonnenschein« oder »Fortuna«. Doch für den Anfang gehen Sie Schritt für Schritt vor.

- Strecken Sie sich bequem auf einer Couch aus oder legen Sie sich auf einer weichen Unterlage auf den Boden. Ihre Arme liegen an Ihrer Seite, die Handflächen zeigen zum Boden, Ihre Beine sind leicht geöffnet. Schließen Sie Ihre Augen und atmen Sie bewusst ein und aus.
- Achten Sie auf Bauchatmung. Beim Einatmen hebt sich Ihre Bauchdecke, beim Ausatmen senkt sie sich. Sprechen Sie sich in Gedanken vor: »Mein Atem fließt ruhig und gleichmäßig. Frische Luft reinigt meinen Körper und Geist. Ich atme tief ein und aus. Mein Atem fließt. Liebe strömt. Sie atmet mich.«
- Lassen Sie nun Ruhe in sich einkehren. Sagen Sie sich in Gedanken: »In mir ist Frieden. Alles Störende ist fern. Ich bin still und ruhig. Meine Gedanken gleiten dahin, ich halte sie nicht fest, sondern lasse sie ziehen. Ich werde ruhig und ruhiger.«
- Ist Ihr Geist spürbar ruhiger geworden, setzen Sie die Übung fort und sprechen Sie in Gedanken nacheinander alle Gliedmaßen an. »Mein rechter Arm ist entspannt und schwer« und so fort. Versuchen Sie dabei zu empfinden, wie Ihr Atem in die jeweils benannte Körperregion strömt.
- Die Entspannung hat jetzt auch Ihren Körper erfasst. Schicken Sie nun Wärme in Ihre Gliedmaßen. Sagen Sie sich in Gedanken: »Meine Arme werden warm« und danach »Meine Beine werden warm«. Neigen Sie zu kalten Füßen oder Händen, widmen Sie ihnen einen zusätzlichen Gedanken.
- Sie fühlen sich nunmehr wohlig entspannt und sicher. Jetzt begeben Sie sich noch tiefer in die Stille und finden zu sich. Denken Sie sich: »Mein Puls ist gleichmäßig und ruhig; mein Atem strömt in mein Sonnengeflecht und wärmt es. Wärme

durchströmt meinen Leib, strahlt aus seiner Mitte. Ich spüre, wie sich Glückskraft in meiner Mitte sammelt. Ich schwimme im Strom.« Denken Sie dabei an Ihr Sonnengeflecht als Ihr Glückszentrum, wird sich sehr rasch eine Wirkung zeigen.

- Zu Ihrem körperlichen Wohlgefühl gesellt sich nun noch ein inneres Glücksgefühl; lächeln Sie, sobald Sie Ihr Glück erkennen. Damit Sie jetzt nicht einnicken, bewahren Sie sich einen kühlen Kopf. Sagen Sie sich in Gedanken: »Meine Gedanken gleiten. Ich halte sie nicht auf. Ich bin frisch und wach. Meine Stirn ist kühl. Mein Blick ist klar.«
- Sie sind nun ganz entspannt und dennoch aufmerksam, ohne dabei konkrete Gedanken zu verfolgen. Nun dürfen Sie sich von Ihrem Glück selbst beeindrucken lassen. Rufen Sie nacheinander Visionen des Glücks ab, indem Sie in Gedanken zu sich sprechen: »Ich sehe die Farbe des Glücks.« Machen Sie eine Pause, und wiederholen Sie den Satz mehrmals im gleichen Rhythmus, bis Sie vor Ihrem inneren Auge die Farbe Ihres Glücks sehen. Danach sprechen Sie in Gedanken zu sich: »Ich höre den Ton des Glücks.« Und sobald Sie Ihren Glückston mit Ihrem inneren Ohr vernehmen, sagen Sie sich: »Ich spüre die Schwingung des Glücks.« Wiederholen Sie auch diesen Satz, bis Sie spüren, wie die Schwingung, die Sie allmählich erfasst, mit Ihrem Glückszentrum zusammen pulsiert.

Hierauf werden Farbe, Klang und Schwingung ineinander wirken und Sie in eine weitere Dimension heben. In ihr erleben Sie den Sphärenklang himmlischer Ruhe. Ihre Entspannung ist vollkommen! Sie sind nun im Flow, ganz entspannt im Hier und Jetzt. Nun dürfen Sie auch in den Schlaf hinübergleiten und von schönen Dingen träumen. In jedem Fall werden Sie erquickt und erholt aufstehen. Bewahren Sie sich einen inneren Kern dieser Ruhe, pflegen Sie Ihre Gesundheit mehr, als Sie dies je mit einem Fitness- oder Wellnessprogramm könnten. Wiederholen Sie diese Übung öfter, werden Sie auch immer leichter in den Flow gleiten.

Gesunde und magische Anstöße

- **Glückstee.** Eine Tasse Glückstee ist ein gesunder Impuls für Ihre Gesundheit. Glückstee nennt man einen Aufguss vom **Johanniskraut.** Wobei vor allem das Kraut, das am Vormittag des Johannistages gepflückt wurde, besonders wirksam ist. Einst galt es als ein Mittel, um Dämonen zu vertreiben. Auf andere Weise gelingt dies mit dem Kraut auch heute noch, indem es depressive Stimmungen aufhellt und uns die Sorgen nimmt. Für einen Tee können Sie alle Teile der Pflanze verwenden. Mit einem Löffel goldgelben Honigs schmeckt er feiner.
- **Gesunder Duft.** Ein ebenso gesunder Anstoß ist das Aromatisieren Ihres Heims mit erwärmten **Zitrusölen.** Stellen Sie dazu eine Duftampel auf; das ist ein Gefäß mit einer kleinen Wasserschale, unter der sich ein Teelicht zum Erwärmen befindet. In das Wasser träufeln Sie ein paar Tropfen Duftöl, das sich dann im Raum entfaltet und Ihre Stimmung klärt und hebt. Eine heilsame Duftnote ist auch das Öl der **Zistrose.** Unter dem Namen **Labdanum** wird ihr Harz zum Räuchern benutzt. Der Duft der Zistrose galt in der Antike als Hauch der Aphrodite. Es ist ein sehr weiblicher Duft, der Schönheit, Sanftheit und Geborgenheit in den Sinn zaubert.
- **Glück im Glas.** Scherben bringen Glück und **Seelenglas** Gesundheit. Mit Seelenglas wird Glas bezeichnet, in dem ein Luftbläschen eingeschlossen ist. Diese Einschlüsse gelten als Seelenhauch guter Kristallgeister. Für gewöhnlich haben Murmeln aus Glas viele solcher Einschlüsse. Allerdings sollte die Murmel aus klarem Glas sein und keine farbigen Schlieren haben. Geht es Ihnen nicht gut, wärmen Sie die Murmel mit Ihrer Hand. Hierdurch wärmen Sie das Seelenbläschen und der gute Geist der Murmel wird für Sie aktiv.

- **Gesundheit aus dem Wasser.** Dass Wasser heilsam ist, wissen wir seit Urzeiten von den vielen Thermalquellen, zu denen die Menschen pilgerten. **Heilwasser** ist allerorten im Handel und Kurorte führen stolz die Bezeichnung »Bad«. Magisch wirkt das geweihte Wasser aus Kirchen, vor allem jenes aus Pilgerorten, aber auch das Osterwasser oder Ihr selbst hergestelltes Mondwasser. Benetzen Sie sich damit die Schläfen und den Puls, wenn Sie sich unwohl fühlen. Frisches Mondwasser lässt sich auch gut trinken, andernfalls können Sie es in Flaschen kaufen, da verschiedene Mineralwasserhersteller auch Heilwasser als Mondscheinabfüllungen anbieten.
  Gesund ist das Bad in einer frischen Quelle. Seit Pfarrer Kneipp ist dieses alte Wissen mit kalten Güssen und Wassertreten auch eine anerkannte Therapie. Laufen Sie an einem Glückstag barfuß durch einen Bach, tun Sie sich fraglos etwas Gutes und setzen zugleich einen magischen, Ihre Gesundheit stabilisierenden Impuls. Noch kräftiger ist das Bad in einem Quellteich. Quellteiche gelten als wahre **Gesundbrunnen**, denn hier sprudelt das Wasser direkt aus dem Schoß von Mutter Erde. Tauchen Sie dreimal kurz in das kalte Nass ein, erfahren Sie Gesundheit und vielfach Genesung.
- **Heilsteine.** Halbedelsteine gelten vielfach als Heilsteine und werden vor allem in der Chakrentherapie eingesetzt, um die Kraft der Chakren zu stärken. Dadurch werden die Selbstheilungskräfte des Körpers angeregt. Ein Halbedelstein, der ein wahrer Tausendsassa in der Steinheilkunde ist, ist der **Rosenquarz**. Wegen seines häufigen Vorkommens ist er zudem erschwinglich.
  Die ihm nachgesagte positive Wirkung auf so gut wie alle Krankheiten leitet sich wohl davon ab, dass der Rosenquarz der Jungfrau Maria zugeordnet wird. Als Marienstein besitzt er somit heilsame Kräfte. Wärmen Sie darum bei Krankheit ein Amulett aus Rosenquarz in Ihrer Hand, rufen Sie himmlische Energien herbei. Auch zur heilsamen Aufbe-

reitung Ihres Trinkwassers ist ein Rosenquarz gut. Legen Sie einen polierten Rosenquarz in Ihre Karaffe und lassen Sie das Wasser vor dem Genuss eine Stunde ruhen, damit sich die heilsame Schwingung des Quarzes auf das Wasser überträgt.

- **Zauberspeise.** Genesung geht auch durch den Magen. Beispielsweise wird eine kräftige Hühnerbrühe von einem frischen Suppenhuhn bei Erkältungskrankheiten zum Zaubertrank. Auch all die wirksamen Heiltees sind manches Mal richtige Wundertränke. Ein magisches Gewächs wurde bereits erwähnt: die Hasel. Rutengänger schneiden ihre Ruten gerne vom Haselstrauch. Zauberstäbe aus Haselholz werden in der Hand des Weißmagiers zu mächtigen Zeptern, da das Haselholz Dämonen fernhält. Gebäck mit **Haselnüssen**, das im abnehmenden Mond gebacken wurde, soll die Krankheit aus dem Körper ziehen. Besonders wirksam ist es, wenn Sie vor dem Backen mit dem Messer ein kleines Kreuz in das Haselnussplätzchen ritzen.
- **Heilsamer Mond.** Überhaupt sollten Sie, falls Sie einen magischen Genesungsimpuls absenden, auf die **Mondphasen** achten. Im zunehmenden Mond führen Sie positive Kräfte zu, die die Krankheit austreiben sollen. Dazu schicken Sie wirksame Energien, geben stimulierende Kräuter und sprechen äußere Kräfte an.

  Bei abnehmendem Mond geben Sie, was die Krankheit auszehrt. Sie setzen auf innere Kräfte und Schwinderituale. Sprechen Sie hierzu die Gestalt des Mondes vergleichend an, denn wie der Mond vergeht, soll auch die Krankheit gehen. Dies sollten Sie auch beim Einsatz von **Amuletten** beachten; vor allem silberne Amulette reagieren gut auf die Mondkräfte. Tauchen Sie ein Amulett im zunehmenden Mond in Mondwasser, wirkt es aufbauend und zuführend. Tauchen Sie es im abnehmenden Mond in Mondwasser, wirkt es zehrend und begrenzend.

Die Heilkraft der Farben

Farben können Streicheleinheiten für die Seele sein. Das als vornehm geltende Schwarz ist zwar einerseits eine durchaus schöne Farbe, jedoch wenn wir uns zu viel in Schwarz kleiden, wirken wir düster auf andere Menschen und ernten ein entsprechendes Feedback, insbesondere wenn die schwarze Kleidung ohne Eleganz ist. Sie sollten deshalb Ihre **Kleiderfarben** mit Bedacht wählen, um eine angenehme Rückkopplung zu erzielen.

Eine Möglichkeit, seine Stimmung selbst mit Farben zu beeinflussen und sich somit positive Impulse zu vermitteln, bieten **Farbbrillen.** Sie werden meist in den sechs Regenbogenfarben angeboten. Obwohl die berühmte rosarote Brille in diesen Sortimenten fehlt, gibt es sie häufiger als Sonnenbrille oder als reguläre Gläser. Für gesundheitliche Impulse bieten sich gelbe und blaue Farbbrillen an. Gelb gefärbtes Tageslicht muntert auf und setzt der Angst Lebensmut entgegen. Es hebt die Konzentrationskraft und wirkt nervenberuhigend. Blau gefärbtes Tageslicht fördert die Harmonie. Es hilft Ihnen, sich zu entspannen und lässt Ihre Sorgen schwinden. Mit ihm rücken Sie der magischen Sphäre ein wenig näher.

Noch wirkungsvoller als eine Brille ist es, wenn Sie sich vom **Sonnenlicht** durch farbiges Glas bescheinen lassen. Vielfarbige Kirchenfenster ermöglichen es uns, an Sonnentagen geradezu einen heilsamen Lichtcocktail zu nehmen. Schlichter ist eine **Farbfolie,** die Sie über einen Spiegel legen und ihn dann so ausrichten, dass Ihnen das reflektierte Sonnenlicht ins Gesicht fällt. Die Wirkung ist demnach kräftiger als der Blick durch eine Farbbrille, weil Sie dabei von eingefärbtem Sonnenlicht beschienen werden und Ihre Wahrnehmung nicht unnatürlich verfälschen.

Folgerichtig ist eine Form des Heilzaubers ein **Lichtzauber**, bei dem vor das Bild eines Kranken eine Farbfolie oder ein farbiges Glas gesetzt wird. So verfärbt wird das Bild dem Sonnenlicht ausgesetzt. Durch diese Bestrahlung des Bildes soll eine gleichwertige Bestrahlung des Astralleibes des Betroffenen bewirkt und hierdurch die Genesung unterstützt werden. Die Impulse der Regenbogenfarben sind hierbei:

Rot = kräftigend, ermutigend, belebend.
Orange = langfristige Genesung, geistige Sammlung.
Gelb = entzündungshemmend, reinigend, erhellend.
Grün = regenerierend, stabilisierend, befriedend.
Blau = ausgleichend, beruhigend, geistig aufbauend.
Violett = Gefühle regulierend, inspirierend, tröstend.

Gesund zählen und sprechen

Rose, Amaryllis, Malve sind Blumen und Wörter, die ihren ganz eigenen Klang haben. Wir verbinden mit ihm sofort Bilder, Stimmungen und Düfte. Wenn wir die Namen öfter hintereinander mit verschiedenen Betonungen sprechen, beginnen sie in unserem Ohr magisch zu klingen. Deswegen kann uns ein Gedicht verzaubern und deswegen sind viele Wörter auch wirksame Mantras. Unsere Sprache ist ein ebenso urmächtiges Heilmittel wie das Handauflegen. Jeder Zuspruch ist folglich auch ein Zauberspruch. Wir geben Kraft, Mitgefühl und Leidenschaft in unsere Worte. Hierdurch trösten und stärken wir den Kranken.

Mantras sind Wörter, die einen magischen Klang besitzen. Dieser Klang erfasst unseren Körper und unsere Seele. Seine Schwingung weckt in uns eine gleichwertige Kraft. Heilsame Mantras wecken die Heilkräfte in uns. Sprechen wir sie uns laut vor, versetzen wir uns in eine heilsame Schwingung. Ebenso können wir ein Mantra auch für jemand anderen sprechen. Indem er uns zuhört, nimmt er die Schwingung des Mantras auf. Der Zauber wirkt.

Fühlen Sie sich krank, ermitteln Sie das Mantra, das auf Ihre Person und den Tag passt. Hierzu ziehen Sie die einstellige Quersumme aus Ihrem Geburtstag und dem aktuellen Tag. Ein Beispiel: Angenommen, Sie sind am 14. 2. 1986 geboren und es ist der 23. 7. 2008. Sie rechnen nun alle Ziffern der Daten zusammen und erhalten die Summe 53. Jetzt zählen Sie diese beiden Ziffern noch zusammen und erhalten die Zahl 8. Sie weist auf das Mantra, das an diesem Tag für Sie am wirksamsten ist.

Die neun möglichen Mantras sind, ausgenommen der Linde, allesamt Blumennamen, die auch Mädchennamen sein können.

1 Rose
2 Linde
3 Jasmin
4 Amarylla
5 Iris
6 Lilie
7 Surfina
8 Viola
9 Malve

HIMMLISCH IST DAS LIEBESGLÜCK

Am 14. Februar ist Valentinstag. Er ist ein Tag für frisch Verliebte und die sich ewig Liebenden. Sie haben sich wie die jungen Vögel gefunden, die an diesem Vorfrühlingstag angeblich mit dem Nisten beginnen. Wohl jenen, die an diesem Tag Glückwunschkarten verschicken und Blumensträuße verschenken können. Sie lieben und sind glücklich. So einfach kann die Liebe sein. Doch so einfach ist sie bekanntermaßen selten, sonst gäbe es nicht die Geschichte um Romeo und Julia, und sonst gäbe es keinen Liebeszauber, der Beziehungen knüpfen, kitten und zerbrechen lassen soll. Und obgleich die Liebe so kompliziert sein kann, sehnen sich alle Nichtverliebten Tag für Tag nach ihr.

Sind wir verliebt, wird unser Glück himmlisch. Der Himmel senkt sich auf Erden und wir schreiten über Wolken. Deswegen wird die wahre Liebe im Himmel geschmiedet. Sie ist ein Geschenk der Götter. Wird es uns zuteil, wähnen wir uns prompt in göttlichen Gefilden. Erwiderte Liebe macht uns vollkommen glücklich, sie macht uns schön, sie schenkt uns Liebreiz und hebt unser Selbstbewusstsein. Wir sind von einem anderen Menschen erkannt worden. Wir sind verzaubert und verzaubern. Und wir zweifeln. »Kann dies alles wahr sein?«, so die Frage, wenn wir lange Zeit alleine waren und unser gelegentliches Verliebtsein ohne Echo blieb. Dies sind die Momente, wo wir das Gänseblümchenorakel wählen, indem wir seine Blütenblätter abzupfen und dazu zählen: »*Er liebt mich, er liebt mich nicht!*« Oder wir schwingen das siderische Pendel und forschen mit linken und rechten Pendeldrehungen nach der Antwort. Oder aber wir fordern das Glück heraus und sagen uns: »Sobald das nächste Auto rot ist, gestehe ich ihm die Liebe; hat es eine andere Farbe, werde ich ihn für immer vergessen.«

Dies sind auch die Augenblicke, wo wir zu zaubern beginnen, um den anderen an uns zu binden. Da verbrennen wir schon mal ein **Haar** von uns und mischen dem Geliebten die **Asche** ins Essen, damit er sich uns einverleibt. Oder wir benetzen ihn unbemerkt mit ein wenig **Speichel**, auf dass er an uns kleben bleibt. Da stellt sich auch sofort die Frage, ob das denn noch mit guten, sprich: weißmagischen Dingen zugeht? Schließlich ist eine solche Bezauberung auch eine Manipulation des anderen.

Wer diese Sichtweise radikal vertritt, sollte dann auch auf jeden Zauber verzichten. Denn mit einem Zauber verschaffen wir uns Vorteile, die ihrerseits andere Personen einschränken. Wobei Einschränkungen durchaus positiv sein können. So hindere ich den Dieb, den ich durch Zauber von meinem Haus banne, an einem Vergehen. Wenn ich mich aber herausputze, mich mit Düften bestäube, dazu noch schöne Posen und charmante Sätze einstudiere, um das Herz eines anderen zu erobern, übe ich bereits Liebeszauber aus. Wenn ich ihm SMS mit Liebesworten und Schmachtversen schicke, ihm tönende Glückwunschkarten und rosarote E-Mails sende und ihm dazu an allen Ecken wie zufällig auflauere, dann bin ich ganz massiv dabei, ihm bald keine andere Wahl zu lassen, als mich zu lieben. Wo also beginnt verwerflicher Liebeszauber?

Beginnt er dort, wo ich im stillen Kämmerlein zwei Rosen mit roten Schleifen umschlinge und dazu flüstere: »Du und ich sind eins?« Oder wenn ich ihm ein Haar von der Schulter wische und es mit Wachs versiegele, auf dass er mir nicht mehr auskommen kann? Oder gibt es gar keinen verwerflichen Liebeszauber, weil man niemandem das Herz stehlen kann, solange er es ohnehin nicht an einen verlieren will?

Unlängst stritt sich eine Klientin mit einer Hexe über einen erfolglosen Liebeszauber vor Gericht. Sie wollte ihr Geld zurück, weil der Geliebte trotz Zauber ihre Liebe nicht erwiderte. Der Richter meinte, ganz egal wie der Zauber ausgegangen wäre, die Kundin hätte so oder so Anspruch auf Rückzahlung, weil es keinen wirksamen Liebeszauber gäbe. Also musste die Hexe ihren Zauberlohn wieder zurückzahlen. Ich wäre zwar zum gleichen Urteil gekommen, doch hätte ich es damit begründet: »… weil es nur wirksamen Liebeszauber gibt«. Denn dort, wo er versagt, hätte die Liebe auch niemals Früchte getragen.

Liebeszauber ist somit ein positiver Zauber – wenn er auf fruchtbaren Boden fällt! Ansonsten bleibt er ein harmloser Zeitvertreib und eine intensive Beschäftigung mit seinen eigenen Gefühlen. Verstehen Sie Liebeszauber in dieser Weise, werden Sie ihn auch als Glückszauber verstehen. Denn bei diesem Zauber geht es in erster Linie um Ihr Glück, das, wenn alles gut geht, ein gemeinsames Glück werden wird. Solch umfassendes Glück ist Liebe!

Einen Liebeszauber vermag nur ein Liebender auszuüben. Er bezaubert sich dabei selbst und macht sich so für den Auserwählten attraktiv. Bleibt seine Attraktionskraft wirkungslos, bleibt auch der Liebeszauber wirkungslos.

Mit einem Liebeszauber spinnen Sie die Fäden, um Ihr Glück einzufangen. Dieses Liebesglück verhält sich jedoch nicht anders als das Glück im Allgemeinen, so wie es bislang beschrieben wurde. Es kommt, wenn Sie für das Glück offen sind, wenn Sie Ihr Glücksgut so weit anheben, dass es für das Glück attraktiv wird, sich zu Ihnen zu gesellen. Glück zu haben ist folglich auch eine Liebesbeziehung zum Glück. Begingen Sie indes einen Liebeszauber, bei dem Sie jemanden gegen seinen Willen in eine Beziehung zu Ihnen zwingen könnten, würden Sie Ihr Glück verraten. Es wäre dann kein Glückszauber mehr, sondern ein Beherrschungszauber und damit die magische Abweisung Ihres Glücks. Deshalb wäre es auch keine Liebe, die Sie stifteten, sondern eine Form der Hörigkeit. Solche Beziehungen aber sind immer von Übel.

Lieben Sie jemanden, werden Sie deshalb niemals einen solchen Beherrschungszauber begehen, stattdessen werden Sie sich das Glück an Ihre Seite wünschen, damit es Sie schmückt. Ihre Seele wird strahlen, und Sie werden nicht nur für das Glück attraktiv sein, sondern auch für Ihren Auserwählten. Ein solcher Liebeszauber aber ist ein reiner Zauber, und deshalb darf er zweifellos zur weißen Magie gerechnet werden.

Liebeszeichen

Das himmlische Glück beginnt mit Gegenliebe. Die einseitige Liebe ist meist Liebesleid. In diesem Leid schmilzt unser Glücksgut wie Schnee in der Sonne, und wir fühlen uns von einem Moment zum anderen elend und hängen doch im nächsten Augenblick schon wieder unseren Liebesträumen nach. In dieser Phase ist unsere Liebe schnell enttäuscht und wir sind entsprechend mutlos. Dennoch sehnen wir uns nach dem Funken Hoffnung. Hier hilft uns ein Zauber, der uns Zeichen schickt. Denn die berechtigte Hoffnung lässt uns aufleben und macht uns für den anderen wieder attraktiv. Jetzt ist es ein leichtes, den Zauber, der uns berührte, weiterzureichen und im geliebten Herzen Gegenliebe zu stiften.

- **Wasserprobe.** Füllen Sie nackt ein Glas mit Wasser und stellen Sie es über Nacht in ein Fenster. Sehen Sie am anderen Tag nach, wo sich am Glasrand überall Bläschen gebildet haben. Ist das Glas bläschenfrei, bleibt auch die Liebe unerfüllt. Sind mehr Bläschen am Grund und in der unteren Hälfte, wird es schwer, den anderen für sich zu begeistern. Sind mehr Bläschen in der oberen Hälfte des Glases, wird Ihre Liebe auf Gegenliebe stoßen.
- **Korkenorakel.** Wie die Chancen stehen, verraten Ihnen auch zwei Korken, die Sie in einer Schüssel Wasser schwimmen lassen. Der eine Korken trägt Ihre Initialen, der andere die Buchstaben desjenigen, auf den Sie ein Auge geworfen haben. Rühren Sie einmal kräftig um und beobachten Sie die Fahrt der Korken. Stoßen sie zusammen und bleiben sie zusammen? Trennen sie sich nach kurzer gemeinsamer Fahrt oder zeigen sie sich überhaupt die kalte Schulter? An diesen Bewegungen können Sie die Entwicklung Ihrer zarten Gefühle ablesen. Und sollten Sie einmal in einem Dreieck schwingen, lassen sich mit dieser Methode die kommenden Entwicklungen ebenso gut ablesen.
- **Liebesäpfel.** Der Apfel ist ein paradiesisches Liebessymbol, und auch in den Sagen spielt er als Liebespfand eine Rolle. Stecken Sie einen **Apfelkern** auf eine Nadel und halten Sie ihn über eine Kerzenflamme. Fragen zur Liebe beantwortet er daraufhin positiv mit vernehmlichem Knacken, verglimmt er still, bleibt auch die Liebe still. Übrigens gilt ein Apfel auch heute noch als Liebesgabe. Ein Grund, warum Äpfel mit Sonnenflecken in Herzform verkauft werden. Achten Sie also darauf, wer Ihnen einen Apfel schenkt, oder wem Sie einen schenken wollen; wobei das vorherige Polieren und Zureichen des Apfels ein unmissverständliches Zeichen ist. Falls Sie also wollen, dass sich Ihnen jemand ganz bewusst etwas mehr zuneigen soll, legen Sie den Apfel zuvor, wenn Sie alleine sind, in Ihren Schoß, ehe Sie ihn verschenken.

- **Liebeskraut.** Zerquetschen Sie eine Blüte vom **Johanniskraut** mit einem weißen Tuch, sagt Ihnen die Färbung des Blütensafts etwas über die Liebe. *»Ist sie rot wie Blut, ist die Liebe gut. Ist die Liebe alle, kommt die grüne Galle.«* Das gleiche Orakel können sie auch mit dem **Habichtskraut** machen. Auch andere Blüten sind Liebesorakel. So dürfen Sie statt an einem Gänseblümchen auch an anderen Blüten, beispielsweise an einer Margerite oder Aster, nach der Liebe fragend zupfen.
  Lieben wir uns im Übermaß, betten wir uns auf Rosen. Ob dieses Bett von Dauer sein wird, verrät Ihnen die Farbe von **Rosenblüten.** Zupfen Sie dazu zwei Blütenblätter ab und lassen Sie sie an einem schattigen Platz welken und verdorren. Je besser sie ihre ursprüngliche Farbe behalten, desto dauerhafter wird die Liebe sein.
  Sollten Sie die Qual der Wahl zwischen zwei Bewerbern haben, pflücken Sie am Abend stellvertretend für jeden der beiden eine Blume. Diese stellen Sie in ein leeres Glas. Am besten wären hierfür zwei **Nelken** geeignet, die ähnlich wie die Rose als Liebesblume gelten. Die Blüte, die am anderen Morgen am frischesten ist, bezeugt die kräftigere Liebe.
  Im Winter kaufen Sie sich Orangen, an denen noch Stiel und Blätter sind. Ein solches **Orangenblatt** legen sie ans Fenster über die Heizung und lassen es trocknen. Trocknet es flach, bleibt auch die Liebe flach. Je mehr es sich einrollt, desto herzlicher wird die Liebe werden.
- **Mondorakel.** Sie können auch indirekt den Mond befragen, indem Sie auf Neumond warten; das sind die Tage, an denen der Mond nicht zu sehen ist, da er mit der Sonne durch den Himmel wandert. Zieht der Mond an diesen Tagen viele Würmer aus der Erde, sodass Sie mehr als fünf **Amseln** gleichzeitig auf einer Wiese sehen, wird auch die Liebe von seiner unsichtbaren Kraft gut beschienen.
- **Liebesträume.** Selbstverständlich sind Ihre Träume eine besondere Stimme bei der Frage, ob die Liebe erwidert wird.

Träumen Sie von fließendem Wasser, offenen Türen, von Blumen, Kindern, schweben Sie im Traum oder sehen Sie Tücher im Wind wehen, sind das gute Zeichen für Ihre Liebe. Kreuzen hingegen im Traum Menschen Ihren Weg, oder kommen Sie nicht von der Stelle, sind das ebenso eindeutige Zeichen, die gegen eine Liebe sprechen, als ob Sie von spitzen Gegenständen, leeren Gefäßen, verschlossenen Türen, einsamen Wegen, Herbst oder Winter träumen.

Einen Zauderer überzeugen

Manchmal sind die Zeichen gut, und dennoch will die Liebe nicht wachsen, weil Ihr Auserwählter sein Herz verschließt, sich nicht entscheiden will oder schlicht und einfach zu schüchtern ist, um sich die Liebe einzugestehen. Hier hilft Ihnen ein kleiner Zauber, um sein Herz und seinen Blick für Sie zu erwärmen. Denn manchmal ist es nur der gewohnte Blick, der uns hindert, eine veränderte Stimmung wahrzunehmen. Diesen Blick brechen Sie mit diesem Zauber auf. Er bewirkt, dass Ihr Verliebtsein erkannt wird. Sie outen sich gewissermaßen in magischer Weise.

Springt der Funke danach trotzdem nicht über, werden Sie die Signale wohl falsch gedeutet und sich in den Falschen verguckt haben.

Das Ritual für diesen Zauber dauert neun Tage. Drei mal die magische Drei ergibt die dreifache Triade Neun; sie ist ein Symbol himmlischer Vollendung. Gelingt der Zauber, wird die Liebe fürwahr im Himmel gestiftet sein. Für diesen Zauber kaufen Sie an jedem Tag eine rote Nelke. Nelken sind seit jeher Liebesblumen. Die Nelke vom Vortag in der Vase tauschen Sie gegen die frische Nelke aus und hängen sie kopfüber zum Trocknen auf. Zu jeder der neun Nelken sprechen Sie einen eigenen Spruch.

1. Nelke: Sei bereit. Ich spreche dich an. Der Zauber nimmt seinen Lauf. Lauf nicht weg. Ich bin dir nah.
2. Nelke: Bleib stehen. Sieh mich an. Deine Augen folgen mir. Ich bin für dich schön.
3. Nelke: Hör mir zu. Lausch meinen Worten. Blick auf meinen Mund. Ich bin für dich klug.
4. Nelke: Warte auf mich. Kreuze meine Wege. Schenk mir ein Lächeln. Ich bin für dich vergnügt.
5. Nelke: Suche meine Nähe. Zeige dich für mich. Kleide dich für mich. Ich dufte für dich.
6. Nelke: Sprich mit mir. Erzähle mir von dir. Zeig mir, was du schön findest. Ich höre dir zu.
7. Nelke: Erröte in meiner Nähe. Habe Angst, dass ich dich übersehe. Ich bin sanft für dich.
8. Nelke: Werde mutig und sei keck. Necke mich. Verplappere dich. Ich bin ehrlich zu dir.
9. Nelke: Lass deine Augen glänzen. Zeige mir deine Seele. Verrate mir dein Geheimnis. Ich liebe dich.

Räuchern Sie mit Moschuskörnern oder Patchouli unter den zum Trocknen aufgehängten Nelken. In den folgenden neun Tagen sollte sich Ihre Beziehung entwickeln, sofern der Zauber anspricht. Ist dies der Fall, geben Sie die getrockneten Blütenblätter in eine schöne Schale und beträufeln sie mit etwas Nelkenöl. Hierdurch wird sich der Zauber gleich dem Duft noch weiter entfalten.

Amulett der Liebe

Haben Sie die Zeichen der Gegenliebe erkannt, sind Sie bereits dabei, einen Liebeszauber zu vollführen. Denn die Erkenntnis, geliebt zu werden, wird Sie verzaubern. Das Glück, das Sie erfasst, wird zur Zauberkraft, die auch den erwählten Prinzen oder die Prinzessin in Ihren Bann ziehen wird. Diese Attraktionskraft gilt es freilich zu bewahren, ist sie doch das Bindemittel, das Ihre Liebe wachsen lässt. Diese Kraft zu bewahren heißt jedoch nicht, sie zu konservieren, sondern sie immer wieder erneut zu beleben. Lieben und geliebt zu werden ist darum ein beständiges Werben. Wir dürfen nicht nachlassen, um die Gunst des anderen zu buhlen. Hierbei helfen Ihnen Amulette. Sie werden zu glücklichen Anstößen, die Sie aus dem Trott des Alltags heben können. Denn Sie können auf ein Amulett die Schwingung des Glücksgutes übertragen, das Ihnen zuströmte, als sich für Sie der Himmel der Liebe öffnete.

Gleiches gilt für einen Talisman, den Sie aus der ersten Begegnung mit dem Angebeteten behalten haben. Dies kann die Tasse sein, aus der er Kaffee trank, oder der Zettel, auf den er seine Telefonnummer schrieb. In solchen Andenken wurzelt die Kraft der Liebe. Geben Sie ihnen einen besonderen Platz in Ihrer Wohnung. Wann immer Ihr Blick auf sie fällt oder Sie sie berühren, geben Sie Ihrer Liebe einen neuen Impuls. Sie können diesen Impuls auch, falls Sie der Meinung sind, dass Ihre Liebe etwas mehr Schwung bräuchte, durch einen Zauberspruch verstärken. Berühren Sie dazu den Talisman mit beiden Händen. Behauchen Sie ihn und sprechen Sie:

Von der Schwingung erster Liebe wurdest du berührt,
Und warst dabei, als unsere Herzen Feuer fingen.
Seitdem ist unser Liebesglück mit dir verschnürt.
Bewahr es gut und stift uns an, sein Lied zu singen.

Ein Amulett, das in ähnlicher Weise die Kraft Ihrer Liebe bewahren und beflügeln soll, sollte von Ihnen beiden berührt worden sein, ehe Sie es weihen. Warten Sie dazu auf einen sonnigen Tag. Legen Sie das Amulett in die Sonne und bestreuen Sie es mit etwas Salz.

Ziehen Sie mit Ihrer rechten Hand um das Amulett im Uhrzeigersinn einen Kreis. Sprechen Sie dazu:

Der Liebe Glück
der Sonne Schein
mein Herzzauber
sollst du sein.

Lassen Sie das Amulett für eine Stunde in der Sonne liegen. Heben Sie es danach auf und behauchen Sie es dreimal. Wiederholen Sie den Zauberspruch. Anschließend legen Sie sich das Amulett für eine Stunde auf Ihr Herz. Danach halten Sie es mit beiden Händen, behauchen es erneut dreimal und sprechen den Zauberspruch zum dritten Mal.

Damit haben Sie ein sehr kräftiges Amulett, das Ihre Liebe beschützen wird. Wann immer Sie glauben, dass Ihr Liebesglück einen Impuls nötig hat, nehmen Sie es in Ihre Hände und wärmen es an oder behauchen es. Hierdurch regen Sie die Schwingung Ihrer Liebe an und vertiefen sie.

Liebesstarke Amulette

Als Amulett bieten sich zahlreiche symbolhaltige Gegenstände an, zum Beispiel **Herzanhänger**, **Venuszeichen**, goldene **Rosenblüten** oder eine Kette aus **Kaurimuscheln**. Vögel, einzeln oder paarweise, werden gerne gewählt, vor allem solche, die monogam leben, wie **Schwäne** oder **Papageien**. Traditionell sind silberne **Mistelblätter**, die als Fruchtbarkeitssymbole gelten, oder die **Muskatnuss**, die angeblich die Liebeskraft steigern soll. **Penisknochen** von Fuchs, Marder oder anderen Rüden sind dagegen in ihrer Symbolik entsprechend eindeutig. Das Gleiche gilt für **Astgabeln**, in denen man das Abbild eines Geschlechtsteils erkennen kann. Exotisch ist die **Lotoswurzel**, die Männer angeblich milde stimmt. Schmucker sieht allerdings eine **Lotosblüte** als Anhänger aus, die himmlische Liebe und Reinheit symbolisiert. Nachstehend werden einige Amulette näher erläutert, mit denen Sie Ihre Liebe schützen und stärken und damit Ihr Glück bewahren können.

Das Yin-Yang-Zeichen, es wird auch Fuchi-Zeichen genannt, ist ein Symbol himmlischer Liebe.

- **Yin-Yang**. Das Yin-Yang-Zeichen ist ein vielschichtiges Symbol. Es weist auf die Vollkommenheit, die durch Harmonie entsteht, hin. Gleichzeitig zeigt es, dass in allem auch sein Gegensatz enthalten ist. Erkennt man dies an, können sich zwei Pole in idealer Weise zu einem heilen Ganzen fügen. Die Harmonie ergibt sich aus dem Gleichgewicht der männlichen und weiblichen Kräfte. In diesem Sinne ist es ein ideales Liebesamulett. Die helle Seite zeigt die männliche Kraft, die dunkle Seite die weibliche. Sonne und Mond stehen einander gegenüber und durchdringen sich. Dieses Zeichen macht Mut zu flirten. Berühren Sie es, ehe Sie jemanden ansprechen, und Sie haben mehr Witz. In bestehenden Beziehungen fördert es die Harmonie, indem es uns anregt, miteinander zu sprechen. So bleibt im Grunde nichts ungesagt und Sie finden zu einer ehrlichen Basis. Hierfür stiftet das Zeichen auch die Kraft der Versöhnung und des Vertrauens.
- **Granat oder Karfunkel**. Meistens ist der Granat rot, doch kommt er auch in Grün- und Gelbtönen vor. Als Liebesamulett kommt nur der rote Granat infrage. Seine kräftige Farbe symbolisiert Lebens- und Sexualkraft, die ebenso rot wie die Liebe ist. Wegen seinem satten Rot reizt er vor allem die

junge Liebe. Er hebt die Leidenschaft und Sinnlichkeit. Er führt auch leichter zueinander, denn er strahlt schöner, wenn er vom Richtigen gesehen wird. Falsche Freunde und untreue Liebhaber weist er ab. Liegt ein Schatten auf der Liebe, verschattet sich auch der Granat. Da er Mut macht und die Zuversicht stärkt, ist er durchaus auch das passende Amulett, um Unstimmigkeiten zu klären. Wärmen Sie den Granat, wärmen Sie auch Ihre Liebe und schaffen die Voraussetzung, um offenen Herzens aufeinander zuzugehen. Er strahlt zudem sichtbar heller, sobald Sie sich wieder versöhnen.

- **Koralle.** Die Koralle wächst im Meer nahe der Oberfläche. So wird sie von Licht und Wasser umspült und zeigt sich in lebendigem Rot. Seit der Antike gilt sie als der Liebesstein des Meeres. Sie ist ein guter Glücksbringer, da sie böse Kräfte wirksam abweist. Aus diesem Grund schmückten mit ihr die Kelten ihre Waffen. Folglich ist sie auch ein gutes Mittel, um eine Liebe zu beschützen. Haben Sie etwa Grund zur Eifersucht, reiben Sie die Koralle, und sie entfaltet ihre Kraft, um den Störenfried abzuweisen. Deswegen wird der Koralle auch nachgesagt, dass sie bestehende Beziehungen festigt. Auch hebt Sie Ihren Liebreiz, denn Sie erhellt das Gemüt und macht somit viele Sorgen kleiner. Verschenken Sie eine Koralle, geben Sie symbolisch das Versprechen, für den anderen einzustehen.
- **Lapislazuli.** Der Lapislazuli war in der Antike ein Stein der Herrscher. Fand sich doch die Farbe des Himmels und manchmal der Glimmer der Sterne in ihm wieder. In Ägypten war er der Isis geweiht, in unserer Kultur ist er der Jungfrau Maria gewidmet. Je reiner und tiefer das Blau, desto wertvoller ist dieser Feldspat.

  Der Stein stärkt und schützt seinen Träger und hebt sein materielles Glück. Im Liebeszauber festigt er die Treue des Liebhabers, vertreibt bedrückende Stimmungen und ermutigt uns, unsere wahren Gefühle zu zeigen. Legen Sie sich den Stein auf das dritte Auge, lässt es sich leicht von der Liebe träumen und dabei ein wenig in die Zukunft schauen.

- **Türkis.** Wegen seiner wässrig blauen Farbe war der Türkis in der Antike ein hochgeschätzter Stein und der schaumgeborenen Aphrodite gewidmet. Er holt den Himmel auf Erden und ist deswegen ein besonderer Glücksstein. Er ist zudem sehr empfindlich und reagiert auf anhaltende Sonneneinstrahlung, Luftveränderungen und Hautkontakt durch Verfärbungen. Diese Verfärbungen wurden früher als Zeichen drohenden Unheils gedeutet. Behält der Türkis bei achtsamem Gebrauch seine Farbe, bewahrt er auch das Glück. Im Liebeszauber stärkt er vor allem bestehende Beziehungen. Seine Empfindlichkeit macht ihn zu einem hochsensiblen Stein, mit dessen Hilfe man die Gefühle anderer leichter nachempfinden kann. Insofern fördert er auch die Hellsicht. Halten Sie sich den Türkis auf Ihr Glückszentrum, vermögen Sie sich leichter in Ihren Partner hineinzufühlen und ihm Ihre Liebeswünsche zu vermitteln.
- **Duftsäckchen.** Duftsäckchen sind käuflich zu erwerben. Magisch wirksamer beim Liebeszauber sind selbst gefertigte. Nähen Sie sich aus einem Stoff, der Ihnen in Muster, Farbe und Qualität zusagt, ein handtellergroßes Säckchen und füllen Sie es mit getrockneten Blütenblättern. Für den Liebeszauber eignet sich eine Mischung aus Rosen-, Johannis- und Nelkenblüten. Alle drei Blumen wecken, bezeugen und bewahren die Liebe. Ihr milder Duft bewirkt eine Atmosphäre, in der Sie Liebe und Gegenliebe deutlich empfinden. Sie spüren, wie beide Kräfte einen Raum formen. In ihm geben Ihre Wünsche und Gedanken der Liebe frische Impulse. Lauschen Sie auch dem Rascheln des Säckchens, wenn Sie es sich an die Nase halten. Dieses Rascheln wird manchmal zu einem Flüstern, mit dem Ihnen die Liebesgöttin etwas mitteilen möchte.

Magisches Liebesquadrat

Ein magisches Quadrat der Liebe

In einem magischen Quadrat stehen Zahlen oder Buchstaben in einer besonderen Ordnung. Bei Zahlenquadraten erhält man durch oktogonale Additionen stets die gleiche Summe. Bei Buchstabenquadraten kann man den Text aus zwei oder vier Richtungen lesen. Beim magischen Liebesquadrat gelten diese Regeln nicht. Hier geht es darum, die Buchstaben durcheinander zu mischen, auf dass sie sich ebenso durchdringen wie die Seelen der Liebenden.

Die Erstellung eines Liebesquadrates ist für sich bereits ein Liebeszauber, denn Sie vermengen mit ihm die Buchstaben des Paares und bilden so aus ihm eine ideale Gestalt. Hierdurch bewirken Sie mit der dabei provozierten Schwingung eine Situation vollkommener Innigkeit. Aus diesem Grund sollten Sie ein Quadrat nur dann anlegen, wenn Sie ausgeglichen und vor allem in verliebter Stimmung sind. Denn damit Ihnen die richtige magische Mischung der Buchstaben gelingt, muss die Liebe als spürbare Kraft auch im Raum anwesend sein. Räuchern Sie mit Moschus oder Patchouli und zünden Sie eine rote Kerze an. Zeichnen Sie dann das Gitter des Liebesquadrats mit einer Seitenlänge aus vier mal vier oder fünf mal fünf Kästchen, je nachdem wie viele Buchstaben gesetzt werden. Nehmen Sie dazu einen sauberen weißen Zettel und zeichnen Sie mit einem Bleistift oder mit Tinte. Sprechen Sie dazu diesen Zauberspruch:

Vier Ecken hat die Wirklichkeit,
Vier Säulen rahmen ein das Paar,
Vier Lichter tönen der Tage Zeit,
Vier Läufte Liebe zählt ein Jahr.

Anschließend füllen Sie das magische Liebesquadrat aus. Im abgebildeten Beispiel lieben sich Christine und Moritz. Christine hat ihr magisches Quadrat mit der vorwärts wie rückwärts gültigen und schlichten Wahrheit gefüllt: »Christine liebt Moritz.« Mehr wird auch nicht hineingeschrieben. Das von ihr gezeichnete Quadrat besteht aus 25 Kästchen, fünf an jeder Seite. Da ihr Liebesbekenntnis nur 20 Buchstaben umfasst, bleiben fünf Kästchen frei. Diese Kästchen hat Christine zu Beginn eingefärbt. In die anderen verteilte sie dann willkürlich die Buchstaben. Wobei sie zuerst ihren, dann Moritz' Namen und danach in die letzten freien fünf Kästchen »liebt« schrieb. Hätte Moritz das Quadrat geschrieben, hätte er zuerst seinen und dann Christines Namen eingetragen. Wichtig dabei ist nur, dass die Buchstaben gut durchgemischt werden, weil sich hierdurch im Quadrat entsprechend Kraft aufbaut.

Die Größe des Quadrates hängt von beider Namen ab. Würden sich beispielsweise Eugen und Liane lieben, kämen sie, weil der Satz »Eugen liebt Liane« genau 16 Buchstaben lang ist, mit einem Quadrat aus vier Kästchen pro Seite aus.

Schneiden Sie das Liebesquadrat aus und falten Sie es. Bewahren Sie den gefalteten Zettel in einem Medaillon oder einem Zierkästchen. Wann immer Sie sich glücklich fühlen, dürfen Sie den Zauber der Innigkeit beleben, indem Sie den Zettel auffalten und das Liebesquadrat behauchen.

Haben Sie das Liebesquadrat gezeichnet, noch ehe Sie ein Paar wurden, und hatte Sie sein Zauber in der Tat zusammengeführt, können Sie es von einem Juwelier in ein Gold- oder Silberplättchen gravieren lassen. Dann haben Sie mit ihm ein bleibendes Amulett, das Sie wie die Liebe immer wieder erwärmen können.

Liebesknoten knüpfen

Zwei Liebesknoten. Der erste heißt auch Fischerstek, der zweite findet sich öfter als Schmuckknoten.

»Auf ewig treu« und »auf ewig eins« spricht die Symbolik der Liebesknoten. Dafür werden zwei Schleifen ineinander geknotet und die Enden jeder Schleife miteinander vernäht. Hierdurch entsteht ein unauflösbarer Knoten. Liebesknoten gibt es auch als Fingerringe. Diese Knoten sind, weil sie zugleich zwei ineinander geflochtene Kreise darstellen, kräftige Abwehrzeichen. Denn das Böse kann die beiden Kreise nicht überwinden; die von ihnen umschlossene Liebe bleibt somit von Neidern und Störern verschont. Behauchen Sie den Knoten, beleben Sie die Liebe und flößen Sie ihr neue Kraft ein. In dieser Weise schützen und festigen Sie mit einem Liebesknoten das Glück einer bestehenden Liebe. Auch wenn Sie das Gefühl haben, dass es in Ihrer Beziehung kriselt, können Sie mit einem täglich neu geknüpften Liebesknoten die Kraft der ursprünglichen Liebe wieder beschwören.

Hier wird der Knoten auch indirekt zu einem Krisenbarometer. Denn bleibt er wirkungslos, ist auch die Kraft der Liebe schwach geworden. Sie mögen Sie zwar noch in ihrer ursprünglichen Macht empfinden, doch auf der Gegenseite hat sie sich schon verloren. Jetzt kann der Knoten zu einem Trennungszauber werden. Zerschneiden Sie ihn, zertrennen Sie auch die noch bestehenden zarten Bande und lösen sich aus der Beziehung. Fassen Sie die hier fehlende Zauberkraft des Knotens als einen glücklichen Hinweis auf, verfügen Sie zudem über ein hohes Glücksgut. Anstatt sich nämlich an einer erkalteten Liebe abzuarbeiten, können Sie sich aufgrund der Zeichen im Guten trennen.

Sie können aber auch versuchen, mit einem Liebesknoten eine Beziehung zu stiften. Verknoten Sie dazu zwei Bänder und denken Sie dabei an den Auserwählten. Sprechen Sie dazu diesen Zauberspruch:

So wie die Bänder sich umschlingen
Und sich im Knoten fest verbinden,
Soll die Liebe dich durchdringen,
Und du Verlangen an mir finden.

Tragen Sie die ineinander verschlungenen Bänder mit sich. Sind die Attraktionskräfte groß genug, werden Sie dies an der Aufmerksamkeit des Auserwählten merken, die er Ihnen entgegenbringt. Falls er noch zu schüchtern ist, wirklich anzubandeln, sollten Sie Ihrem Glück ein wenig nachhelfen und den Liebesknoten in die Hand nehmen, ihn behauchen und danach nichts mehr dem Zufall überlassen.

- **Bänder knüpfen.** Noch etliche Knotenvarianten mehr haben im Liebeszauber Tradition; halten wir doch mit den Knoten etwas fest, das ansonsten auseinanderstreben könnte. Deshalb werden damals wie heute Knoten in Bänder geknüpft und Geliebte mit Bändern gebunden. Dies drücken wir auch in unserem Sprachgebrauch durch entsprechende Bilder aus. So sprechen wir von »zarten Banden« oder »anbandeln«, wenn wir über sich entwickelnde Beziehungen reden, und wir sind gebunden, wenn wir eine feste Beziehung pflegen. Somit ist es wenig verwunderlich, warum das Bänderknüpfen meist am Anfang einer möglichen Liebschaft steht.
- **Freundschaftsbänder.** Die Freundschaftsbänder, die heutzutage wieder in Mode gekommen sind, sind ein solches Liebeszeichen. Ein Liebespaar tauscht dazu geflochtene Bänder und knüpft sie sich einander ans Handgelenk. Dieser Zauber wirkt aber auch ebenso einseitig. Wollen Sie einen möglichen

Liebhaber an sich binden, binden Sie sich zunächst ein Freundschaftsband stellvertretend für ihn ans Handgelenk. Ob Sie ihn damit schließlich auch am Band haben, wird sich darauf in den kommenden Tagen zeigen.

- **Blumenbinden.** Auch das Binden von **Wiesenblumen**, die man in Gedanken an den Liebsten pflückt, soll ihn binden. Stellen Sie die Blumen in eine Vase, und hoffen Sie darauf, dass er die gesandte Schwingung versteht, solange die Blumen noch blühen.
  Wirkungsvoller soll es sein, zwei rote aufgeblühte **Amaryllis** mit einer roten Schleife zusammenzubinden und zum Trocknen aufzuhängen. Hierdurch bleibt der Impuls, den Geliebten für sich zu interessieren, erhalten. Der antike Dichter Vergil schrieb dazu in seiner »Idylle« in den Versen der Zauberin: »Dreimal knüpfe, Amaryllis, die dreierlei Farben in Knoten; knüpfe, Amaryllis, und sprich: Der Venus Bande verknüpfe ich.« In diesen Versen beschreibt Vergil übrigens einen kompakten Liebeszauber. Schlagen Sie ebenfalls drei Knoten in das Band und sprechen Sie: »Der Liebe Bande verknüpfe ich.«
  Sind die Amaryllis getrocknet und Sie noch kein Paar geworden, nehmen Sie etwas von den trockenen Blüten und zerreiben Sie sie. Räuchern Sie darauf mit Moschus und geben Sie das **Blütenpulver** mit auf die Räucherkohle. Wiederholen Sie den Spruch und harren Sie dann der Dinge. Allerdings kann es nun geschehen, dass Sie in den nächsten drei Monaten Ihrem Liebesglück aus einer ganz anderen Richtung begegnen. Denn dieser Zauber ist zugleich ein allgemeiner Lockzauber, sofern Sie wieder auf Freiersfüßen sind.
- **Kerzenzauber.** Recht kräftig ist auch der Bindezauber mit zwei Kerzen. Für ihn benötigen Sie eine **rote** und eine **blaue Kerze.** Die rote Kerze ist für den Mann, weil sie die Farbe des Mars hat. Die blaue Kerze ist für die Frau, sie hat die Farbe des Himmels und damit des Mantels der heiligen Jungfrau

Maria. Ritzen Sie in die Kerzen Ihre Namen. In die rote Kerze wird der Name des Mannes und in die blaue der Name der Frau geritzt. Binden Sie die Kerzen im unteren Drittel mit drei farbigen Bändern zusammen, die Sie allesamt dreimal miteinander verknoten.

Die Farben der Bänder sind: rot für das Glück und die Liebe, grün für die Hoffnung und das Knospen, blau für die Treue und Harmonie.

Ziehen Sie sich nun an einen ungestörten Ort zurück und räuchern Sie mit Moschus und Rose. Zünden Sie die beiden Kerzen an und denken Sie an Ihre Liebe und Ihr mögliches Zusammensein. Blicken Sie in die beiden Flammen und lassen Sie ihr Licht in Ihr Herz leuchten. Ergreift Sie der Zauber, werden Sie immer wieder drei Flammen sehen. Diese dritte Flamme ist das Licht der Liebe, das aus Ihrem Herzen zurückstrahlt. Hierdurch wissen Sie, dass die richtige Schwingung Ihren Zauber belebt. Die Kerzen werden miteinander durch das herablaufende Wachs verschmelzen und so zu einem kräftigen Licht werden.

Sind die Kerzen bis knapp zur Hälfte niedergebrannt, blasen Sie sie aus. Stellen Sie die Kerzen daraufhin als Arrangement zu Ihrem Glücksaltar. Sie bilden hier eine Skulptur des erwarteten Liebesglücks. Bahnt sich die erwünschte Beziehung an, zünden Sie die Kerzen erneut an und lassen Sie sie niederbrennen. Damit besiegeln Sie den Zauber.

Dieses Auflösen der Kerzen ist deshalb auch wichtig, damit sich die Liebe entfalten kann und nicht im Anfang stecken bleibt. Schließlich hat jeder Zauber seinen Anfang und sein Ende. Überdehnen Sie einen Zauber, nehmen Sie ihm die Kraft.

Zeitlose Liebe, ewiges Glück

Es ist der Traum aller Verliebten, die ewige Liebe gefunden zu haben und miteinander in Liebe alt zu werden. Die Realität sieht freilich aus recht vielfältigen Gründen meistens anders aus. Wir finden uns eine Zeit lang, sind verliebt, vertraut und dann verdrossen und beginnen bald darauf, diesmal ein jeder für sich, erneut den Traum von der fortwährenden Zweisamkeit zu träumen.

Wer dennoch den Traum von der anhaltenden Liebe leben möchte, sollte nicht vergessen, dass die Liebe jeden Tag mit Fantasie und Gefühl neu erlebt werden will. Allein wer die Begabung hierfür besitzt, ist bereits vom Glück gesegnet. Ebenso wichtig ist die Achtung voreinander und miteinander zu reden. Fantasie, Gefühl, Achtung und Austausch, diese vier Eigenschaften sind an sich keine Zauberei, sondern das goldene Kleeblatt jeder Liebe.

Doch so wie sie seit Jahrzehnten in den Unterhaltungszeitschriften wiedergekäut werden, scheint es wohl Zauberei zu sein, wenn man an seiner Seite jemanden findet, der sich gleichfalls nach diesem Glücksklee richten mag.

Ein Liebeszauber für eine bestehende Beziehung beginnt folglich mit dem ehrlichen und aktiven Bemühen um sie. Dies besagt allerdings nicht, dass ein schönes Ritual die Liebe nicht wärmen und festigen könnte. Schließlich besteht eine feste Liebesbeziehung aus vielen kleinen Ritualen, die für sich bereits viel Magie in sich tragen. Das beginnt mit dem Lächeln, das man sich am Morgen schenkt, zieht sich durch den Tag mit kleinen Zärtlichkeiten und alltäglichen Komplimenten und endet mit dem Gutenachtkuss. Dazwischen gibt es die Aufmerksamkeiten, mit denen wir einander unsere Liebe bezeugen.

Verstehen Sie dies alles ebenso als Liebeszauber, werden Sie so manches der bislang erwähnten Rituale schon allein deswegen wiederholen, weil es für Sie schlicht eine Bekundung Ihrer Liebe ist. Räuchern Sie zum Beispiel hin und wieder mit einem amourösen Duft, erfreuen Sie nicht nur sich und Ihren Partner damit, sondern Sie stiften auch einen Zauber, der Ihre Zweisamkeit beschützt.

… und dann hatten wir uns wieder lieb

Nachdem Ramona vom Besuch ihrer alten Freundin zurückkam, wusste sie, dass sie etwas für ihre Beziehung zu Ralph tun musste. Ramonas Ehe hatte der Alltag gefressen. Sie und Ralph arbeiteten zusammen in der eigenen Spenglerei. Sie waren gute Geschäftspartner, aber längst kein Liebespaar mehr. Genau daran aber hatte sie ihre Freundin schmerzhaft erinnert, als sie sagte: »Schade, dass du so wenig von dir und Ralph erzählst, wo ihr beide doch das Traumpaar wart.«

Zuhause angekommen zog Ramona als Erstes ihren Ehering ab, tauchte ihn in Mondwasser und ließ ihn tagsüber von der Sonne bescheinen. Als sie ihn abends wieder an ihren Finger steckte, spürte sie die Kraft ihrer frühen Liebe zurückkehren. Sie wusste, dass ihr Zauber gelingen würde.

Am nächsten Morgen schickte sie sich an, einen Kreis zu ziehen, der ihrem Mann das gleiche Gefühl vermitteln sollte. Hierzu ging sie vor die Haustür. Dort nahm sie vier kleine Schlücke Obstschnaps und prustete sie in alle vier Himmelsrichtungen durch ihren Ehering. Sie begann damit im Osten, wandte sich dann nach Westen, drehte sich daraufhin nach Süden und schließlich nach Norden. Dazu sprach sie nacheinander in jede Richtung einen Satz dieses Zauberspruches (die Himmelsrichtungen sprechen Sie nicht mit):

Ost: *Luft, Liebe wird zum Sturm, Blindheit verweht.*
West: *Wasser, Gefühle fließen, Dämme werden überschwemmt.*
Süd: *Feuer, Leidenschaft erglüht, Stumpfheit verbrennt.*
Nord: *Erde, Zweisamkeit gedeiht, Trennendes vergeht.*

Anschließend zog sie mit einer frisch geschnittenen Rute einen Kreis, der den Eingang umfasste. Wenn Ralph am Abend nach Hause kam, musste er durch diesen Kreis gehen.

Ramona fuhr an diesem Abend früher nach Hause, sie badete und salbte sich danach mit Mandelöl ein. Dann wartete sie auf Ralph. Als er kam, schien er derselbe wie immer zu sein. Doch Ramona ließ sich davon nicht irritieren. Sie bat ihn, mit ihr zu reden und sprach direkt ihre Unzufriedenheit mit der Beziehung an und ihren Wunsch, dass sich um ihrer Liebe willen etwas ändern müsste. Das Gespräch endete nicht wie sonst mit den üblichen Vorwürfen, sondern Ralph ging auf ihren Wunsch ein, einen Zauber zu versuchen.

An diesem Abend saßen sie beide getrennt an verschiedenen Tischen. Jeder von ihnen schrieb die Bilanz ihrer Beziehung auf einen Zettel. Das Positive nach links, das Negative nach rechts. Es dauerte eine halbe Kerzenlänge, bis sie damit fertig waren. Dann falteten sie die Zettel und verbrannten sie zusammen in einer Schüssel. Mit dem Ringfinger ihrer rechten Hand nahmen sie etwas Asche auf und tupften sie sich gegenseitig auf den Scheitel. Dann gingen sie in den Garten und streuten die Asche ins Blumenbeet.

Der Zauber war damit beendet und beide hielten sich an ihr zuvor gegebenes Versprechen, niemals zu erwähnen, was sie in ihre Bilanz geschrieben hatten. Dafür begegneten sie einander mit liebenswerter Aufmerksamkeit. Hier erahnten sie, was den anderen zuvor bedrückte, wodurch sich ihre Liebe wieder vertiefte. Einen zweiten Zauber dieser Art musste Ramona seitdem nicht wiederholen.

Anmerkung zum Auffrischzauber

Ramonas erster Zauber, ihren Ehering in Mondwasser zu tauchen und von der Sonne bescheinen zu lassen, ist für sich ein hübsches Ritual, um wieder Schwung in Ihr Gefühlsleben zu bringen. Vollziehen Sie es, wann immer Sie den Eindruck haben, dass Ihre Empfindungen am Abflauen sind.

Das Ritual vor ihrer Haustür ist ein Lockzauber, bei dem eine schwelende Liebe angefacht wird. In diesem Fall sollten Ralphs eingeschlafene Gefühle wiederbelebt werden. Der Obstschnaps, den Ramona versprühte, ist ein Zeichen für fruchtige Reife, Reinheit und Verdichtung. Er gab dem Zauber einen besonders kräftigen Impuls, da er ihn über die üblichen Rituale hinaushob. Statt Obstschnaps können Sie auch frisches Mondwasser nehmen. Die vier Himmelsrichtungen und vier Elemente, die Ramona anrief, rückten den Zauber ganz in die nahe Wirklichkeit. Ramona zog den Kreis am Morgen, damit sich in ihm tagsüber die sonnige Kraft weiter aufbauen konnte. Damit erklärt sich auch Ralphs Bereitschaft, umstandslos auf Ramonas weiteren Zauber einzugehen. Die Liebe brannte bereits in seinem Herzen, nachdem er durch den Kreis gegangen war.

Dieses Kreisritual eignet sich auch gut, um erste Kontakte zu knüpfen, denn wer durch den Kreis geht und den dabei zarte Gefühle anwandeln, ist ein möglicher Kandidat. Freilich sollten Sie den Kreis mit einem Rutenhieb auflösen, sobald Sie ausreichend Bewerber gefunden haben oder Ihr wahrer Prinz durch den Ring geschritten ist.

Ramonas Bad signalisiert einen Neuanfang. Ihre Salbung mit Mandelöl ist ein uralter Liebeszauber. Im Mandelöl sah man einst den Samen des Zeus. Salbte sich eine Frau damit, wandelte sie sich gewissermaßen zu einer himmlischen Braut und erhöhte ihren Liebreiz dementsprechend. Auch heute wird Mandelöl eine erotisierende und stimmungsaufhellende Wirkung nachgesagt. Vor allem in der Mischung mit Rosen- und Vanilledüften gilt es als Aphrodisiakum.

Das abschließende Ritual mit der gemeinsamen Beziehungsbilanz ist einmal gängige Psychologie. Denn der erste Schritt zur Verbesserung einer Beziehung ist es, uns unserer Bedürfnisse wie unseres Versagens in ihr bewusst zu werden. Gleichzeitig war es für Ramona eine Bestätigung für die Wirkung des vorangegangen Zaubers, da Ralph willig mitspielte. Auch dass sie dieses Ritual gemeinsam begingen, war wichtig, damit die angestoßenen Kräfte sich voll entfalten konnten. Überhaupt ist ein gemeinsam begangener Liebeszauber viel wirksamer als ein einseitig vollzogener. Denn hierbei werden die Attraktionskräfte offen angesprochen und sind deshalb viel leichter zu erreichen.

Dass beide über ihre Bilanzen schwiegen, diente vor allem dem inneren Frieden; denn zu groß ist die Gefahr, dass es hierbei zu Missverständnissen kommen kann und die gerade gestiftete positive Kraft wieder verpufft.

Eheglück stiften

Eine Hochzeit ist heute im Gegensatz zu einst meist eine Liebesheirat. Früher waren Hochzeiten eher soziale Kontrakte, mit denen Familien und Vermögen zusammenwuchsen. Eine aufkeimende Liebe war da eher ein willkommenes Bindemittel, um das Miteinander angenehmer zu gestalten. Deswegen wurde zur Hochzeit das Liebesglück auch besonders kräftig beschworen. Die Rituale sind bekannt, vom Ringtausch, dem Spalier, den ausgestreuten Rosenblättern, dem gemeinsamen Holzsägen bis hin zum roten Strumpfband für die Braut oder der Brautentführung.

Heute scheint solch Zauber beinahe noch dringlicher, da fast die Hälfte aller geschlossenen Ehen wieder geschieden werden. Das zeigt uns aber auch, dass das Liebesglück wie jedes Glück unstet und flüchtig ist. Es gemeinsam zu beschwören, ist deshalb ein guter Weg, damit es sich nicht verliert.

**Das Liebesglück liebt die Liebenden.
Deshalb sollten wir Liebende bleiben.
Dies gelingt uns am ehesten, wenn wir
die Liebe jeden Tag erneut entdecken.**

Das schöne am Paarzauber ist, dass das Paar gemeinsam seine Liebe beschwört. Beide geben Kraft in den Zauber und kräftigen so ihre Liebe. Gleichzeitig ist es auch ein Zeichen dafür, dass die wiederholte Liebesbekundung noch immer der einfachste und ehrlichste Zauber für ein Paar ist, um sein Glück zu bewahren.

- Suchen Sie sich gemeinsam ein **Amulett** aus, das Sie unter Ihre Matratze legen. Trinken Sie gemeinsam einen Liebestrank, mit **Vanille** oder **Zimt** aromatisierte Getränke werden hierfür besonders empfohlen. Kaffee, Tee oder Trinkschokolade eignen sich gut als Grundlage. Pflanzen Sie zusammen eine **Rose**, die für Ihre Liebe stehen soll. Binden Sie bei Ihren Spaziergängen rote **Schleifen** an immergrüne Bäume. Werfen Sie beide einander je eine **Münze** über die Schulter, sodass sie in einen Brunnen fällt. Pflücken Sie zusammen einen **Strauß** mit Wiesenblumen. All dies sind kleine Rituale, die Ihre Liebe stärken.
- Zauberhaft sind auch Handlungen, die sich symbolisch übertragen lassen. **Füttern** Sie zum Beispiel ein Vogelpaar, stärken Sie auch ihre Liebe. **Rühren** Sie zu zweit in einem Topf, vermengen Sie Ihre Gefühle zu einem großen. **Essen** Sie eine Wurst von beiden Enden auf, verleiben Sie sich die Liebe ein. Trinken Sie zusammen **Wein** aus dem gleichen Glas, beschwören Sie Ihre Liebe in antiker Manier. Das Aufstellen einer **Plastik** mit zwei Liebenden bewahrt die Sinnlichkeit.
- Die alte **Bindekraft** der Liebe beschwören Sie, wenn Sie ein paar **Haare** von sich im zunehmenden Mond verbrennen. Scheint schließlich der Vollmond, nehmen Sie mit Ihrem Ringfinger ein bisschen Asche auf und betupfen damit ein Fleckchen Haut des Liebsten. Er wird dann die Liebesbande wieder intensiv empfinden.
- Ihre **Liebe verjüngen** Sie mit einem Rosmarinzweig, einem roten Band und Ihren Bildern. Der immergrüne Rosmarinzweig steht für die Frische des Lebens und die zeitlose Freude. Legen Sie die beiden Fotos nebeneinander und bedecken Sie sie mit dem Rosmarinzweig. Knüpfen Sie ein rotes Band zu einer Schlinge und legen Sie es als Kreis darum. Das ist der Kreis

Ihrer währenden Liebe. Lassen Sie dieses Arrangement über sieben Nächte so liegen, danach spüren Sie, wie wieder Schwung in Ihre Beziehung kommt.

- Es geschieht auch, dass man einander nicht mehr reizvoll findet, **man hat sich sattgesehen** und aneinander so gewöhnt, dass man glaubt, alles vom anderen zu wissen. Lassen Sie darum das Geheimnis des einander Entdeckens wieder zwischen sich entstehen. Nehmen Sie zwei **Puppen**, die Sie beide darstellen sollen, und setzen Sie sie einander gegenüber. Dazwischen stellen Sie eine Kerze. Sie symbolisiert das andere Licht, in dem Sie sich beide bald sehen werden. Zünden Sie die Kerze über mehrere Tage für eine gute halbe Stunde an und denken Sie dabei über Ihre Beziehung nach. Sie werden nach und nach ganz neue Aspekte entdecken. Ist die Kerze schließlich heruntergebrannt, werden Sie Ihren Partner auch wieder mit anderen Augen sehen.
- Zum Schluss noch ein kleines Ritual, mit dem Sie sich ein wenig reines **Liebesglück einfangen** können.
  Warten Sie, bis die Venus als Morgen- oder Abendstern vom Himmel scheint. Begeben Sie sich ins Freie und richten Sie Ihren Ehering mit einer Silberfolie zur Venus aus. Achten Sie dabei darauf, dass die Folie den Ehering wie einen Spiegel von hinten her abschirmt. Folie und offener Ring zeigen in Richtung Venus. Ihr Licht scheint durch den Ring und wird von der Folie reflektiert, womit es wiederum durch den Ring scheint. Hierdurch entsteht ein Kreislauf der Venusenergie und Ihr Ring lädt sich mit dieser puren Liebeskraft auf. Lassen Sie das Arrangement für sieben Minuten stehen. So lange währt ein vollkommener Augenblick der Liebe. Stecken Sie ihn danach wieder an Ihren Finger. Formen Sie jetzt zum Beispiel einen Glücksring (siehe Seite 94), werden Sie die Macht des beschworenen Liebesglücks eindringlich wahrnehmen können. Die Liebe selbst aber wird man Ihnen an den Augen ablesen können.

Aber auch als Single können Sie sich etwas himmlisches Liebesglück einfangen. Besitzen Sie ein kleines Silberdöschen, nehmen Sie dies. Ansonsten nehmen Sie eine leere Streichholzschachtel und umwickeln die Lade und die Hülse einzeln mit Silberfolie. Danach halten Sie die offene Lade für sieben Minuten der Venus entgegen und schieben sie anschließend in die silberne Box. Sie haben nun ein wenig vom Licht der Venus eingefangen und bewahren somit auch etwas von ihrem Liebesglück.

ANHANG

Übersicht der Zaubersprüche

Hier finden Sie alle im Buch aufgeführten Zaubersprüche in einer Übersicht, damit Sie sie für Ihr Ritual schnell nachschlagen können. Die Zaubersprüche sind in der Reihenfolge ihrer Erwähnung gelistet. Die Ziffer hinter dem Titel zeigt Ihnen, auf welcher Seite im Buch Sie das dazugehörige Ritual finden.

Einladung an das Glück (15)

Glücksduft, der mich umgibt,
Glücksschein, der mich erhellt,
Ich atme deine süße Luft,
Ich lade deine Schönheit ein.
Dein Glanz ist es, der mich erquickt.
derweil dein Duft sich mir gesellt.
Ja, du bist bei mir, du bist mit mir,
Ja, du bist mein Glück.

Dankgebet für gewährtes Glück (27)

Lieber Gott, ich danke Dir, dass Du mich auf meinem Weg begleitest; dass Du mir nahe bist und mich tröstend wiegst.
Ich danke Dir, dass Du mich beschützt und zum Guten leitest.
Ich danke Dir, dass Du mir vergibst, wenn ich mit Dir hadere und daran zweifle, ob du mich liebst.
Lieber Gott, ich bin ein schwacher Mensch, doch mit Dir wird mir kein Übel widerfahren. Die Geborgenheit in Dir ist mein Glück. Dieses Heil will ich mir bewahren.
Lieber Gott, stärke meine Zuversicht, auf dass ich darauf vertraue, dereinst einzugehen in dein holdes Licht, so wie ich heute deinen Segen schaue. Ich danke Dir dafür. Amen.

Das Glück herbeikehren (66)

Komm mein Glück, ich lad dich ein,
Verkehre mein bestürztes Grämen.
Dein Glanz rück in mein Herz hinein,
Nimmer soll'n es Sorgen lähmen.

Sich einen Glücksstein zueignen (67)

Vom Wasser umspült,
Von mir erfühlt,
Vom Glück erspäht,
Zum Zauberstein gewählt.

Sein Glück aus dem Schneckenhaus locken (67)

Schön geborgen wohnt mein Glück
Recht tief im Schneckenhaus.
Mit leiser Stimme rufe ich:
Wach auf und schweb heraus!
Umwehe mich, beschenke mich,
Und finde dann mit Dank zurück
In dein graziles Perlmutthaus.

Ein Glücksei schütteln (69)

Klick, klack, klacker,
So klingt das Glücksgegacker.

Ungutes Auskehren (70)

Fliege, fege Zauberbesen,
Kreise ein und kehre das zurück,
Was an Schlechtem hier gewesen.
Fege frei den Kreis fürs Glück.

Eine Schreckmaske aktivieren (73)

All das, was mir ins Antlitz blickt
Und sich aus meinem Kreise drückt,
Weil es vor sich selbst erschrickt,
Weise ich für das Glück zurück.

Eine gute Sphäre installieren (86)

Der dumpfe Schmauch des dunklen Bangen
Ist aus dem Raum gehoben und verweht.
Mit dem Rauch sei der Rest gefangen,
Damit Glück in seine Sphäre übergeht.

Dank an das Glück und Endspruch (86)

Die gute Kraft im Kreis
Das Glück in meiner Hand
Sag ich dem Schicksal Dank
Das Dunkles von mir weist.

Die Kraft der Glücksmudra beleben (98)

Zwei Hände formen besonnen Mut und Glück,
In diesem Keim kreist gute Kraft zum Kranz.
Erhellt wird mein Weg durch dieses Stück,
Gestärkt wird meine Tat dank seinem Glanz.

Schlechte Gedanken ableiten (107)

Was Ungesagt sei in die Erd vertagt!

Anrufung der vierzehn Nothelfer (114)

Vierzehnheilige Schutzpatrone für die Welt an Gottes Throne,
starke Helfer in der Not, mächtig, hoch geehrt bei Gott!
Lasst uns eure Hilfe sehen, lasst uns nicht vergebens flehen,
Vierzehnheilige, auserwählt, uns von Gott zum Heil bestellt.

Prüfungsangst einfangen (119)

Vor was sie sich fürchtet,
ist wonach sie dürstet.
Was sie hineingehaucht,
wird schnell verbraucht.
Ihr bleibt allein die Kraft,
dass sie die Prüfung schafft.

Das innere Lächeln verstärken (127)

Umspielt dies Lächeln meinen Mund,
Beglänzen mich die guten Sterne,
Erhellen meines Herzens Grund,
Entzünden meines Glücks Laterne.

Spruch für das Osterfeuer (140)

Hoch zum Mond die Flammen schlagen,
Locken aus der Nacht den Sonnenwagen.
Kaum dass die Tage länger werden,
Senkt sich ein Blütenkleid auf Erden.
Lebenskraft drängt in jungen Trieben,
Dies ist die Glut, das Glück zu schmieden.

Zum Abschluss des Frauendreißigers (147)

Heilige Maria Mutter Gottes,
Eh dir der Mond zu Füßen sinkt,
Senk deine Kraft in meinen Raum.
Dein Licht scheint, als ob das Glück mir winkt.
Du bist gebenedeit unter den Frau'n.

Sich seinen Gegner entziehen (152)

Heilige Barbara, gegen mich weht ein böser Sturm
drum erbitt ich Zuflucht bei dir in deinem Turm.

Ein Amulett mit Glücksenergie laden (158)

Glück im Kreis
Glück vom Tag
Weil ich's weiß
Wohl ich's trag
Geht's aufs Stück
Wird's mein Glück.

Sein Geld beschützen (167)

Dies ist mein Geld. Es blickt zum Licht, es zu schützen ist die Pflicht. Der abnehmende Mond zur Linken. Das Gold der Sonne zur Mitten. Der zunehmende Mond zur Rechten. Ihr seid die Wächter meines Guts bei Tag und Nacht. Entzieht es dem Blick der Neider mit aller Macht. Wer nach ihm greift, den soll sein Gewissen drücken und für die Zukunft nichts mehr glücken.

Pfennigzauber (184)

Bring das Glück,
das man pflückt,
zu mir zurück.

Die letzte Münze besprechen (184)

Mein lieber Letztling, geh gesegnet aus,
und komm mit einer Karre voll nach Haus!

Gezähltes Geld vermehren (184)

Mehre, mehre Mond.
Nur was gezählt ist,
sich zu mehren lohnt!

Geldzauber zum Glücksopfer (185) und (186)

Geld und Gold,
dem Glück zum Sold.

Das Opfer ist gegeben,
Glück wird mich umstreichen,
Mit seinem Glanz beleben
Und mir mein Geld zureichen.

Glückspfennige säen (190)

Noch mehr Glück als andere finden,
wird sich mit meinem Geld verbinden.

Einen Liebestalisman aktivieren (211)

Von der Schwingung erster Liebe wurdest du berührt,
Und warst dabei, als unsere Herzen Feuer fingen.
Seitdem ist unser Liebesglück mit dir verschnürt.
Bewahr es gut und stift uns an, sein Lied zu singen.

Ein Liebesamulett weihen (212)

Der Liebe Glück
der Sonne Schein
mein Herzzauber
sollst du sein.

Ein Liebesquadrat zeichnen (217)

Vier Ecken hat die Wirklichkeit,
Vier Säulen rahmen ein das Paar,
Vier Lichter tönen der Tage Zeit,
Vier Läufte Liebe zählt ein Jahr.

Sich einen Liebhaber vorknöpfen (219)

So wie die Bänder sich umschlingen
Und sich im Knoten fest verbinden,
Soll die Liebe dich durchdringen,
Und du Verlangen an mir finden.

Anrufung der Elemente im Liebeszauber (224)

Luft, Liebe wird zum Sturm, Blindheit verweht.
Wasser, Gefühle fließen, Dämme werden überschwemmt.
Feuer, Leidenschaft erglüht, Stumpfheit verbrennt.
Erde, Zweisamkeit gedeiht, Trennendes vergeht.